신석정 연구

국효문

국학자료원

신석정 연구

국 효 문

국학자료원

序文

鞠孝汶교수는 시인이다. 대학 강단에 앞서 70년대 초반부터 시인으로서 문단에 널리 알려져 있었고, 그후 고향인 光州의 湖南大學校 강단에 서게 된 교수다.

나와는 같은 호남권에서 삶을 영위하여온 관계로 문단·학계의 모임에서 자주 만나며 근 20년간을 사귀어 오고 있다. 그의 대인관계에 있어서의 폭넓은 마음씀이나 학·예술을 위한 박력있는 활동도 비교적 가까이에서 보아온 처지다.

鞠교수는 대학 강단에 서면서부터 詩作보다도 학문연구에 더 집착이 강한 것도 볼 수 있었다. 뒤늦게 대학원을 마치고 학위를 취득한 것으로도 짐작할 수 있다. 학위과정에서 辛夕汀시인을 연구하므로써 나는 더욱 鞠교수에 대한 고마움과 친근감을 가지게도 되었다.

鞠교수는 학위논문 ≪신석정 시 연구≫후에도 夕汀시인에 대한 연구를 계속하고 있음을 알 수 있었다. 그 하나로 ≪한국 대표 시인선50≫ (중앙일보사, 1995)에서 夕汀시인의 수록시에 대한 작품

해설을 맡았던 것도 들 수 있다.

鞠교수는 夕汀시인의 시세계를 세 단계로 구분하여 살피고 있다. 이 점에 鞠교수의 독창적인 주장이 있다고 하겠다. 종전의 목가시인·참여시인으로서의 양단적인 논의나 시세계를 4기로 나누어 보아온 견해와는 다르기 때문이다.

세 단계의 시정신을 「자연예찬·현실인식·자연관조의 시정신」으로 명명한 것에도 타당성을 느끼게 된다. 이 명명의 이유를 鞠교수는 다음과 같이 들고 있다.

자연예찬의 정신은 「일제타압이 극성하던 암흑기에 그 현실을 초극하여 이상향에의 동경」을 추구한 시정신이라 하였고, 현실인식의 정신은 「8·15 광복후 시인의 중기에 와서 역사와 현실에 대한 참여의식을 반영」한 시정신이며, 현실관조의 정신은 「초기의 자연친화적 정서가 현실과 시대상황의 인식이라는 시세계의 변화를 거쳐 다시 옛날의 친근한 자연에 복귀하려는 자연관조적인 삶」에서 울어난 시정신이라고 하였다. 夕汀시인의 생애를 되돌아 보아서도 별로 무리없는 명명이라는 생각이다.

鞠교수의 청에 의하여 나의 분수에 넘는 이 글을 쓰기로 하였다. 이는 오직 鞠교수와의 친분 그리고 이번 저서의 상재를 축하하고 싶은 마음이 앞섰기 때문이다.

끝으로, 鞠교수의 연구와 시작의 빛나는 앞날을 빌어 마지 않는다.

1997. 10.

崔 勝 範

目 次

□ 序文···崔勝範 ···5

I. 序 論··9
  1. 問題의 提起··9
  2. 硏究史 檢討··10
  3. 硏究範圍 및 方法···17

II. 夕汀의 生涯와 詩의 歷程···19
  1. 生長環境과 文學修業··19
  2. 上京과 ≪시문학≫ 參與···26
  3. 歸鄕과 「먼나라」設定··30
  4. 祖國光復과 現實意識··48
  5. 晚年과 回歸意識··55

III. 夕汀詩에 미친 諸影響···67
  1. 老莊 陶淵明의 영향관계··68
  2. 타고르・만해의 영향관계··84

IV. 夕汀의 詩世界··100
  1. 初期 - 牧歌와 靑丘園 時代····································103

1) 《촛불》 103
   ① 自然親和의 情緒 • 107
   ② 悲劇的 現實에 對한 克服 • 119
2) 《슬픈 牧歌》 149
   ① 밤의 슬픈 구도 • 149
   ② 못다 부른 목가 • 162
2. 中期 — 現實과 歷史意識 時代 181
   1) 《氷河》 181
      ① 理念속에 몸부림치는 自我 • 181
      ② 氷河時代의 抒情 • 199
3. 後期 — 安定과 自然觀照時代 212
   1) 《山의 序曲》시대 212
      ① 얼룩진 역사 안으로 • 215
      ② 山을 향한 圓熟한 演奏 • 237
   2) 《대바람 소리》시대 250
      ① 시나대숲의 노래 • 251
      ② 어둠의 悲歌 • 263

Ⅴ. 夕汀詩에 對한 照明과 詩史的 位置 275

Ⅵ. 結論 281

□ 參考文獻 285

I. 序　論

1. 問題의 提起

　辛夕汀은 1930年代 田園 詩人 또는 牧歌詩人으로 한국 현대시사에 있어 한 독보적인 위치를 차지하고 있다. 1930年代는 韓國現代詩史에 있어 대단히 중요한 시기다. 시대적으로 日帝彈壓이 극심하던 때 몇 뜻있는 시인들은 外國詩의 새로운 영향아래 純粹詩의 旗를 올리던 때였다. 이러한 때 辛夕汀도 詩文學派[1]의 한 사람으로 순수시를 썼다. 특별히 夕汀은 당시 그 누구도 따를 수 없는 독특한 경지의 자연시를 썼다. 여기에서 말하는 자연시는 흔히 自然親近 사상에 입각한 전원적인 詩, 牧歌的인 경향의 시를 뜻한다. 사

---

[1] 「詩文學」지는 1930년 3월 朴龍喆에 의해 발간된 詩同人誌로서 鄭芝溶, 金永郞같은 우수한 시인들의 집결체였다. 그리하여 「詩文學」을 중심으로 활약한 시인들을 세칭 詩文學派라 하는데 辛夕汀은 1931년 6월 「詩文學」 3호에 <선물>을 발표하여 「詩文學」同人이 되었다.

실 이 무렵에 일제의 암울한 상황 속에서 몇 시인들(金東鳴, 金尙鎔)은 시대를 외곡하려는 방편으로 일부러 自然詩를 쓰는 部類도 있었으나 그리 문제시 되지는 않았다.

辛夕汀은 소극적인 이들과는 달리 일찌감치 자연의 큰 언저리에서 生活과 더불어 자연의 아름다움을 노래했다. 그 시절의 詩는 그가 손수 경영하던 靑丘園의 체험의 詩였다. 그 시절의 시를 일컬어 많은 사람들은 '田園的인 詩', '牧歌的인 詩'라고 했다. 오늘에 와서 夕汀詩의 意味를 높이는 것도 詩史的으로 이 무렵이 絶頂이 되어 그렇게 말하고 있는 것 같다. 그가 그 以後 時代의 변천에 따라 제각기 다른 모습의 詩를 써온 것은 사실이나 일관된 흐름으로 自然 향수를 잊지 않고 있었다. 그만치 夕汀의 詩에 있어서는 자연과 향토의 의미가 컸던 것이다.

이러한 夕汀詩의 기본 위에서 그의 詩가 처음 출발에서부터 마지막 마무리하기까지 어떤 정신으로, 어떤 경로를 밟아 왔는가를 소상히 더듬는데 本硏究의 목적이 있다.

2. 硏究史 檢討

辛夕汀뿐만 아니라, 한국현대시인론 자체가 본격적으로 논의된 역사는 얼마 안된다.

그 첫째 原因은 우리 시의 역사가 짧았다는데 있었고, 그 다음은 우리 詩史에서 크게 힘쓰던 詩人들이 1970年代까지도 많이 生存해 있었다는데도 문제가 있었던 것 같다. 한국현대시인 연구가 본격적으로 행해진 때는 아무래도 한국현대시의 역사가 60년을 보내고 난 다음부터였다. 그 前까지는 우리 한국현대시역사를 말하면서 그 당시 詩人의 간략한 特色과 경향정도를 피상적으로 言及할 정도였다. 그러다가 1970年代 한국현대시문학사상 초창기에 활약하던 중요시인 硏究가 서서히 시작되었다.2) 또 詩人, 작가가 활발하게 硏究된 자연스러운 배경은 各大學 大學院 碩·博士科程에서 학위논문을 쓰기 시작한 것도 한 요인이었다. 이러한 詩人硏究 배경에서 辛夕汀詩 硏究분위기도 조성되었다.

이 때까지 연구의 경향을 보면 대개 詩史的인 面에서 辛夕汀을 '田園詩人' 또는 '牧歌詩人' 정도로 다루어 왔다. 그도 그럴 것이 1930년대 중요한 의미를 보면 아무래도 1930년대는 鄭芝溶, 金起林, 金光均 등의 모더니즘, 순수시 제창의 기운으로 봐서 사실 辛夕汀이 同人誌「詩文學」에 작품을 발표했다고는 하나 그들 큰 흐름 속엔 끼여들지 못했다.

단지 어두운 시대적 상황 속에서 자연을 중요한 詩의 소재로 삼고 자연에 順應하여 새로운 이상 속에 살고자 한 것이 그의 특색이기도 했다. 그의 詩를 제일 처음 言及한 이는 金起林이었다. 金起林은 夕汀의 詩를 일러 '牧歌詩人'3)이라고 言及했다. 그러면서 金

---

2) 韓國現代詩人硏究의 업적이 크게 이루어진 것은 1970年代 金海星의「韓國現代詩人論」(금강출판사, 1973) 김학동의「韓國近代詩人硏究」(일조각, 1974), 1980年代 朴哲石의「韓國現代詩人論」(문학사, 1981), 金載弘의「韓國現代詩人硏究」(일지사, 1986)등이 있고, 한국현대시문학사상 代表的인 詩人(20詩人)만을 골라 여러 사람이 집필한 詩人論「現代詩人論」(형설출판사, 1979) 등이 그 대표적인 것들이다.
3) 辛夕汀의 詩가 제일 처음 批評의 대상이 된 것은 1931년「詩文學」지에 <선물>이 발표되고 本格的인 활동을 하면서부터였다.
金起林은 1933년 朝鮮日報에서「시단의 회고와 전망」이라는 글을 썼는데 여기에서 "辛夕汀을 가리켜 현대문명의 잡담을 멀리 피한 곳에 한개의 유토피아를 음모하는 牧歌詩人"이라고 한데서 비롯되었다.

起林은 辛夕汀의 詩를 일러 또한 個性的이라 했다. 그가 꿈꾸는 시의 世界는 단연코 개성적인 것이다. 그는 牧神이 조으는 듯한 世界를 조금도 誇張하지 아니한 소박한 '리듬'을 가지고 노래한다. '녹색침대', '空想의 새새끼' 등 그가 쓰는 '이미지'(映像)는 아주 獨創的인 美를 가지고 있었다. 그는 躁音難凋에 찬 現代文明의 매연을 모르는 '다비테'의 신복한 고향에 피폐한 현대인의 靈魂을 위하여 한 개의 安息處를 준비하려 하고 있다. 그의 牧歌 그 자체가 見地에 따라서는 훌륭하게 현대문명에 대한 간접적인 비판이기도 하다.4)

金起林은 위의 글에서도 "이미지는 전연 독창적인 美를 가지고 있다"고 하면서 굳이 辛夕汀을 모더니즘 구역 안으로 수용하려는 기미도 보이고 있으나, 이것은 어디까지나 표면적 인상에 불과하다. 특히 이것은 金起林이 "모더니즘의 역사적 위치"라는 글에서도 "辛夕汀은 환상 속에서 형용사와 명사의 비논리적 결합에 의하여 아름다운 상징적인 이미지들을 빚어내고 있었다"5)고 한 것에도 그렇게 볼 수 있었다. 당시 詩批評에도 뛰어난 관점을 보였던 林和는 辛夕汀을 기교주의 詩人으로 단정하고 "기교파는 시의 내용과 사상을 방기한다"6)고 공박했다. 그런가 하면 당시 詩壇의 중진 金億은 林和같은 사람의 부정적인 시선에 대하여 辛夕汀의 詩는 詩壇의 귀한 존재라고 치켜 세웠다. 그것은 岸曙가 夕汀에게 보낸 편지에서 잘 나타나 있다.

---

4) 김기림, 「詩論」(白楊堂.1947), p.86
5) 김기림, "모더니즘의 역사적 위치", 「人文評論」의 創刊號, (1939.10),p.84
6) <林和의 詩壇一年>, 「新東亞」5권 12호, (1935.12), p.171

「말할 것도 없이 所謂 功利的 意識 是能者들의 눈에는 君의 詩가 詩歌로의 存在될 수 없는 한 個의 여지로 보일 것이외다. 그들의 詩眼이란 거의 無에 가깝다는 것 보다도 詩歌破 라는 感이 있습니다. [……]
只今 우리 詩壇에 君의 詩風은 獨步외다.」7)

辛夕汀詩에 대한 본격적인 언급은 아무래도 그의 詩集 ≪촛불≫이 처음 나왔을 때 中國文學者이며 당시 東亞日報기자였던 丁來東8)이라 할 수 있다.

이 글에서 辛夕汀의 특색을 몇가지로 지적했다.

"첫째, 우리 시단에서 아름다운 시를 쓰는 시인으로 먼저 석정을 들게 되는데, 그는 어려운 용어를 써서 시를 미화하지 않고, 일상어 또는 우리말로만 詩化하는 기교를 가지고 있으며, 둘째, 시인과 자연이 온전히 融和되어 인간과 자연의 구분이 모호하리 만큼 자연을 미화하고 동경의 대상으로 하고 있어 회화미술에 가까우며, 셋째, 석정시가 도시에 눈감음으로 해서 감촉은 현대적이지만 더불어 원시적인 점이 많다"는 것이 주 골자다. 이 詩集에 대한 言及은 그 후 제2시집 <슬픈 牧歌>(1947)에 대한 연구는 간과된 채, 1960년대에 와서야 비로소 徐廷柱에 의해 심도있게 論議되었다.

徐廷柱는 辛夕汀의 자연적인 특색을 다음과 같이 말했다.9)

"그를 가리켜 自然詩人이니 田園詩人이라고들 불러왔는데 그것

---

7) 金岸曙가 1941년 3월, "全北 扶安에 있는 夕汀에게 보낸 便紙",(1974.1), pp.102~103 崔勝範 整理紹介.
8) 丁來東, "辛夕汀 詩集≪촛불≫讀後感",「東亞日報」, 1940. 3. 7.
9) 徐廷柱, "辛夕汀과 그의 詩",「韓國의 現代詩」, (일지사, 1965), pp.183~184

은 그의 시가 아마도 자연을 중심으로 해서 되어 있기 때문일 것이다.

물론, 夕汀 이후에 소위 청록파 시인들이 있었지만, 그보다 먼저 夕汀은 '道敎的 自然主義'의 영향에서 온 것이라고 생각이 되는데, 그는 어려서부터 한자를 공부해 왔기 때문에 老莊哲學의 영향을 많이 받았다고 볼 수 있겠으며, 또 불교 공부도 한 터이므로, 물론 불교의 영향도 컸으리라고 생각된다. 그래서 그런지, 초기의 작품에는 저 불교의 세계에서 문학의 경지를 개척했던 萬海선사의 영향을 받은 듯 한 것들이 눈에 뜨이는데, 가령 萬海가 그의 문장에서 敬語體를 썼는데, 그와 비슷한 것이 夕汀의 문장에도 눈에 뜨인다는 말이다."

여기에서는 徐廷柱가 夕汀詩에 나타난 사상관계를 잘 끄집어서 말했다.

그 후 평론가 鄭泰榕도 「現代詩人硏究巡察」에서 辛夕汀詩의 牧歌的인 경향을 깊게 다루었다.10) 鄭泰榕은 徐廷柱의 언급과는 달리 體系的으로 그의 詩 표현관계, 사상관계, 구조관계의 특색을 詩集別로 다루었다. 즉 시집별 언급에서 제1시집 ≪촛불≫은 "牧歌的인 田園의 세계를 낭만적인 神秘에 싸, 당시에 유행하던 모더니즘과 이미지즘 등의 기술을 얼마간 이용하고, 대부분 萬海的인 詩語法을 쓴 것이다", 제2시집 ≪슬픈 牧歌≫의 대부분의 작품은 "밤을 지니고"와 같이 日帝의 압박에서 건져내는 그의 생활에 대한 신념을 노래하고 있다. ≪氷河≫는 "속도를 느낄 수 있는 짧은 시행과 수사적인 이미지보다도 상징적인 이미지를 만들고 있다고 하면서 이

---

10) 鄭泰榕, "辛夕汀論", 「現代文學」, (1967.3), pp.263~269

≪氷河≫에서는 인간의 생활과 사회와 민족을 발견하고 있다"고 덧붙였다. 鄭泰榕에 와서 가장 진진한 언급이 이루어진 셈이다.

그 후 제4집 ≪山의 序曲≫이 나왔을 때 朴斗鎭은 이 시집에 대하여 言及하기를 "그 모든 앞의 시세계를 진한 영양으로 다져 넣으면서 보다 더 꺽지고 줄기차고 깊고 넓은 시의 골격과 체질을 형성해 내고 있다"11)고 했다.

위의 評을 보면 辛夕汀詩 초창기에 金起林은 그의 이색적인 출현을, 林和는 否定的인 측면에서 詩思想의 缺如를, 金億은 肯定的인 측면에서 詩壇의 貴한 存在임을, 丁來東은 단순한 讀者의 입장에서 시어의 平易性과 시세계의 아름다움을 들었다.

또 解放후 우리 詩가 外來思潮의 영향으로 여러 갈래로 퍼져나갈 때도 詩壇의 보스(BOSS)였던 徐廷柱는 田園風을 노래하던 初期詩의 우수성과 思想性을, 鄭泰榕은 夕汀詩 전체에 흐르고 있는 詩精神과 表現의 技巧를 朴斗鎭은 解放후 詩集에 나타난 現實認識을 强調하였다.

이런 詩史的인 整理에서 그의 生存時는 별 뚜렷한 연구가 없다가 70년대 중반부터는 여러가지 방향에서의 작업이 활발하게 이루어졌음을 알 수 있다. 특히 崔勝範의「辛夕汀의 生涯와 詩」12)는 괄목할만 했다. 夕汀의 生涯를 歷史的으로 照鑑하면서 각각의 詩集에서 여러 가지 變貌過程을 구체적으로 살폈다.

崔勝範 이전까지도 學術論文으로 夕汀詩의 前期詩를 中心으로 詩의 특색과 함께 詩에 끼친 影響(주로 老莊哲學과 唐詩의 影響

---

11) 朴斗鎭, "夕汀의 詩",「現代文學」, (1968.1), p.238
12) 崔勝範,「辛夕汀의 生涯와 詩」, ≪슬픈 牧歌≫(詩選解說), (삼중당, 1975), p.245

등) 등을 내용으로 한 것이 많이 나왔다.

그 중에서도 趙鏞蘭의 「辛夕汀研究」13), 尹敬洙의 「辛夕汀의 田園生活」14), 金相泰의 「Thoreau와 夕汀의 對比的 考察」15), 盧在燦의 「辛夕汀과 自然」16)등은 優秀한 論文이었다.

70년대를 지나 80년대에 이르게 되자 더 많은 研究物이 쏟아져 나왔다. 역시 80년대에 와서는 많은 연구가들이 辛夕汀詩의 特質을 重視하면서 自然親和의 詩研究에 초점을 많이 두었다. 그 대표적인 것이 李政和의 "夕汀의 初期詩에 나타난 自然觀 考察"17), 李基班의 "辛夕汀의 自然에 나타난 抒情性"18), 文斗根의 "辛夕汀詩에 나타난 自然의 意味"19), 趙燦日의 "辛夕汀의 自然詩研究"20) 등이다. 또 夕汀의 詩精神으로도 朴好泳21)과 채규판22), 孫美英23) 등이 深度있게 분석하였다.

1980년대에 와서 많은 연구가들이 辛夕汀詩의 全部(시집5권)을 硏究하면서 해방후의 작품 곧 중기 이후의 경향을 現實意識의 方

---

13) 趙鏞蘭, "辛夕汀研究", 「東岳語文」 제11輯 (1978.3) p.166
14) 尹敬洙, "辛夕汀의 田園生活", 「月刊文學」, (1978.1)
15) 金相泰, "Thoreau와 夕汀의 對比的考察", (全北大學校敎養課程部 論文集, 1974.1)
16) 盧在燦, "辛夕汀과 自然", (釜山 師大 論文集, 1979.6)
17) 李政和, "夕汀의 初期詩에 나타난 自然觀考察", 「경기어 문학」, (1980.1)
18) 李基班, "辛夕汀의 自然詩에 나타난 抒情性", 「一山金俊榮先生華甲紀念論叢」,(1980.4)
19) 文斗根, "辛夕汀詩에 나타난 自然의 意味", (建國大 大學院 碩士學位論文, 1982.12)
20) 趙燦日, "辛夕汀의 自然詩研究", (韓國外國語大學校敎育大學院碩士學位論文, 1984.7)
21) 朴好泳, "辛夕汀의 文學思想", 「韓國詩文學의 批評의 探究」,(삼화원, 1985)
22) 채규판, "김소월, 김영랑, 신석정의 시", 「한국 현대 비교시인론」, (탐구당, 1983), p.109
23) 孫美英, "辛夕汀詩研究", (成信女大大學院 碩士論文, 1988)

向으로 본 점이다. 본격적인 연구를 한 李基班[24], 許素羅[25], 閔丙起[26], 李漢用[27], 吳澤根[28] 등의 논문에서 그것을 볼 수 있다.

신석정시에 대한 본격연구 이외 辛夕汀의 문학정신을 기리며 연구하기 위해 이루어진 夕汀文學會에서는 그 一次事業으로 작품에 대한 연구를 하여「辛夕汀代表詩評說」(1986)을 출간했다.

여기에서도 作品評說 이외의 李基班의「辛夕汀의 自然觀과 歷史 意識」, 金民星의 <白木蓮 그늘에는>, 李炳勳의 <泰山木의 꿈>, 鄭烈의 <夕汀詩와 나>, 黃吉顯의 <빛깔있는 對話의 世界>, 許素羅의 「辛夕汀論의 向方」, 吳河根의「植民地의 꿈과 그 形象化」등의 夕 汀의 詩와 인간에 대한 글이 실려져 있었다.

앞으로 그의 시연구는 종전의 思想硏究에서 進一步하여 작품 하나하나에 깃들여진 詩精神, 構造, 手法 등이 고려되어야 할 것이다.

3. 硏究範圍 및 방법

이때까지 辛夕汀詩硏究는 대부분 初期詩를 중심으로 그의 傾向을 추구해온 것이라면 本考에서는 그보다 더 폭을 넓게 하여 40余 年間 夕汀詩의 역정을 좀더 세밀하게 고찰하고자 한다.

그리하여 그가 출간한 5권의 시집(《촛불》,《슬픈 牧歌》,《氷河》,《山의 序曲》,《대바람 소리》)을 근거로 하여 석정시의

---

24) 李基班, "辛夕汀論",「韓國現代詩人硏究」, (創文閣, 1981) p.187
25) 허소라,「辛夕汀論」, (유림사, 1983), p.74
26) 閔丙起, "辛夕汀의 詩史的 意味",「국어국문학」제95호, (1986.5)
27) 李漢用, "辛夕汀硏究",「국어국문학」제92호, (1984.12)
28) 吳澤根, "辛夕汀詩硏究", (漢大 大學院 博士學位 論文, 1989)

發展過程을 살피고자 한다.

　우선 夕汀詩硏究의 範圍에 있어서 시집에 나타난 詩精神을 고려하여 3期로 나누었다.

　즉 초기는 시집 ≪촛불≫과 ≪슬픈 牧歌≫時代로 日帝 暗黑期에 記歌한 自然親和의 세계, 중기는 시집 ≪氷河≫時代로 解放空間의 混亂과 민족의 비극에서 오는 現實意識, 후기는 시집 ≪山의 序曲≫ ≪대바람 소리≫時代로 석정의 晩年에 해당된다.

　이때는 주로 현실의식과 초기에서 보던 자연친근의식의 조화를 꾀하던 시기였다. 후기에 와서는 自然觀照의 여유있는 모습을 볼 수 있었다. 이렇게 時代別로 3段階로 나누어 夕汀詩의 흐름을 探索하고자 한다. 특히 그 方法으로는 한국현대시문학사의 큰 흐름을 바탕으로 하여 석정이 각 시집을 통해 추구한 시의 경향표현, 구조, 시어구사 등을 자세히 살피고자 한다.

Ⅱ. 夕汀의 生涯와 詩의 歷程

1. 生長環境과 文學修業

　辛夕汀은 1907년 7월 7일(음력) 全北 扶安邑 東中里에서 辛基溫의 次男으로 出生하였다.[1] 원래 이름은 錫正이었는데, 글을 쓰기 시작하면서 여러 가지 필명[2]을 쓰기도 하였으나, <詩文學>에 시를 발표하면서부터는 '夕汀'으로 정착시켰다. 自號이고 보면 號에서도 그의 자연적인 趣向을 볼 수 있다. 그리고 그것은 그의 生長의 자연환경과도 관계가 있어 보인다.
　夕汀의 나이 8세때 한약방을 경영하던 부친이 남의 보증을 잘못 섰다가 그 책임에 몰려 가산을 처분하고 부안읍에서 약 3킬로 떨어진 辛安面 마택리 서옥 부락을 위시하여 東津面 昌北里, 금산리 등을 전전[3]하다가 仙隱洞에 정착했다. 이 仙隱洞이 辛夕汀의 詩와

---

1) 「辛夕汀 年譜」
2) 석정의 습작기에 '蘇笛' '夕汀' '曙村' '石志永' 등의 필명이 쓰였다.※崔勝範 「辛夕汀의 生涯와 詩」, 辛夕汀詩 ≪슬픈 牧歌≫, (삼중당, 1975), p.239

관련있는 꿈의 마을이었다. 辛夕汀은 꿈 많던 少年 時節을 여기에서 보냈다.

夕汀은 儒家의 정신을 엄격히 지키는 선비집안에서 자랐다. 먼저 그의 조부 辛消烈은 漢學이 깊은 선비로서 玉成堂이라는 옥호로 한약방을 경영했다. 그 아들 辛基溫도 가업을 이어 맡아 한약방을 경영하면서 학문에 정진했다. 辛基溫은 당시 界火島에 우거했던 한말 성리학의 대가인 良齊田愚의 문인4)으로 학식과 덕망이 높았다. 辛夕汀은 이러한 가정에서 자라 당시 詩人이며 한학자이던 祖父밑에서 漢學을 배웠다. 그러나 그는 經書보다는 唐詩에 마음이 끌렸다.

1918년 夕汀이 12세되던 해 부안 보통학교 2학년에 입학하여 학교를 다니게 되면서부터 차츰 구학문과 신학문 사이에서 새로운 세계를 발견해 나갔다.

夕汀은 태어난 자연 속에서 새로운 인생을 생각하며 文學 속에 빠져 들어갔다. 그 때 夕汀이 읽었던 문학작품은 자신이 고백했던 것처럼 北原白秋의 「우사기는 템뽀」와 夏目漱石의 단편을 거쳐서 투루게네프의 「사냥꾼 일기」에 맛을 붙이게 되고, 하이네의 「서정소곡」등이었다고 한다.5)

夕汀이 제일 처음 작품을 시험해 본 것은 1924년 18세때 외가동생 南宮耘과 함께 界火島를 찾아가 보고 해질 무렵의 그 곳 경치를 쓴 <기우는 해>다. 이것을 朝鮮日報에 投稿한 것이 發表되었다. 이 詩가 막상 「朝鮮日報」에 發表되었지만 그 당시 학예담당기자가

---
3) 金民星, <白木蓮 그늘밑에는>「辛夕汀代表詩 評說」, (유림사, 1986.12.25), p.217
4) 上揭書.
5) 辛夕汀,「난초잎에 어둠이 내리면」, (지식산업사. 1974), p.288

그의 조매부 李益相이었는데도 蘇笛이 辛夕汀임을 몰랐다고 한다. 그만치 정정당당하게 발표된 작품이었다.

첫 활자화된 작품 <기우는 해>는 작품의 질로 보아 소년의 감상을 적은 習作品에 지나지 않았다. 辛夕汀 自身도 그 때 作品을 회상하면서 주요한의 모작임을 밝혔다.[6]

이 작품의 스타일과 좀 더 자세히 비교하기 위하여 주요한의 <봄달잡이>를 보면 다음과 같다.

    봄날에 달을 잡으러
    푸른 그림자를 밟으며 갔더니
    바람만 언덕에 풀을 스치고
    달은 물을 건너 가고요―

    봄날에 달을 잡으러
    금물결 헤치고 저어갔더니
    돌 씻는 물소리만 적적하고
    달은 들넘어 재넘어 기울고요―

    봄날에 달을 잡으러
    「봄」을 기어 하늘에 올랐더니
    반쯤만 얼굴을 내다보면서
    「꿈이 아니었더면 어떻게 왔으랴」―

    봄날에 달을 잡으러
    꿈길을 헤어 찾아갔더니
    가기도 전에 별들이 막아서서

---

6) 辛夕汀, "나의 文學的 自敍傳" 앞 수필임. pp.288~289

「꿈이 아니었더면 어떻게 왔으랴」—
                                    −<봄달잡이>

　두 詩 자체가 童謠의 성격을 띠고 있다. 그래서 詩가 곱고 가락의 조화를 살리고 있다.
　주요한의 <봄달잡이>의 '물을 건너가고요', '재넘어 기울고요'와 신석정의 <기우는 해>의 '푸른 물결도 잔잔합니다'는 다같이 경어체로 부드러움을 더하고 있다.
　「朝鮮日報」에 시험작 <기우는 해>의 발표를 계기로 <離國者의 노래>(1924.11.13), <나의 손 임자>(1925.5.31), <어릴 때 그 마음>(1925.12.8), <옛들>(1926.6.26), <조선의 집>(1926.8.5), <밤>(1925.12.9), <헤매이는 등불>(1926.3.11), <내일이 오면>(1926. 11.26) 등을 계속해서 발표했다.
　夕汀이 「詩文學」同人誌(1931년 10월 10일 제3호)에 本格的인 작품 <선물>을 발표하기전까지는 위의 시 제목이 암시 해주는 바와 같이 지극히 소박하고 또 그 표현도 未熟해서 10代 少年의 習作品의 영역에서 벗어나지 못했다. 특히 <離國者의 노래> <조선의 집> <헤매이는 등불> <내일이 오면>등의 작품에서는 "노래"나 "창가"에서 볼 수 있는 서술어의 잦은 반복, 短形으로 구성된 형식의 단순성7)같은 것도 쉽게 발견할 수 있다.
　다음의 몇 작품에서 보더라도 잘 알 수 있다.

　　　　[A] 숲 속에 그 길을 걸으면서
　　　　　　맛있게 익은 파리똥 열매를

───────
7) 허형석, "辛夕汀詩硏究", (경희대 박사학위논문), p.57

한 아름 맛본다고 따먹은 것이
가던 길 멈추고 다 따먹었소!
이것도 어린 때 그 마음이
시킨 것이라오!
논틀로 밭틀로 길을 걷다가

밭두덕에 뻗대인 머루넝쿨에
검붉게 익은 머루 열매를
하나만 맛본다고 따먹은 것이
가던 길 멈추고 다 따먹었소!
이것도 어린 때 그 마음이
시킨 것이라오!

　　　　　　　　　　-<어린 때 그 마음>

[B] 너와 내가 아직 어렸을 때
　　발가벗고 뛰놀던
　　그 옛들을 알겠니
　　너와 나의 노름터이던
　　그 옛들을—

　　봄엔 그 들에서 염소 뜯기고
　　가을엔 벼 이삭 주으러 가던
　　그 옛들을 알겠니
　　우리의 노름터이던
　　그 옛들을—

　　그러나 이젠 보아라!
　　그 들판엔 우뚝우뚝
　　낯 모르게 서 있는 양철집과

무너진 터만 남은 옛마을을
오 … 너와 내가 크는 그 동안에
그 들판은 저렇게도
변하였고나! 변하였고나!

-<옛 들>

우선 [A]는 내용이 너무 소박하고 단순하다. 즉 앞 부분에서는 숲 속 길을 걸으면서 맛있게 익은 파리똥 열매를 따먹은 것과 그 다음 부분 논들로 밭들로 길을 걷다가 검붉게 익은 머루 열매를 따먹은 것은 모두 어릴 때 그 마음이 시킨 것이라는 동심을 노래한 것이다.

[B]도 예외는 아니다. 어릴 때의 동심에 비친 옛들을 노래한 것이다.

'너와 내가 아직 어렸을 때/발가벗고 뛰놀던/그 옛들을 알겠니' 이것은 하나의 평범한 서술이요 의문이다. 더구나 그 연에서는 '봄엔 그들에서 염소 뜯기고/가을엔 벼 이삭 주으러 가던' 것도 신기할 것이 없는 하나의 평범한 서술이다. 3연에서는 잃어버린 동심의 세계에 대한 비애감을 적고 있다. 그 비애감을 나타낸 이미지 '낯모르게 서 있는 양철집과 무너져 터만 남은 옛마을'은 시적 표현으로 볼 때 너무 單純하다.

이런 습작기의 詩는 趙鏞蘭이 지적한 바와 같이 詩的으로 형상화되어 있지 않음은 말할것도 없고 詩의 형식이라든가 詩語의 선택 등에 전혀 고심한 흔적이 없다.[8]

그러나 이들 습작기 시에서 나중 시와 연결해서 좋은 의미를 부

---

8) 趙鏞蘭, "辛夕汀論", 「現代詩人論」, (형설출판사, 1979.5), p.233

여한다면, 첫째 시의 발상에 있어서 자연친화를 중요시했다는 것과 둘째 시적 표현에 있어서 친근감을 더하기 위하여 경어체를 활용했다는 점이다.

夕汀이 鄕里에서 詩를 習作하면서 1923년 17세의 나이로 두살 아래인 萬頃규수 朴姓女9)와 결혼하였다. 결혼하여 소작농 몇 마지기로 농사를 지었지만 삶의 앞날에 대한 별 희망이 보이지 않았다. 오직 문학에서 구원의 손길을 찾고자 하였으나10) <기우는 해>를 조선일보에 발표한 이후 정신적 방황은 더했다.

이 정신적 방황은 그의 다음 글에도 잘 나타나 있다.11)

"나는 서뿔리 들어선 문학의 길을 단념할 것을 맹세하고 일삼아 써오던 일기, 잡문, 시 나부랭이를 고스란히 불사른 적도 한두 번이 아니었다. 그러면서도 그 나이에 찾아오는 풀길 없는 인생의 고독과 낭만은 역시 문학밖엔 의지할 데가 없었던지, 다시 책을 모아들이고 사전을 찾아가면서 톨스토이와 투루게네프를 탐독하게 되었고, 아내의 결혼반지를 팔아다가 시집을 사들이곤 하였다."

이 무렵에 夕汀이 고백한대로12) 漢文工夫와 함께 老莊哲學 도연명의 시, 타고르의 시세계에 깊이 관심을 가졌던 것이다. 이러는 동안에 쓰여진 詩작품만도 무려 70여 편13)이 되었다고 했으니 그의 문학수업에의 정열을 가히 엿볼 수 있다.

---

9) 시집 올때 이름이었는데 나중 夕汀이 시인의 아내 이름으로는 너무 범박하다는 이유로 <小汀>으로 고쳤다고 한다. 나중 개명수속을 정식으로 밟아 법적 이름으로 했다고 한다.
  ※ 허소라,「한국현대작가연구」, (유림사, 1983), p.122 參考
10) 신석정,「난초잎에 어둠이 내리면」, p.272
11) 上揭書, p.292
12) 上揭書, p.292
13) 허형석, "辛夕汀詩 硏究", (경희대박사학위논문) p.57

특히 이 무렵 夕汀의 詩作에 불을 붙여준 것은 향리 부안의 문학서클이었다. 이 문학서클은 당시 일본에서 새로운 사조의 세례를 받은 청년들로 구성된 '야인사'였다. 이 '야인사'는 매월 원고로 회람하여 상호간 작품을 이야기하는 한편 작품활동과 더불어 독일어 공부도 하는 곳이었다.14) 夕汀은 이때를 回想하여 "나도 그 틈에 끼여 적지 않은 문학적 자극을 받았건만, 독일어는 영 팽개치고 말았다"15)고 말한바 있다.

2. 上京과 ≪시문학≫ 參與

文學과 人生의 틈바구니에서 고민하다가 夕汀은 드디어 이상을 더 넓히기 위하여 1930년 3월에 서울로 올라가게 된다. 상경의 목적은 石顚 朴漢永 선사가 경영하는 중앙불교전문강원에서 공부하려는 것과 그것을 빌미로 詩文學을 위한 교우의 폭을 넓히자는 데에 의도가 있었다.

夕汀은 뜻한 바대로 중앙불교전문강원16)에서 공부하게 되었다. 夕汀은 서울에 올라와서 佛典의 工夫보다 詩工夫에 더 마음을 쏟았다. 여기에서 말하는 詩공부는 크게 두 가지 의미로 좁힐 수 있다. 하나는 새로운 詩 이해 곧 새로운 詩傾向인 모더니즘시에 대한 지향이요 또 다른 하나는 유명한 詩人들과의 교류라고 볼 수 있다. 석정 자신도 여기에 대하여 다음과 같이 고백하고 있다.17)

---

14) 辛夕汀, 「난초잎에 어둠이 내리면」, pp.292~293
15) 上揭書.
16) 당시 중앙불교전문강원은 서울 동대문 밖 開運寺 大圓庵에서 석전 박한영 大宗師가 연 것으로 이것이 현 동국대학의 전신이 되었다.

"불경을 배우는 것은 강원에 있게 되니 의무로 지워진 나의 일과였고 문학서적을 탐독하는 것이 그 때 나의 본업이었다"

이런 결과로 夕汀은 그 어머니 상을 당하기도 하였다. 1년 수업을 마치고난 다음 入山하지 않고 도로 고향으로 내려가게 된다.

夕汀은 이때 불교강원에서「불유교경」과「사십이장경」「대승기신론」등을 청강하고 있었지만 그보다는 문학에 흥미를 더 느껴, 원생들과 함께 프린트판으로 회람지「圓線」을 만들었다. 이것은 문학에 제일 열이 달은 夕汀이 주관했다. 여기에는 30여 명의 승려·원생들이 가담했다고 한다.

이때 같이 활약한 승려 중의 한 사람이 나중에 시조시인이 된 趙宗玄이었다고 한다.[18] 이 文學的 행위가 연장되어 당시 시단에 큰 의미를 던진「詩文學」과 연결되었다. 이「詩文學」에 연결지워준 인물은「詩文學」誌를 주관하고 있었던 朴龍喆이었다. 朴龍喆과의 만남이「詩文學」과 고리를 맺었을 뿐 아니라, 사실상 시단에 정식으로 데뷔한 계기가 되었다.

夕汀의 <文學的 自叙傳>에 의하면, 특히 당시 詩壇의 거두였던 鄭芝溶을 만나게 되어 그에게서 처음으로 詩를 인정받게 된 것이 그에겐 더 없는 경사였다고 했다. 그 후 春園 李光洙, 萬海 韓龍雲, 頌兒 朱耀翰, 片石村 金起林등의 중요 文人들과도 만나 그는 더욱 詩의 눈을 넓혀 나가게 되었고, 이들 가운데에서도 韓龍雲, 鄭芝溶, 金起林의 영향은 컸다고 했다.

韓龍雲에게서는 불교적 미학에서 오는 명상적인 경향과 함께 詩 표현에 있어서의 尊待法 活用을, 鄭芝溶에게서는 詩語 구사의 섬세

---

17) 辛夕汀, p.293
18) 辛夕汀,「난초잎에 어둠이 내리면」, p.293

함과 부드러움을, 金起林에게 있어서는 새로운 詩의 흐름을 영향받았던 것이 된다.

 이러한 경로를 밟아 夕汀은 상경한지 1년만인 1931년 「詩文學」3호에 시 <선물>을 발표하게 된다. 말하자면 이것이 文壇 데뷔의 첫 작품이 되는 셈이다.

 사실상 夕汀이 「詩文學」동인이 된 것은 개인의 작품사적인 면에서도 큰 의미를 갖는다. 이 「詩文學」지는 1930년대 초반 순수시의 깃발[19])을 든 詩同人誌로 韓國現代詩文學史上 큰 의미를 부여하고 있기 때문이다. 여기에 가담한 詩人들이 20년대 후반기의 시가 지닌 目的性(프로 문학)이나 무잡성을 배격하고 詩가 가야할 詩의 本格的인 길, 말하자면 純粹의 길을 표방하였던 것이다. 이러한 「詩文學」에 가담했다는 것은 夕汀 자신에게 있어서도 여간 큰 행운이 아니었다.

> "하늘가에 붉은빛 말없이 퍼지고/물결이 자개처럼 반짝이는 날/저녁해 보내는 이도 없이/초라히 바다를 넘어갑니다/어슷어슷 하면서도/그림자조차 뵈이지 않는 어둠이/부르는 이 없이 찾아와선/아득한 섬을 싸고 돕니다/주검같이 말없는 바다에는/지금도 물살이 웃음처럼 남실거리는 흔적이 뵈입니다/그 언제 해가 넘어갔는지 그도 모른 체하고—/무심히 살고 또 지내는/ 해-바다-섬-하고 나는 부르짖으면서/내 몸도 거기에 선물하고 싶었습니다"
>   -<선물>의 전문

 이 시도 역시 소재나 구조로 보아서 1924년 4월에 처음으로 지상(朝鮮日報)에 발표했던 <기우는 해>와 비슷한 작품이다.

---

19) 조연현, 「한국현대문학사」, (성문각, 1973), p.223

<기우는 해>가 다정다감한 少年 時節 바닷가 일몰의 광경을 노래했다면 <선물>도 꼭 같은 배경이다. <기우는 해> 속에 보이는 詩情이 지극히 童心的이었던 것처럼 <선물>에서도 유사한 것을 볼 수 있다. <선물>의 구조를 좀 더 살펴보기로 한다.

1연 '저녁해 보내는 이도 없이/초라히 바다를 넘어갑니다'와 2연 '부르는 이 없이 찾아와선/아득한 섬으로 싸고 돕니다'라는 대목은 아주 감상적이다. 여기에 比해 3연은 상당히 차원이 높다고 하겠다. 그 고독은 다 어디로 가고, 비약해서 '내 몸도 거기에 선물하고 싶었습니다'라고 노래하고 있다. 이 <선물>은 이 마지막 연으로 하여 빛을 발하게 된다. 손미영도 이 대목을 自然에의 沒入[20]이라고 말하였다.

이 마지막 대목 자연에의 몰입, 자기를 던져 선물하고 싶은 마음이라는게 이 시의 강점이 되는 셈이다. 趙鏞蘭도 夕汀詩의 발전 단계를 논하면서 이 <선물>로 균형잡히고 짜임새 있는 敍情詩를 처음 쓰게 되었다고 했다.[21] 실로 辛夕汀에게 있어서는「詩文學」誌에 발표한 <선물>이 그의 詩作에 있어서 중요한 전기가 되었다.

<선물>이 발표되자 다음에 맨 처음 이 작품에 대해서 언급한 사람은 당시 시단의 1인자라 할 수 있는 鄭芝溶이었다. 鄭芝溶은 夕汀을 처음 만난 자리에서 여러 詩人들에게 夕汀詩의 뛰어남을 들고 직접 낭송[22]까지 하였다고 한다.

夕汀의 이름이 차차 詩壇에 알려지면서 그의 詩心은 더욱 불타올랐다. 詩文學社를 中心으로 여러 文人들과 교제하는 한편, 詩作

---

20) 손미영,「辛夕汀詩硏究」, (성신여대 대학원 석사학위논문, 1988), p.13
21) 조용란,「현대시인론」, (형설, 1979.5), p.235
22) 辛夕汀,「난초잎에 어둠이 내리면」, p.273 참조

에도 게을리 하지 않았다.

"나는 매일 총독부 도서관(지금 국립도서관)에 나가서 루소와 타고르의 작품을 찾아 탐독하고, 일찌기 섭렵해 오던 노장철학을 다시 굽어보기 시작했다. 「道德經」은 河上公의 주해본을 구해 읽고, 다께우찌 요시오(武內義雄)의 <老子硏究>를 샅샅이 살피는 일방, 莊子의 南華經을 굽어보면서 그 해 여름을 보냈다."

이렇게 불교강원에서 佛典공부와 文學공부 사이에서 정신없이 1년을 보내던 석정에겐 하나의 큰 장벽이 다가왔다. 그것은 불도를 위해 아주 入山하느냐 아니면 세상에 주저앉아 문학으로만 前進하느냐 이 두 갈래 길에서 몹시 번민했다. 여기에 어머니 상을 당한 夕汀은 여러번 생각 끝에 후자의 길을 택했다. 그리하여 1931년 불교강원의 1년 공부과정을 마치자 고향으로 돌아가게 되었다.

시골로 떠나면 문학하는데 시간적 여유는 있겠지만 자극을 받을 길이 없으니 내려가지 말고 더 견뎌 보라는 金起林의 간곡한 만류[23]도 뿌리치고 귀향한 석정은 물려받은 가난과 싸우면서라도 문학의 길만은 걸어야겠다는[24] 굳은 결의를 가졌던 것이다.

3. 歸鄕과 「먼나라」設定

辛夕汀이 中央에서 활동을 단념하고 귀향하게 된 데에는 당시의 시국 형편도 크게 작용한 것으로 보인다.

1930년대는 시대적으로 암담한 때였다. 일제는 다시 중국대륙을

---

23) 上揭書, p.276
24) 上揭書, p.276

침략할 음흉한 계획을 세우고 급기야 1931년 9월 만주사변을 야기 시켰다. 그리하여 이 땅을 군수물자를 조달하는 기지창으로 삼고, 온갖 인력과 물자를 동원하여 전시체제로 몰아 갔다.

이런 때이니까 이 땅의 문화는 더 희망없이 시들대로 시들었다. 辛夕汀의 歸鄕을 이런 차원에서도 이해하지 않으면 안된다. 생활의 근거지가 시골인 辛夕汀으로서는 당시 시대적 상황에서 어쩔 수 없는 결단이었던 것이다.

夕汀의 《임께서 부르시면》이라는 詩가 정확히 발표된 것은 1931년「東光」8월호다. 이것은 만주사변이 일어나기 직전의 일로, 24세때의 작품이다. 이 시에는 복잡한 현실의 조건이나 수속, 번거로움 등 여타의 개입을 불허하고 순수한 자연의 경지에 몰입하고자 한 自然에 대한 경모정신까지가 표출되어 있다.[25]

夕汀의 초기작으로서는 뛰어난 작품이다. 작품의 구조면에서 보더라도 짧은 시로서 전체 4연, 1연이 4행으로 잘 짜여져 있다. 특히 각 연마다 드러내고자한 이미지를 선명히 나타내기 위하여 2행마다 가서 직유법을 쓰고 있고 또 각연의 끝, 즉 3행·4행을 똑같이 '그렇게 가오리다/임께서 부르시면…'으로 표현했다.

이쯤 되면 自然을 구가하는 시로서는 金民星이 말한대로 自然에의 馴致 동화[26]가 극치를 이루고 있다. 잘 짜여진 그의 자연시를 읽으면 어두운 환경 가운데서도 일종의 희열 같은 것이 일어난다. 이런 면에서 보면 그의 귀향은 우리 시의 흐름에 자연에 대한 사랑을 새롭게 일깨워 주었다는 의미를 갖게 된다. 그러나 고향으로 돌아간 夕汀의 꿈은 현실과 너무나 거리가 멀었다.

---

25) 金民星,「辛夕汀代表詩評說」, (유림사, 1986.12), p.27
26) 金民星, "임께서 부르시면",「辛夕汀代表詩評說」, p.27

이 무렵의 심경을 다음과 같은 토로에서도 그대로 볼 수 있다.27)
"영국 시인 카펜더를 본떠 농촌에 엎디어 꾸준히 공부할 것을 새로 다짐하고 막상 귀향은 했으나, 그 당시 농촌의 현실은 나의 꿈을 살릴 수 있는 그런 평온한 지대는 아니었다. 10여 두락의 소작으로 호구지책을 세운다는 것도 불가능한 일이거니와, 노동에 익숙하지 못한 죄로 백수의 탄식을 하는 수밖에 별도리가 없었다. 때로는 밀짚 모자를 눌러쓰고 모내기, 김매기의 뒤서두리도 해보고 채마밭을 가꾸어 보기도 했건만, 노동이란 하루 이틀에 뼈에 젖어드는 용이한 것도 아니었다. 이런 빈한 속에서 깐에는 인내하고 싸워나가는 동안 그래도 문학만은 필생의 업으로 삼으려니 굳은 각오도 해 보고, 밤을 새워 독서와 사색에 여념이 없던 때도 바로 그때다. 아마 나에게 참다운 생활이 있었다면 그때가 절정이 아니었던가 싶다."

夕汀은 항상 어두운 現實, 不安한 生活 가운데서도 한 줄기 빛을 念願했던 것이다. <임께서 부르시면>에도 그것이 잘 나타나 있다.

임께서 부르시면 모든 것을 超越하고 가겠다는 그 의지가 確然히 드러나 있다. 이쯤 되면 시가 경건하기까지 하다.

> 잔인한 촛불에게 추방을 당하면서도/나의 침실을 잊지 않는 충실한 어둠이여/오늘 밤 나는 너를 위하여 촛불을 끄고/내 작은 침실의 전면적을 제공하노니/어둠이여 너는 오늘 밤에도 나를 안고/새벽이 온다는 단조한 이야기를 계속하겠지?/그러나 나는 밤마다 네가 속삭이는/그 '새벽'을 한번도 맞아 본일은 없다/(대체

---

27) 辛夕汀, 「난초잎에 어둠이 내리면」, pp.295~296

네가 새벽이 온다는 이야기를 한것도 오래되건만…)
　　　　　　　－<새벽을 기다리는 마음>

　한 줄기 빛을 염원하는 종교의식에서 벗어나 이 詩에서는 직접 현실의식을 엿볼 수 있다. 우선 첫 연 '잔인한 촛불에게 추방을 당하면서도/나의 침실을 잊지 않는 충실한 어둠이여'같 은 표현이 단적으로 그것을 잘 말해주고 있다.
　이런 경지는 흔히 자연친근사상이 담긴 시와는 달리 일단 눈을 크게 떠서 단일한 인생 태도에서 벗어나 시대의 고통 앞에 보다 적나라하게 대치하는 결연한 태도[28]를 볼 수 있다. 이런 詩는 대개 「촛불」이 素材가 되어 있고 미래에 대한 바램이 많다.
　夕汀은 恒時 生活에서 자연의 묘한 의미를 발견하고 현실의 고통을 잊으려고 했다. 이것은 결코 現實逃避가 아니다. 어두운 현실을 超克하는 한 方便이었다.
　夕汀은 다행히 다른 詩人과 달라 어두운 現實을 다른 方法으로 보아주는 남다른 사상이 있었다. 그것은 일찌기 익힌 老莊思想이었다. 모든 것을 自然에 맡긴 悠悠自適한 생활태도였다. 夕汀이 모처럼 중앙무대에 발을 딛고 막 각광을 받을 무렵, 어두운 구름이 덮쳐 아쉽게 귀향 할 수 밖에 없었던 것은 그의 마음의 여유에서였다. 그의 마음에 여유를 갖게 한 것이 바로 老莊思想이다. 孫美英도 夕汀이 낙향을 한 것은 佛道에 보다는 老莊思想에 더 매력을 느끼고 있었던 탓[29]이라고 했다.
　歸鄕 후 夕汀은 한때 生活 때문에 부안군 동진면사무소의 임시

---

28) 鄭洋, "새벽을 기다리는 마음"평설,「辛夕汀代表詩評說」, (유림사, 1986.12), p.48
29) 孫美英, "신석정시연구", (성신여대 대학원석사학위논문, 1988), p.13

서기로 나가기도 하였으나 만족하지 못하고 그만 두었다. 이러한 그에게 慰安이 되었던 것은 讀書와 思索이었다.30) 이 讀書는 말할 것도 없이 文學書籍이었다. 독서와 사색 생활은 夕汀詩 발전에 큰 營養素가 되었다.

夕汀은 落鄕 3년만에 가까스로 자기 집을 마련하여 스스로 靑丘園이라 이름 짓고 田園詩의 붓을 갈게 되었다.31) 이 靑丘園을 마련하기까지의 경로를 夕汀은 직접 다음과 같이 술회하고 있다.32)

"삼년을 걸려서 소작농에서 얻은 벼로 집을 하나 마련해서 그 동안 우거하던 오막살이를 면하고 「靑丘園」이라고 격에 맞지 않은 멋진 이름을 붙이고 앞뜰에는 은행나무, 벽오동나무, 자귀대나무, 모란을 심어 가꾸고, 동쪽에는 감나무, 서쪽에는 시누대를 심어놓고 측백나무로 울을 두른 뒤 제법 조촐한 집으로 꾸몄다.

이 시대를 많은 연구가들은 辛夕汀詩의 절정기 靑丘園時代라 명명한다.

특별히 이 때, 같은 처지를 이해하고 의기를 소통한 친구가 있었으니 바로 그가 부안 거주의 金泰鍾이었다. 金泰鍾은 서화, 사진, 음악, 등산 등 다방면에 趣味活動이 뛰어난 친구였으니, 등산장비를 갖춘 산악회를 구성하여 변산일대를 답사하기도 하는 등 夕汀의 취미 활동에 많은 영향을 주었던 것이다.33)

이렇게 보면 석정이 서울생활 1년을 청산하고 고향에서 도연명이나 카펜터처럼 일생을 조촐한 속에서 살아가고자 마음 먹던 것

---

30) 金民星, "임께서 부르시면"평설,「辛夕汀代表詩評說」, p.219
31) 上揭書.
32) 辛夕汀,「난초잎에 어둠이 내리면」, p.277
33) 金民星, <백목련 그늘 밑에는>,「辛夕汀代表詩評說」, (유림사, 1986.12), p.219

은 그대로 실천되어 갔던 것이다. 여기에서 그의 詩集 《촛불》과 《슬픈 牧歌》가 산출된다.

 靑丘園은 분명히 辛夕汀이 큰 의욕으로 마련한 집으로서 선은동 505번지로 되어 있다. 비록 조그만한 초가삼간이지만 그에겐 유일한 낙원이었다. 청구원은 측백나무의 생울타리에 둘러싸여 있는 조그마한 삼간의 초가집이다. 앞뜰에는 은행나무, 벽오동나무, 자귀대나무, 백목련, 산수유, 철쭉, 시누대 등 온갖 나무가 숲을 이루고 있었고, 등나무 밑에 놓여 있는 나무의자가 손님을 접대하는 응접실 구실을 하여 주었다. 찾아오는 손을 부드럽고, 따뜻하게 그리고 허물없이 대해주는 분위기를 만들어 주고 있었다. 집 뒤에는 바람이 일지 않는 아늑하고 부드러운 언덕의 오솔길이 있었다. 거기서 조금만 산책의 발길을 옮기면 눈앞에 황해 바다와 갈매기의 흰 나래가 전망되었다.34)

 이것은 金民星이 나중 그의 옛 隱居處 靑丘園을 돌아보고 그 情景을 描寫한 글이다.

   파란 하늘에 흰구름 가벼이 떠가고/가든한 남풍이 무엇을 찾아 내일듯이/강넘어 푸른 언덕을 더듬어갑니다/언뜻 언뜻 숲새로 먼 못물이 희고/푸른빛 연기처럼 떠도는 저 들에서는/종달새가 오늘도 푸른 하늘의 먼 여행을 떠나겠읍니다/시내물이 나직한 목소리로 나를 부르고/아지랑이 영창건너 먼산이 고요합니다/오늘은 왜 이 풍경들이 나를 그리워 하는 것 같애요/산새는 오늘 어디서 그들의 소박한 궁전을 생각하며/청아한 목소리로 대화(對話)를 하겠읍니까?/나는 지금 산새를 생각하는 「빛나는 외로움」이 있읍니다/임이여 무척 명랑한 봄날이외다/이런날 당신은 따뜻한 햇볕이

---

34) 上揭書, p.219

되어/저 푸른 하늘에 고요히 잠들어 보고싶지 않습니까?
-<봄의 유혹>의 전문

살아있는 봄의 유혹-여기에는 '파란하늘', '흰 구름', '푸른 언덕', '시냇물', '숲', '새' 등이 제각기 움직이고 있다. 잡다하고 난삽하고 오욕된 현실을 떠나 순수하고 청순한 자연 속에 빠져들어가고자한 욕망은 오히려 아름답다35)고 할 수 있다. 이 <봄의 유혹>에서 석정이 추구하고자 하는 세계는 자연에의 沒入이다. 그리고 그것은 어느 정도 성공을 거두었다고 할 수 있다. 제5연의 1행 '임이여 무척 명랑한 봄날이외다', 2행 '이런날 당신은 따뜻한 햇볕이 되어'에서의 '임'과 '당신'은 자연에 대한 경건에서 온 호칭이다.

특별히 詩形式에 있어서 호흡이 긴 散文體를 쓴 것이나, 또 서술의 끝에 가서 의문형의 설의법으로 맺는 것은 夕汀 초기시의 특징이다. 이런 手法은 그가 경모하던 萬海 韓龍雲의 詩 수법에서 緣出된 것이라고 할 수 있는데, 특히 韓龍雲의 代表詩 <알 수 없어요>같은 작품에서 쉽게 볼 수 있다.

이 詩의 素材 가운데서도 '새'의 이미지는 有別나다. '새'는 으례히 머물러 있는 靜物이 아니라, 항시 狀況에 따라 움직인다. 2연 가운데 '종달새가 오늘도 푸른 하늘의 먼 여행을 떠나겠읍니다'라든가 4연 가운데 '산새는 오늘 어디서 그들의 소박한 궁전을 생각하며 청아한 목소리로 대화를 하겠습니까?'에서의 '종달새'와 '산새' 즉, 이 시 속의 '새'는 곧 작품의 대변자이다.

이런 '새'의 이미지가 夕汀의 初期詩 곧 詩集 ≪촛불≫의 世界나

---

35) 金民星, <백목련 그늘 밑에는>, 「辛夕汀代表詩評說」, p.36

≪슬픈 牧歌≫의 세계에 혼하게 나타나 있다. 이렇게 보면 그의 자연은 항상 그의 마음을 대변하고 있다. 이러한 신석정의 시의 세계에 대하여 일찌기 간파한 시인이 있었는데, 그가 바로 金起林이다. 金起林과의 교류는 夕汀이 1930년대초 불교강원 원생으로 있으면서 뛰어난 시인들과 상통하고 있을 때부터였다.

사실 辛夕汀의 시와 金起林의 詩는 어떤 면으로는 相沖된 감도 없지 않다. 단지 어두운 시절에 새로운 감각으로 詩를 썼다는 면은 같지만 그 추구하는 각도는 달랐다.

辛夕汀이 자연친화의 牧歌詩人이라면 金起林은 現代文明을 비판하는 모더니스트라고 볼 수 있다. 어떤 의미로는 자연의 理想世界를 추구하는 浪漫主義的 詩가 辛夕汀의 詩라면 金起林의 詩는 그것을 정면으로 排擊하는 입장이라고 볼 수 있다. 그런데도 金起林은 辛夕汀의 詩에 대하여 "現代文明의 잡답을 멀리 피한 곳에 한 개의 유토피아를 음모하는 牧歌詩人이 있다"36)고 辛夕汀의 詩를 높이 추켜 세웠다. 辛夕汀은 金起林이 말한대로 現代文明의 雜沓을 멀리 피해 새로운 유토피아 곧 自然世界의 아름다움을 노래했다.

夕汀이 靑丘園에서 자기 나름대로의 새로운 세계(自然親和의 世界)를 構築하면서 좋은 詩를 써서 「동광」, 「문예월간」, 「삼천리」, 「신생」, 「동방평론」, 「신동아」등 잡지에 계속 발표하였다.

그의 작품이 발표될 때마다 현실세계를 넘어선 유토피아의 세계라 하여 현실에서 멍들은 사람들은 그 작품을 읽고 위안을 받았다. 특히 落鄕해 신선한 시를 쓰고 있는 夕汀에게 자극을 준 是認은 金岸曙와 金起林이었다.37) 사실 이들만 하더라도 당시 중앙문단에

---

36) 金起林, "1933년 시단의 회고"「詩論」, (白楊堂.1947), pp.85~86
37) 辛夕汀, 「난초잎에 어둠이 내리면」, p.296

서는 영향력 있는 인물들이었다.
 이 무렵에 멀리 황해도에서 찾아온 문학 소년이 바로 **中學**을 갓 나온 **張萬榮**이요, 또 **中學**2년을 다니던 **徐廷柱**도 이 때에 처음 만난 **文學少年**이었다.38) 이들이 거의 매년 **靑丘園**을 찾아준 반가운 손님들39) 이었다고 **夕汀**은 그때를 회고하고 있다.

> 흑석고개는 어늬 두메 산골인가/서울서도 한강/한강 건너 산을 넘어가야 한다든고/좀착한 키에/얼굴이 깜으잡잡하여/유달리 희게 드러나는 네 이빨이/오늘은 선연히 뵈이는구나/눈오는 겨울밤/피비린내 나는 네 시를 읽으며/꽃처럼 붉은 울음을 밤새 울었다는 청년/그 청년이 바로 우리 고을에 있다/정주여/나 또한 흰복사꽃 지듯 곱게 죽어갈수도 없거늘/이 어둔 하늘을 무릅쓴 채/너와 같이 살으리라/나 또한 징글 징글하게 싫어보리라/
> —<黑石고개로 보내는 시>의 전문

 1940년대초 그 어디에도 **希望**이 없는 **絶望**적인 세계에서 몸부림치는 젊은 **詩人 徐廷柱**를 생각한 시다. 이 **詩**에도 **亦是** 당시 시대적 상황에 대한 **夕汀**의 마음이 잘 드러나 있다.
 張萬榮은 그런 **因緣**으로 그의 동서가 되었던 것이다. **張萬榮**과 **辛夕汀**은 **詩**에서도 서로 **通**하는 점이 적지 않았다. 그것은 무엇보다 **張萬榮**의 **詩集 ≪祝祭≫**에서 볼 수 있듯이 **詩**의 **素材**에 있어서 **自然**적인 것이 많다는 점이다.
 張萬榮은 당시 **中央詩壇**에서 활동한 **詩人**으로 시골의 **夕汀**에게 많은 서울이야기를 전해주기도 하였다. 여러모로 유익이었다. 그것

---

38) 上揭書, p.277
39) 上揭書.

은 다음과 같은 夕汀의 술회로도 잘 알 수 있다.40)

"張萬淏과 동서를 맺은 因緣으로 나는 매년 백천 온천에 가게 되는 기회를 얻게 되었고, 오고 가는 길에 서울에 들러서 여러 문우들을 만나게 되었으니, 鄭芝溶, 片石村, 金光均, 李鳳九가 모두 그때 친숙해진 벗들이다. 뿐만 아니라 靑丘園의 詩情 때문에 같은 湖南 出身 詩人 이병기와 曺雲의 방문도 받았다."41)

   예서 부안이 북으로 백오십 리
   모르던 옛날에는 천오백 리만 여겼더니
   이제는 시오 리 남짓 되나마나 합니다.

   내 고장 산과 물이 부안만이야 하리마는
   해불암 하루 저녁 쉬어감직 한 곳이니
   신나무 제 철이 되거던 한번 찾아주소서.

이 詩는 그때 曺雲과 화답하던 詩다. "葉書 한 장 주고받는 데도 情이 서려있고 만나서 펴는 情이 또한 極盡하였다"42)고 후일 回顧하고 있다. 이병기와 조운은 시조시인으로 夕汀에겐 선배가 되지만 서로 의기가 통했던 것이었다.

이런 주변 시인들의 격려로 夕汀은 더 대담하게 시와 더불어 살아갈 것을 다짐했다. 夕汀이 田園詩에 한참 열을 올릴 무렵 문단환경은 그런대로 밝은 편이었다. 30년대 순수시 발전에 중요한 몫을 차지했던 종합 문예지「文章」과「人文評論」이 나오고, 이에 앞서

---

40) 上揭書, p.297
41) 辛夕汀,「난초잎에 어둠이 내리면」, p.278
42) 上揭書, p.297

시 동인지 「子午線」, 「詩人部落」, 「風林」, 「詩建設」, 「詩苑」이 제 나름의 성격을 띠고 出刊되었다. 그런가하면 이미 시단엔 중요 詩人들의 詩集이 속속들이 出刊되었다. 그 예로는 30년대 시단의 기수였던 鄭芝溶과 金永郞의 詩集이 시문학사에서 나오고, 뒤이어 金起林의 ≪氣象圖≫, 白石의 ≪사슴≫이 경쟁이나 하듯이 출간된 점을 들 수 있다. 따라서 이러한 시대적 동향에 가장 의욕적인 시인 辛夕汀도 잠잠할 수 없었다.

그리하여 夕汀은 1939년 11월 첫 시집 ≪촛불≫을 人文評論社에서 發刊하였다. 이 시집 발간이 있기까지 그의 동서인 張萬榮과 夕汀의 시를 후원하던 片石村 金起林의 주선이 있었음은 말할 필요도 없다. 물론 張萬榮이나 金起林도 이 때 詩集을 출간한 상황이었다. 夕汀의 ≪촛불≫은 한 마디로 靑丘園 생활의 결실이라 할 수 있다.

夕汀의 詩集을 기념하는 모임이 서울에서 이었다. 12월 28일 오후 6시 경성 그릴에서 ≪촛불≫출판기념회를 열게 되었으니 상경하라는 片石村의 간곡한 편지를 받고[43] 夕汀은 귀향한지 9년만에 상경했던 것이다.

이 출판기념회는 장만영의 시집 ≪祝祭≫와 공동으로 열리는 것이었다. 이 기념회에는 시단의 거물인 이병기, 김억, 김기림 등을 위시하여 문인 30여명이 모여 성황을 이루었다. 이 기념회에서 夕汀은 평소 지면을 통해 알아오던 金素雲, 李陸史, 申石艸, 李源朝, 林和 등도 만나게 된다.[44]

석정의 시집 ≪촛불≫은 자연에서의 생활을 승화시킨 꿈의 세계

---

43) 辛夕汀, 「난초잎에 어둠이 내리면」, p.278
44) 上揭書.

에서 미의 절정을 찾아낸 시집이었던 것이다.45) 앞서 金起林이 夕汀 詩人을 牧歌詩人이라고 말한 것처럼 ≪촛불≫詩의 世界에는 푸른 산과 푸른 하늘과 푸른 강물과 푸른 수목과 온갖 새, 짐승들이 자유롭게 노닐고 있다.

≪촛불≫에는 모두 38편의 시가 수록되어 있는데 꿈과 낭만이 넘치는 그의 초기시를 대표하는 걸작46)들이 소복이 담겨있다고 볼 수 있다. 이 ≪촛불≫의 세계에 담겨져 있는 사상은 앞서도 말한 바와 같이 그가 오랫동안 익힌 老莊哲學이 바탕이 되어 있는 것이다.

참으로 이때는 석정이 ≪촛불≫의 세계에서 밝힌 것처럼 그 시대는 시와는 달랐다. 그 어디에도 희망을 걸 수 없는 절망의 시대였다. 벌써 1940년에 들어서자 악독한 일제는 전쟁을 일으킬 목적으로 식민지 정책을 더 강화하여 탄압을 가하게 된다. 문인들에게는 글을 제대로 쓸 수 없는 검열제도47)가 나타났다. 그리하여 전쟁을 앞두고 1940년 이 땅 언론의 큰 봉화였던 「朝鮮日報」와 「東亞日報」가 폐간되고 뒤이어 「文章」, 「人文評論」이 없어지고 말았다.

이런 상황에서도 석정은 현실과 직접 대결하지 않고 오히려 그것을 넘어서서 새로운 이상의 세계를 추구하였다. 이 시대 신석정의 시는 참으로 시대를 초월한 건강한 시였다. 조금도 현실에 대한 비굴이나 애상을 노래하지 않고 항상 미래의 새로운 빛을 갈구하는 시였다. 그렇기 때문에 그의 시는 시대의 흐름을 초월하여 순수

---

45) 金民星, "白木蓮 그늘 밑에는", 「辛夕汀代表詩評說」, p.220
46) 上揭書, p.230
47) 夕汀도 벌써 1939년 7월 詩集 ≪촛불≫을 간행하기 4개월전 아무 생각없이 쓴 시 "차라리 한 그루 푸른 대로"가 「文章」지에서 일부 귀절이 검열로 삭제된 일이 있다.

했다. 그의 시는 항상 미래를 여는 시인 까닭에 어둠을 밝히는 '촛불'이 많이 등장된 것이라 할 수 있다.

촛불의 기능은 어둠을 밝히는데 있다. 촛불의 힘은 바람 속에서는 지극히 약하지만, 밝음을 산출해 내는 기능을 보면 지극히 상서롭기 조차하다. 이 《촛불》의 빛은 지극히 인위적인 것이어서 어느 조건부에서만 그 의미를 지닌다. 제사의식에서 많이 쓰이는 것도 촛불이다. 그러므로 이 '촛불' 은 '어둠'에서만 강점이 있다.

辛夕汀의 《촛불》은 日帝時代 즉 '밤'과 관련되어 있다. 첫 詩集 《촛불》을 놓고 보면 그것은 어둠에 필요한 하나의 빛으로써 등장되어 있다.

    저 재를 넘어가는 저녁해의 엷은 광선들이 섭섭해 합니다/어머니 아직 촛불을 켜지 말으서요/그리고 나의 작은 명상의 새 새끼들이/지금도 저 푸른 하늘에서 날고 있지 않습니까?/이윽고 하늘이 능금처럼 붉어질 때/그 새 새끼들은 어둠과 함께 돌아온다 합니다/언덕에서는 우리의 어린 양들이 낡은 녹색 침대에 누워서/남은 햇볕을 즐기느라고 돌아오시 잃고/조용한 호수 위에는 인제야 저녁 안개가 자욱이 내려오기 시작하였읍니다/그러나 어머니 아직 촛불을 켤 때가 아닙니다/늙은 산의 고요히 명상하는 얼굴이 멀어 가지 않고/머언 숲에서는 밤이 끌고 오는 그 검은 치맛자락이/발길에 스치는 발자욱 소리도 들려오지 않습니다/멀리 있는 기인 뚝을 거쳐서 들려오던 물결소리도 차츰차츰 멀어갑니다/그것은 늦은 가을부터 우리 전원(田園)을 방문하는 가마귀들이/바람을 데리고 멀리 가 버린 까닭이겠읍니다/시방 어머니의 등에서는 어머니의 콧노래 섞인/자장가를 듣고 싶어하는 애기의 잠덧이 있읍니다/어머니 아직 촛불을 켜지 말으서요/인제야 저 숲 너머 하늘에 작은 별이 하나 나오지 않았읍니까

                   —<아직 촛불을 켤 때가 아닙니다> 의 전문

자연 그대로의 빛이 좋다는 시다. 그러므로 '저 재를 넘어가는 저녁해의 엷은 광선들이 섭섭해'하기 때문에 아직 인위적인 빛을 더하는 촛불을 켤 때가 안되었다는 비련의 시다. 이 '촛불'은 '푸른 침실'이나 '병상야음'이나 '나는 어둠을 껴안는다'같은데서도 미래의 희망처럼 등장되고 있다. 이 '촛불'이 있어야 할 배경은 '밤'이다. 항상 밤 속에 미래를 여는 '촛불'이 바람 속에 깜박이고 있다.

>새새끼 포르르 포르르 날아가버리듯
>오늘밤 하늘에는 별도 숨었네
>
>풀려서 틈가는 요지음 땅에는
>오늘밤 비도 스며 들겠다
>
>어두운 하늘을 제쳐보고 싶듯
>나는 오늘밤 먼 세계가 그리워…
>
>비나리는 촐촐한 이 밤에는
>왜감(密柑)껍질이라도 지근거리고 싶고나!
>
>나는 이런밤에 새끼꿩소리가 그립고
>희물새 떠다니는 먼 호수를 꿈꾸고 싶다
>
>　　　　　　　　-<촐촐한 밤>의 전문

이 밤은 현실의식의 상징으로 등장되어 있다. 늘 위안의 대상이던 '새새끼들도 포르르 포르르 날아가버린 밤'에 '밀알껍질이라도 지근거리고 싶은'것은 하나의 체념이 아니라 또 하나의 새로운 힘 (먼세계)을 기르는 의지다. 이러한 극기는 日帝의 후반기에 올수록 더욱 뚜렷이 표출된다.

시집 ≪슬픈 牧歌≫ 속의 '고운 심장'이나 '밤을 지니고'에서 이러한 극기를 더욱 뚜렷이 볼 수 있다. 이러한 마음 가짐에서 석정에겐 또 하나의 이상세계 건설이 있었다. 그것은 그가 즐겨 노래하는 '먼나라'였다.

> 어머니/당신은 그 먼 나라를 알으십니까?/깊은 삼림 지대를 끼고 돌면/고요한 호수에 흰물새 날고/좁은 들길에 야장미(야장미) 열매 붉어/멀리 노루 새끼 마음 놓고 뛰어 다니는/아무도 살지않는 그 먼 나라를 알으십니까?/그 나라에 가실때에는 부디 잊지마셔요/나와 같이 그 나라에 가서 비둘기를 키웁시다/어머니/당신은 그 먼 나라를 알으십니까?/산비탈 넌즈시 타고 내려오면/양지밭에 흰염소 한가히 풀뜯고/길솟는 옥수수밭에 해는 저물어 저물어/먼 바다 물소리 구슬피 들려오는/아무도 살지않는 그 먼 나라를 알으십니까?/어머니 부디 잊지 마셔요/그때 우리는 어린양을 몰고 돌아옵시다/어머니/당신은 그 먼 나라를 알으십니까?/오월 하늘에 비둘기 멀리 날고/오늘처럼 출출히 비가 나리면/ 꿩소리도 유난히 한가롭게 들리리라/서리가마귀 높이 날아 산국화 더욱 곱고/노란 은행잎이 한들 한들 푸른 하늘에 날리는/가을이면 어머니! 그나라에서/양지밭 과수원에 꿀벌이 잉잉거릴때/나와 함께 새빨간 능금을 또옥똑 따지않으렵니까?
>
> —<그 먼 나라를 알으십니까>의 전문

'먼 나라'는 현실이 아닌 의식세계의 理想鄕[48], 惡이 없는 '유년

---

48) 李基班, "辛夕汀의 詩",「현대시의 이해」, (문학과 비평사, 1990.8)

속의 자연'49)이라고 할 수도 있다. 그 '먼 나라'에 '꿈'을 설정하였던 것이다. 일종의 이상향이다.

시집 ≪촛불≫ 가운데 <나의 꿈을 엿보시겠습니까> <아 그 꿈에서 살고 싶어라> <그 꿈을 깨우면 어떻게 할까요?> 등에서 그러한 유토피아를 쉽게 찾아 볼 수 있다. 이 '꿈'을 추구하는 세계 속의 절대자는 '어머니'다. 이것은 그의 대표작이라고 할 수 있는 이 시50), <그 먼 나라를 알으십니까>에 잘 나타나 있다. '꿈'과 관계 있는 <그 꿈을 깨우면 어떻게 할까요?>에서 보더라도 잘 알 수 있다.

> 어머니/산새는 저 숲에서 살지요?/해 저문 하늘에 날아가는 새는/저 숲을 어떻게 찾아 간답니까?/구름도 고요한 하늘의/푸른 길을 밟고 헤매이는데…/어머니 석양에 내 홀로 강가에서/모래성 쌓고 놀을때/은행나무 밑에서 어머니가 나를 부르듯이/안개 끼어 자욱한 강건너 숲에서는/스며드는 달빛에 빈 보금자리가/늦게 오는 산새를 기다릴까요?/어머니/먼 하늘 붉은 놀에 비낀 숲길에는/돌아가는 사람들의/꿈 같은 그림자 어지럽고/흰 모래 언덕에 속삭이든 물결도/소몰이 피리에 귀 기우려 고요한데/저녁 바람은 그 무슨 이야기를 하는지/언덕의 풀잎이 고개를 끄덕입니다/내가 어머니 무릎에 잠이 들 때/저 바람이 숲을 찾아가서/작은 산새의 한없이 깊은/그 꿈을 깨우면 어떻게 할까요?
> —<그 꿈을 깨우면 어떻게 할까요?>의 전문

---

49) 吳河根, "식민지의 꿈과 그 형상화",「辛夕汀代表詩評說」, p.102
50) 최승범은「韓國代表詩評說」, (정한모, 김재홍)에서, 이기반도「현대시의 이해」, (문학과 비평사)에서 석정시의 대표작으로 <그 먼 나라를 알으십니까?>를 들고 있다.

위의 시에서 보더라도 한 시에 무려 '어머니'가 다섯 번이나 등장되고 있다. 여기에 나타나 있는 "어머니"의 표상은 과연 무엇일까? 이 '어머니'의 의미는 단순하지 않다. 보통 말하는 육신의 어머니를 뛰어 넘는다.

金民星은 상당히 포괄적으로 말하고 있다.[51] "어머니는 구원의 여인상이고 동경과 소망의 모체이기도 하지만 수호신이 되기도 하고 자연이 되기도 한다"

오하근은 신석정이 타고르의 영향을 받았다는 것을 전제로 하여 '석정의 어머니'와 '타고르의 어머니'는 통한다[52]고 했다.

崔勝範은 一次的인 <어머니>를 넘어서서 二次的인 의미로 평화, 순진한 약자, 자유의 상징, 나아가서는 한용운의 '님'으로까지 승화시켰다.[53]

鄭泰榕도 일찌기 신석정의 시를 논하면서 자주 등장되는 '어머니'에 대하여 '大地의 어머니', '詩神의 어머니', '宇宙의 어머니'도 될 수 있다[54]고 하야 보다 다양한 의미로 설명했다.

이 '어머니'는 시집 ≪촛불≫에서 보더라도 여러 편을 들 수 있다. <나의 꿈을 엿보시겠습니까?> <그 꿈을 깨우면 어떻게 할까요> <날개가 돋혔다면> <그 먼 나라를 알으십니까> <아직 촛불을 켤 때가 아닙니다> <이 밤이 너무나 길지 않습니까?> 같은 작품이 그 좋은 예다.

夕汀은 日帝末 1939년에 첫 詩集 ≪촛불≫을 내고 祖國光復後 첫 시집 이후에 쓴 작품을 모아 1947년 제2시집 ≪슬픈 牧歌≫를

---

51) 金民星,「辛夕汀代表詩評說」, pp.28~29
52) 吳河根, "식민지의 꿈과 그 형상화",「辛夕汀代表詩評說」, p.286
53) 崔勝範, "목가적세계와 모성애의 회기",「韓國代表詩評說」, p.141
54) 鄭泰榕, "辛夕汀論",「韓國現代詩人硏究」, (어문각, 1976), p.167

浪州文化社에서 상재했다. 이 ≪슬픈 牧歌≫는 주로 日帝時代에 쓰여진 作品으로 되어 있다는 점에서 ≪촛불≫과 궤를 같이 하는 것이다. 첫 시집과 다른점이 있다고 하면 첫 시집의 세계가 같은 牧歌的 세계에서 조금 어두웠다면 다음 시집은 거기에 비하여 훨씬 밝았다고 볼 수 있다.

> 푸른 산이 흰 구름을 지니고 살듯/내 머리위에는 항상 푸른 하늘이 있다/하늘을 향하고 산림처럼 두팔을 들어낼 수 있는것이 얼마나 숭고한 일이냐/두 다리는 비록 연약하지만 젊은 산맥으로 삼고/부절히 움직인다는 둥근 지구를 밟았거니…/푸른 산처럼 든든하게 지구를 디디고 사는 것은 얼마나 기쁜 일이냐/뼈에 저리도록 「생활」은 슬퍼도 좋다/저문 들길에 서서 푸른 별을 바라보자…/푸른 별을 바라보는 것은 하늘 아래 사는 거룩한 나의 일과이거니…
>
> ―<들길에 서서>의 전문

夕汀은 일제말기의 암담한 시대에도 들길에 서서 '푸른 산이 흰 구름을 지니고 살듯/내 머리 위에는 항상 푸른 하늘이 있다'고하며 든든한 세계를 바라보고 있다. 그래서 '두 다리는 비록 연약하지만 젊은 산맥으로 삼고 부절이 움직인다는 둥근 지구를 밟았거니…'라고 건강미를 드러내고 있다.

이러한 생활은 그가 고백한대로 '푸른 산처럼 든든하게 지구를 디디고 사는 것은 얼마나 기쁜 일이냐'라며 새로운 의욕을 보였다. 이 시에서 보는 '푸른 별'은 큰 힘이자. 큰 소망이다. 이러한 밝은 이미지가 열려있는 세계임에도 불구하고 많은 시 속에서 볼 수 있는 것처럼 '슬픔'이라는 悲哀 情緖가 엷지 않게 깔려 있다.

여기에서 "슬픔"의 이미지는 우리 傳統詩에서 내려오고 있는 情緒의 하나로써 역사적으로 언제나 환경이 어두울 때 짙게 나타난다. 사실 夕汀에게 보면 딴엔 시대와 맞지 않는 牧歌的인 세계를 펼친다 하더라도 항상 그 심층엔 비애가 서렸던 것이다. 일제의 어둠이 짙으면 짙을수록 그 悲哀情緒는 悲嘆과 絶望感으로 들어난다.

> 나와/하늘과/하늘아래 푸른산 뿐이로다/꽃 한송이 피워낼 지구도 없고/새 한마리 울어줄 지구도 없고/노루 새끼 한마리 뛰어다닐 지구도 없다/나와/밤과/무수한 별 뿐이로다/밀리고 흐르는게 밤 뿐이요/흘러도 흘러도 검은밤 뿐이로다/내마음 둘곳은 어느밤 하늘 별이드뇨
>
> —<슬픈 구도>의 전문

2연에서는 '꽃 한송이 피워낼 지구도 없고/새 한마리 울어줄 지구도 없고/노루 새끼 한마리 뛰어다닐 지구도 없다'고 비탄과 절망을 토하였다. 그러면서도 '푸른 산'과 '반짝이는 별'을 항상 머리속에 그리고 있었다.

4. 祖國光復과 現實意識

祖國光復으로 말미암아 夕汀에게는 새로운 時代가 다가왔다. 이 새로운 時代는 곧 새로운 시정신의 세계란 의미다. 이것이 所謂 現實意識을 중시한 歷史意識인 것이다. 이러한 세계의 전개로 青丘園에서 이상의 세계를 건설하던 시집 《촛불》, 《슬픈 牧歌》時代는 청산되었던 것이다. 이 시대에 따라 夕汀의 자연도 완전히 어둠속

에서 의지적으로 채색된 자연의 빛깔이 아니라 환희에 찬 자연의 빛깔이었던 것이다.

> 태양을 의논하는 거룩한 이야기는/항상 태양을 등진 곳에서만 비롯하였다./달빛이 흡사 비오듯 쏟아지는 밤에도/우리는 헐어진 성터를 헤매이면서/언제 참으로 그 언제 우리 하늘에/오롯한 태양을 모시겠느냐고/가슴을 쥐어 뜯으며 이야기하며 이야기하며/가슴을 쥐어 뜯지 않았느냐?/그러는 동안에 영영 잃어버린 벗도 있다./그러는 동안에 멀리 떠나버린 벗도 있다./그러는 동안에 몸을 팔아버린 벗도 있다./그러는 동안에 맘을 팔아버린 벗도 있다./그러는 동안에 드디어 서른 여섯해가 지나갔다./다시 우러러 보는 이 하늘에/겨울밤 달이 아직도 차거니/오는 봄엔 분수처럼 쏟아지는 태양을 안고/그 어느 언덕 꽃덤풀에 아늑히 안겨 보리라.
>
> —<꽃덤풀>의 전문

해방 후에 쓰여진 이 詩의 스타일은 종전의 시와는 다르다. 상당히 현실의식을 들어내어 시인의 관념 세계를 노래했다. 이 시의 主題는 '태양의 열망'이다. 그래서 '태양을 의논하는 거룩한 이야기'와 '가슴을 쥐어 뜯는 이야기'가 나온다. 끝연에 '겨울밤 달이 아직도 차다'라고 현실의 불만을 토로하고 있다.

사실 夕汀에 있어서는 이 무렵이 정신적으로 제일 어지러운 때였다. 허형석이 얘기한 것처럼 面面世界[55])의 중화를 꾀했다. 이것도 夕汀詩의 흐름(歷史)으로 봐서는 일종의 변모인데 우선 中和에 앞서 현실의식이 더 많이 드러났다. 이 현실의식은 그 시인이 직면

---

55) 허형석, "신석정시연구", (경희대 대학원 박사학위논문), p.108

한 시간의식과 공간의식에서 오는 자연스러운 현상이다.

이렇게 보면 대다수 시인의 경우와 같이 夕汀詩도 초기시가 더 월등하다. 그것은 힘과 감수성이 원인이 되기 때문이다. 그래서 한 시인의 초기시가 월등히 좋고 그 이후의 시에는 현실 의식이 많이 가미되기 마련이다.

夕汀의 詩歷史도 이 한계를 벗어나지 못한다. 夕汀의 ≪氷河≫ 時代는 시집 제목이 암시하고 있는 그대로 초기시처럼 뜨겁지 못하고 좀 찬 기운이 돈다. 그만치 현실에 대한 이미지의 세계가 가미된 탓이다.

夕汀은 조국광복후 現實參與의 세계로 눈을 돌려 직접 행동으로 나타내었다. 夕汀은 해방후 고향의 후진 육성을 위하여 교육계에 투신하여 교육기관의 설립 필요성을 강조하였고, 김제 죽산 중학교(1947~1949), 부안 중학교(1949~1950)에서 교편생활56)을 하였다. 6.25사변 부안에서 전주로 활동무대를 옮겼다. 이 때부터 그의 후기시가 쓰여진 전주시대 곧 靑丘園에서 比斯伐艸舍로 옮겨지게 된다. 1951년부터는 태백신문사 편집고문으로 있으면서 전북대학교의 詩論강의를 맡아 많은 후진 양성과 전북문학활동의 선도가 되었다.57)

6.25 후 여러 가지 어려운 생활을 겪고 다시 초토에서 꽃을 피우기 시작했다. 그의 생활 터전으로 보아 비교적 안정된 생활을 한 것이 1954년 이후 전주 고등학교 교사로 정착할 때 부터였다. 전주의 생활이 안정되면서 석정에겐 좋은 결과도 있었다. 그것은 1954년 역서 ≪중국시집≫(정양사)과 1956년 제3시집 ≪氷河≫(정음사)

---

56) 金民星,"白木蓮 그늘 밑에는",「辛夕汀代表詩評說」, p.220
57) 上揭書.

의 出版이었다. 조국광복후 어지러운 현실 속에서 夕汀이 추구한 시세계는 기교보다 정신과 현장을 더 앞세워 나갔다.58)

동백꽃이 떨어진다/빗속에 동백꽃이/시나브로 떨어진다/ 水/平/線/너머로 꿈많은 내 소년을 몰아가던/파도소리/파도소리 부서지는 해안에/동백꽃이 떨어진다/억만년 지구와 주고 받던/회화에도 태양은 지쳐/엷은 구름의 面紗布를 썼는데/떠나자는 머언 뱃고동 소리와/뚝 뚝 지는 동백꽃에도/뜨거운 눈물 지우던 나의 벅찬 청춘을/귀대어 몇번이고 소근거려도/가고 오는 빛날 역사란/모두다 우리 상처입은 옷자락을/갈갈이 스쳐갈 바람결이여/생활이 주고 간 火傷쯤이야/아예 서럽진 않아도/치밀어 오는 뜨거운 가슴도 식고/한가닥 남은 청춘마저 떠난다면/동백꽃 지듯 소리없이 떠난 다면/차라리 心臟도 氷河되어/남은 피 한 천년 녹아/철철철 흘리고 싶다

－<氷河>의 전문

이 시는 시집 ≪氷河≫속에 있는 대표작으로 1954년 1월의 작이다. 시의 주제도 그렇고 형식면에서도 하나 손색이 없는 작품이다. 1연과 2연은 그리 문제가 안된다. 단순히 동백꽃이 떨어지는 아쉬움을 소박하게 노래했다. 그러나 3연 이하에서 보면 저항정신이 조용히 꿈틀거리고 있다.59)

3연 '가고 오는 빛날 역사란/모두다 우리 상처입은 옷자락을/갈갈이 스쳐 갈 바람결이여' 4연 '생활이 주고 간 화상' '한가닥 남은 청춘' 같은 것은 그것을 잘 말해주고 있다.

특히 '차라리 심장도 빙하되어/남은 피 한 천년 녹아/철철철 흘

---

58) 허형석, "신석정연구", (경희대 대학원 박사학위논문), p.108
59) 정 렬, 「신석정대표작평설」, p.115

리고 싶다'는 그것의 절정이다. 사실 현실의식은 누구에게도 다 있다. 현실이 어두우면 어두울수록 거기에서 받는 고통이 심하고 거기에 대처하는 저항이 있기 마련이다.

최승범도 석정의 현실의식을 들어,[60]
"한 편의 시는 불행한 겨레의 멍든 마음을 되찾아 주는 따뜻한 손길이 되어줘야 하고 같이 울어줄 수 있는 데까지 시인은 찾아가야 할 인고와 용기가 있어야 할 것이다. 부조리한 현실에 눈감고 현실을 외면하는 것만을 능사로 삼을 수 없다. 부조리한 현실에 있어서 인간의 성실한 저항이 누구에게보다도 시인에게 요구되는 것을 잊어서는 안될 것이다"고 말한 바 있다.

> 저 하잘 것 없는 한송이의 달래꽃을 두고 보드래도, 다사롭게 타오르는 햇볕이라거나, 보드라운 바람이라거나, 거기 모여드는 벌나비라거나 그 보다도 이 하늘과 땅 사이를 아렴프시 이끌고 가는 크나큰 그 어느 알 수 없는 <마음>이 있어, 저리도 조촐하게 한송이의 달래꽃은 피어나는 것이요, 길이 滅하지 않을 것이다.
> 바윗돌처럼 꽁꽁 얼어붙었던 大地를 뚫고 솟아오른, 저 애잔한 달래꽃의 긴긴 歷史라거나, 그 막아낼 수 없는 偉大한 힘이라거나, 이것들이 빚어내는 아름다운 모든 것을 내가 찬양하는 것도, 오래오래 우리 마음에 걸친 거치장스러운 푸른 囚衣를 자작나무 허울 벗듯 훌훌 벗고 싶은 달래꽃 같이 위대한 역사와 힘을 가졌기에, 이렇게 살아가는 것이요, 살아가야 하는 것이다.
> 한송이의 달래꽃을 두고 보드래도, 햇볕과 바람과 벌나비와, 그리고 또 無限한 <마음>과 입맞추고 살아가듯, 너의 뜨거운 心

---

60) 崔勝範, "夕汀詩人의 生涯와 詩", 수필집 「蘭緣記」, (세운문화사.1977) p.375

臟과 아름다운 모든 것이 샘처럼 왼통 괴여 있는, 그 눈망울과 그리고 항상 내가 꼬옥 쥘 수 있는 그 뜨거운 핏줄이 나무가지처럼 타고 오는 뱀어같이 예쁘디 예쁜 손과, 네 고은 靑春이 나와 더불어 가야할 저 환희 트인 길이 있어 늘 이렇게 죽도록 사랑하는 것이요, 사랑해야 하는 것이다

—<역사>의 전문

이 詩는 1956년 4월의 작으로, 일종의 줄글, 散文體로 되어 있다. 夕汀은 '역사'를 노래하길 무슨 큰 事件의 흐름보다도 눈에 보이지 않는, 마음 속의 움직임을 더 중시하고 있다. 하잘 것 없는 한 송이의 달래꽃에도 마음을 이끌고 가는 흐름을 노래했다. 夕汀은 특별히 그의 수상 "젊은 시인에게 보내는 편지"에 자세히 그 사상을 나타내고 있다.61)

시-문학-에 종사한다는 것은 바로 인생을 보다 충실하게 살자는 데 그 의의가 있다고 생각하는 것은 내 평생의 시론입니다. 그러므로 문학을 한다는 자체가 바로 인간 수업의 길로 통하리라 믿습니다. 진부한 이야기지만 齊나라 景公이 정치의 요체를 孔子에게 물었을 때 "君君, 臣臣, 父父, 子子"라고 대답한 것은 비단 정치에만 통하는 말이 아니라, 문학에도 통하는 말이라고 나는 생각한다.

이것은 석정이 젊은 시인에게 시를 택한 이유를 나름대로 설명하면서 결국 시를 쓰는 행위는 확실히 인생을 보다 충실하고 부끄럽지 않게 살기 위해서라고 답했다. 그러므로 그의 시에서는 옛날과 달리 항시 현실의식이 시속에 깊이 도사리고 있었다. 그의 詩論

---

61) 辛夕汀,「난초잎에 어둠이 내리면」, p.253

「詩精神과 參與의 方向」62)을 봐도 알 수 있다.

> 오늘날 시인들은 불행하게도 吟風弄月로 만족할 수 있는 상황 속에 있지 못하기 때문이다. 공해로 오염된 공기를 마시면서 꾀꼬리는 제 목청을 낼 수 없을 것이 아닌가? 꾀꼬리가 제 목청을 내자면 공해의 제거가 선행되어야 할 것이니 이 작업이 바로 參與로 通하는 길이다. 요는 現實參與의 方向 設定이 問題 일 뿐이다. 에즈라 운드가 그 當時 무솔리니 禮讚의 지지방송이나 작품 활동도 現代參與요, 루이 페르이난트, 셀리느의 도이취 점령군에의 협력도 現實參與임에는 틀림없다. 다만 阿世由筆로써 祖國을 背反하면서까지 怨讐와 손잡고 不義와 不正을 擁護한 現代參與일 따름이다

이것은 그의 詩論이기도 하다. 여기에서 夕汀은 무엇보다 시대의식과 더불어 환경을 중히 여기고 있다.

夕汀은 단적으로 "이 암담한 濁流 속에서 不安을 불안대로 받아 살기에도 詩는 몸부림을 쳐야 할 지경이거늘 이 불안을 초극하는 치열한 精神을 가진 시를 쓰기에는 그 얼마나 무서운 精神의 所有가 要求될 것인가?"63)의 主張이다. 夕汀은 안일한 시를 쓴 사람들을 겨냥하면서 現實意識 詩論을 내세운 것이다.

夕汀의 후기시를 논하면서 또 하나 놓치지말아야 할 세계가 있다. 그것은 망향의식이다. 고향을 돌아보는 회향의식이다. 이것은 현실의 생활이 아프면 아플수록 더 요청되어 위안이 되었던 것이다. 이 회향의식에서는 말할 필요없이 옛날에 보였던 아름다운 自

---

62) 신석정, "시정신과 참여의 방향", 「문학사상」창간호,(1972.10), p.238
63) 신석정, "나는 시를 이렇게 생각한다", 「나의 詩, 나의 詩論」, (서울신흥출판사, 한국시인협회, 1960.12), p.122

然美에 대한 것이다. 그래서 ≪氷河≫에서도 <망향의 노래> <대춘부> <귀향시초> 같은 것이 돋보이고 있다. 이것이 네 번째 시집 ≪山의 序曲≫에 오게 되면 더욱 짙게 나타난다. ≪山의 序曲≫에서도 여전히 현실의식을 내세우고 있으면서도 거기에는 ≪氷河≫ 때 보다는 더 많이 자연친근의식을 중히 여기고 있다.

夕汀은 고등학교 교직에 있으면서 대학의 요청에 의하여 全北大學과 永生大學에서 講義를 맡기도 했다. 1958년에는 이병기와 공저로 「명시조 감상」(박영사) 역서 ≪梅窓詩集≫(낭주문화사)을 출간하는 한편 많은 詩作활동으로 그해 12월에 全羅北道 文化賞을 수상했다. 특히 이 무렵에 중앙에서 나오고 있는 自由文學者協會 기관지 「自由文學」지의 추천위원이 되어 주변의 몇 몇[64])을 배출시켰다.

5. 晩年과 回歸意識

夕汀은 시집 ≪氷河≫를 낸 이후 11년만에 1967년 10월 회갑기념으로 제4시집 ≪山의 序曲≫을 간행했다.

　내 가슴속에는
　대숲에 드는 햇볕이 아른거린다.
　햇볕의 푸른 분수가 찰찰 빛나고 있다.

　내 가슴속에는

---

64) 석정의 문하에서 시수업을 하다가 그에게 인정을 받아 「자유문학」지를 통해 나온 뛰어난 시인으로는 대개 이기반, 허소라, 황길현, 김민성, 이병훈 제씨다.

오동잎에 바스러지는 바람이 있다.
바람이 멀리 떠나는 발자취 소리가 있다.

내 가슴속에는
파초잎을 밟고 오는 빗소리가 있다.
빗소리에 이어오는 머언 우룃소리가 있다.

내 가슴속에는
<尹東柱>의 시를 잘두 외우는 소년이 있다.
오피리아가 저희 누이라는 그 아리잠직한 소년이 있다.

내 가슴속에는
바람에 사운대는 꽃잎파리가 있다.
꽃앞파리가 마련하는 머언 세월이 있다.

내 가슴속에는
오층탑을 넘어 석종을 스쳐간 하늘이 있다.
별들을 간직한 하늘의 착한 마음이 있다.

내 가슴속에는
벚꽃 흐드러운 속에 젖먹일 업고 산채를 캐는 <정상두>아낙네
가 있다.
그 아주머니의 싸늘한 젖꼭질 물고 땅을 허비던 어린것의 뭉
개진 손톱이 있다.

내 가슴속에는
바다같이 울던 金山寺의 매미소리와 귀촉도가 있다.
항상 이방이라서 설리우는 귀촉도의 더운 피가 있다.

내 가슴속에는
파르르 날아가는 나비가 있다.
나비의 그 가녀린 나랫소리가 있다.

내 가슴속에는
굽이 굽이 흐르는 강물이 있다.
강물에 조약돌처럼 던져버린 첫사랑이 있다.

내 가슴속에는
하늘로 발돋움한 짙푸른 산이 있다.
산에 사는 나무와 나무에서 지줄대는 산새가 있다.

내 마음속에는
산같이! 산같이! 하던 <내>가 있다.
오늘도 산같이 산같이 늙어가는 <내>가 있다.
　　　　　　　　－<내 가슴 속에는>의 전문

　이 詩에는 현실의식보다 지난날에의 추억이 담겨 있다. 이 추억은 現實에 대한 위안이다. 현실의 아픔이 더 할수록 夕汀은 故鄕의 自然을 찾아간다. '대숲에 드는 햇볕', '파초잎을 밟고 오는 빗소리', '바람에 사운대는 꽃잎파리', '석종을 스쳐간 하늘', '金山寺의 매미소리', '파르르 날아가는 나비', '굽이 굽이 흐르는 강물', '짙푸른 山', '산새' 등은 모두가 그리움의 대상이다.

　《山의 序曲》의 詩集名이 시사하는 바와 같이 이 시집에는 '山'이 많이 등장한다. 산의 이미지는 夕汀의 현실을 살아가는 굳은 精神이기도 하다. 이 때는 夕汀의 생활도 비교적 안정된 때다. 그래서 틈만 나면 직접 여기저기의 山을 찾아나서기도 하였다. 그리하여 <지리산>, <山房日記>, <산나비랑 앉아서>, <山은>, <山은 알고 있다> 등의 수작을 낳게 된다.
夕汀은 생활터전을 전주에 두고 늘 고향을 그리며 살았다. 이 때의 전주는 현실이요, 고향은 현실을 살아가는 意志였던 것이다. 그리하여 마당에 많은 화초와 나무를 심고 그것을 손수 기르며 건강하게 살려고 했다.

  40평 남짓한 앞뜰에 그저 되는 대로 질서없이 심어 놓은 나무를 세어 보자면, 시누대・식나무・수수꽃다리・태산목・꽝꽝나무・북가시나무・칠영수・백목련・독일 가문비・이팝나무・석류나무・치자・뽀뽀나무・동백・호랑가시・낙우송・산수유・국로・감나무・모란・청매・벽도・은행나무・후박・철쭉・막태기나무・개나리・서향・파리똥나무・죽도화등 30여 종이 있고, 이 밖에 장미가 10여 종이고 보니, 그 면적에 비하면 초만원인 셈이다.
  이 나무들 사이에 숙근초는 수선화・백합・국화・파초가 자리를 잡고, 콘크리트 항아리에는 백련이 있어 모두 제 철을 기다리고 있다.
  요즘 들리는 이야기를 믿지는 것은 아니지만, 정원 하나 설계해서 꾸며내는 데 수천만원을 투자해서 온갖 기화요초로 거의 작은 공원이 오히려 무색할 지경이라니, 그런 걸판스런 정원에 비하면 이 40평이란 겨우 그 정원의 한 모서리에 불과한 아주 초라한 것이지만, 그런대로 10여 년을 정들여 가꾼 것들이라, 어디 하나 내 손 안 간데가 없어 대견스럽다.
  본시 정원이란 자연 풍광의 축소판이어서, 따지고 보면 한 평인들 정원이 못되란 법도 없을 것이다. 한 평은 한 평으로서의 스페이스가 있다. 그 스페이스에 알맞는 한 그루 나무나 한 포기 꽃을 심어 무엇이 모자라겠느냐. 그 나무에 한 마리의 새가 찾아와 울고 갈 수 있고, 한 마리의 벌나비가 다녀갈 수 있다면 족할 것이다. 그 한 평의 정원에는 햇볕을 굽어 볼 것이요, 하늬바람이 지나가는가 하면, 마파람따라 빗발도 건너갈 것이다.
　이 축소판 공간 또한 우주의 일각임을 잊어서는 안될 것이다."
　　　　　　　　　　　　　　　―<정원 이야기>에서

　석정은 40평 남짓한 뜰에다 온갖 꽃과 나무를 심고 거기에서 새로운 자연의 의미를 부여하고 살았다.

　　옮겨온 지 7년 만에 그 청정무구(淸淨無垢)한 백련꽃이 피고 보니 온 집안이 떠들썩할 만큼 환호성들이다. 해마다 꽃을 기다리다 지쳐 그저 잎새만 바라보는 것도 자위해 오다가, 꽃대가 올라온 지 10여일 만에 그예 만개하여 어찌나 대견스럽고 고마운지 꽃잎파리 세어 보니 20여개가 넘는다. 紅蓮보다 거의 갑절이 큰데 더 놀랐다.
　　혼자 바라보기가 어쩐지 마음에 걸려 어제는K와 J를 청해다가 매실주를 기울이면서 잔을 뗄 때마다 백련을 바라보며 "感嘆不已" 했다. 더구나 청향이 馥郁하니 어디 나무랄 데가 없다. 30도가 넘는 불더위고 보면 장미 따위는 피기가 바쁘게 시드는 게 흠인데, 백련은 불볕도 아랑곳없이 우아하게 피어선 더구나 실바람에 꽃이파리가 사운대는 꼴이란 정작 마음이 설렐 정도로 귀엽기 그지없다. 자세히 보니 또 한송이 꽃대가 물 밖으로 얼굴을 드러내 놓고 있다. 이놈은 아무래도 8월 2·3일쯤에야 필 것이다.
　　　　　　　　　　　　　―<꽃과 더불어>에서

　이 글도 역시 꽃과 더불어 사는 詩人의 생활을 그린 것이다.
　夕汀은 自然을 즐기는 면에서도 동적이다. 그냥 멀리서 완상하는 것이 아니라 직접 가까이에서 대화하며 즐긴다. 그것이 집에서 꽃과 나무를 기르는 일이요, 틈만 나면 산에 올라 산의 의미를 발견하고자 했다. 허소라는 夕汀詩에 나타난 산의 의미를 살펴 보면 이 산의 역사, 산의 시련은 바로 신석정의 시작과정65)이라고 까지 말했다. 이러한 山의 意味가 시집 ≪山의 序曲≫에 잘 드러나 있다.

夕汀은 金民星이 말한대로 제4시집 ≪山의 序曲≫에 와서는 "그의 文學的 몸부림이 더욱 난숙하고 산을 매개로 하여 자아와 자연의 세계를 선적으로 표상화하면서 인생을 관조하는 詩學을 전개시켰다"66)

夕汀은 회갑기념시집 ≪山의 序曲≫으로 다음해 (68년 12월) 한국문인협회에서 수여하는 한국 문학상을 수여했다.

1970년대에 오게 되면 夕汀은 모든 것을 整理하게 된다. 그것은 마지막 詩集 出刊과 직장(교직)整理다. 우선 夕汀은 마지막 시집을 韓國詩人協會 주선으로 출간하게 된다. 그것이 1970년 11월에 낸 제5시집 ≪대바람 소리≫다. 그 다음 夕汀은 20년 가까운 교직생활을 청산한다. 그 동안 부안중학교, 죽산 중학교, 전주 고등학교, 김제 고등학교, 전주 상업고등학교등에서 봉직하다가 정년퇴직으로 물러나게 된다. 말기에 그는 눈물이 많았다. 그의 시 <1969년 5월 어느 날>에서도 볼 수 있다.

> 눈물이 피잉 돌았다./햇빛이 너무도 눈부신 五月 어느 날, 南山을 내려오던 내 視野에는 그 숱한 高層建物들도 보이지 않았다. 荒凉한 벌판만 같아 보였다. 내 恒常 사랑하던 漢江 물줄기도,

---

65) 허소라, "辛夕汀詩에 나타난 산의 의미", 「韓國現代作家研究」, (유림사, 1983), p.116
66) 金民星, "白木蓮 그늘 밑에는", 「辛夕汀代表作評說」, p.221

白雲臺 산자락도 보이질 않았다./다만/그 짙푸른 나무잎새와 나무잎새마다 부서지는 햇빛이 내 흐린 눈망울을 스쳐가고, 그 햇빛 속에서 셈없이 울어예는 휘파람새 소리가 흡사 꿈같이 들려오고 있었다. 나는 꼬옥 漢拏山 어느 내리막 기슭인 것만 같은 그런 錯覺 속에 南山을 내려오고 있었다./끝내/피잉 돌던 눈물은 사뭇 철 철 철 가슴벽을 타고 흘러가고 있었다. 갑자기 가슴이 뜨거워 오고 있는 것을 나는 느꼈다./문득 나는/지금 쯤 故鄕에서 泰山木 꽃을 무심ㅎ고 바라보던 아내의 눈에서도 어쩌면 눈물이 피잉 돌았을는지 모른다고 생각했다. 그리고, 서러울 것도, 기쁠 것도 없는 나날의 無事를 祝願하는 아내의 서투룬 念佛이 시작되었을 무렵, 우리들은 明洞 어느 茶房에서 커피잔을 기울이고 있었다./
그것은/一九九六年 五月 어느 날 午後의 일이었다.

-<서울 1969년 5월 어느 날> 전문

사람은 누구나 나이 많아지만 자연 눈물이 많아지고 인생이 허무해진다. 특별히 南山을 내려오면서 눈물을 흘리고, 문득 고향에서 태산목 꽃을 무심코 바라보던 아내의 눈물을 생각하는 老詩人의 쓸쓸한 마음이 잘 담겨져 있다. 이 作品은 1969년 5월 어느날, 南山에 있는 모 기관에 불려 갔다가 풀려나오며 쓴 시다.[67]

또 다음 글에서도 '눈물'을 볼 수 있다.

기구한 인생의 허구한 遍歷을 거쳐 오는 동안 언젠가 한 번은 웃음다운 웃음을 실컷 웃어 보고, 울음다운 울음을 뼈져리게 한 번 울어 보자는 것이 내 평생 소원이었는데, 이제껏 그렇게 웃어 본 적도 없거니와 그렇게 속 시원히 울어 본 일도 없다.
더구나 亡國의 백성으로 내 청춘을 고스란히 빼앗기는 동안,

---

[67] 허형석, "신석정시연구", (경희대대학원 박사학위논문), p.139

웬만한 눈물쯤은 그저 가슴 깊숙히 흘려보내기 마련이었고, 씁쓸한 피는 꿀꺽 참아 넘겨 오다가 해방이 되던 날 비로소 벅차던 기쁨에 뜨거운 눈물을 펑펑 쏟아 본 것이 고작이었다.

해방을 맞던 해가 서른아홉 나던 해였으니, 그때만 해도 삼십대의 벅차 오르던 꿈을 좀체 주체할 길이 없어 그 길로 바로 서울로 뛰어갈까 하다가, 몇몇 뜻있는 친구와 더불어 고향에 중학교를 세우기로 의견을 모아, 그해 9월 부랴부랴 "중학 설립 기성회"를 만들고 이듬 해(1946년)3월 1일을 기해서 중학교 문을 열게 되었던 것이다.

그동안 개교를 앞두고 서울에 올라가 모셔 온 선생님이 겨우 여섯 분, 우리 고을에서 대학을 나온 친구들을 규합해서 가까스로 선생님은 거의 모시게 되었으나, 국어 과목만은 구할 길이 없어서 부득이 당분간 맡는다고 맡아 오게 된 것이 끝내 停年에 이르는 오늘까지 맡게 되고 말았다. 오늘에 이르도록 인생을 제대로 걸어오지 못하고, 새치기로 끼어 온 내가 국어 교사 역시 새치기로 시작한 것이 막상 정년까지 끌고 올 줄은 나도 미처 몰랐다. 그렇다고 새삼 후회하는 것도 아니지만, 그토록 오래 교육계에 몸담아 오면서도 이렇다 할 이바지될 만한 일 한 가지 남겨 놓지 못하고 떠나게 되는것을 부끄럽게 생각할 따름이다.

-<정년의 눈물>에서

이러한 눈물과 그의 말년과 시는 불가분의 관계에 있다. 그의 제5시집 ≪대바람 소리≫는 夕汀詩의 역정으로 볼 때, 하나의 完成과 같은 경지를 보여 주고 있다.

여기에 대하여 崔勝範도 "夕汀詩人의 生涯와 詩"를 말하면서 "≪슬픈 牧歌≫와 같은 초기시의 기조로 되돌아가는 듯하면서도, 한결 더 차분하고 고요한 관조와 <대바람 소리>와 같은 맑은 격조로 제5시집은 잘 짜여져 있다"[68)고 했다.

대바람 소리/들리더니/蕭蕭한 대나무 소리/창을 흔들리더니/小
雪 지낸 하늘을/눈머금은 구름이 가고 오는지/미닫이에 가끔/그늘
이 진다./국화 향기 혼들리는/좁은 書室을/무료히 거닐다/앉았다,
누웠다/잠들다 깨어 보면/그저 그런 날을/눈에 들어 오는/屛風의
「樂志論」을/읽어도 보고…/그렇다!/아무리 쪼들리고/웅숭그릴지언
정/-<어찌 帝王의 門에 듦을 부러워하랴>/대바람 타고/들려오는/
머언 거문고 소리…

――<대바람 소리> 전문

이 ≪대바람 소리≫에서 東洋의 맑은 소리를 들을 수 있다. 여기에서 보는 '국화 향기 혼들리는/좁은 서실', '병풍의 지조론', '대바람 타고/들려오는/머언 거문고 소리' 등을 보더라도 충분히 古風의 이미지를 볼 수 있다.

趙鏞蘭도 시집 ≪대바람 소리≫를 일러 辛夕汀은 결국 자기의 체질에 따라 옛날과 같은 牧歌的인 세계로 귀환했다[69]고 말했다. 이 ≪대바람 소리≫에 얽혀 있는 정신을 이병훈은 다음과 같이 서술했다.[70]

"夕汀은 그의 마당 한 모퉁이에 시누대를 옮겨 심어 놓고 눈이 내리는 겨울에 그 빳빳하고 곧은 기상과 기개를 보고 시적 내면을 반영하곤 했다. 무척 잘 번식하는 그 대를 흔드는 바람과 댓잎의 살 비빔 소리를 들으며 거기에서 살붙이와 같은 애정을 발견하고 스스로 한 몽이 되어 간다. 대바람 소리가 창을 흔드는 사이에 小

---

68) 최승범, "석정시인의 생애와 시",「蘭緣記」, p.376
69) 조용란, "신석정론",「한국현대시인론」, (형설출판사, 1979), pp.239~240
70) 이병훈, "대바람 소리 평설",「辛夕汀代表詩評說」, p.183

雪이 지난 으시시 추운 구름이 夕汀의 책상 미닫이에까지 그늘을 내린다. 그렇다고 삭막하지만은 않다. 된서리를 머리에 쓰고 핀 국화가 있는 방에서 그냥 아무 생각도 없이 앉았다, 누웠다, 잠들다, 깨어 보기도 하는 일상성 속에서 그저 그런 날을 살아간다는 시인, 이것은 무엇 하나 챙기지 않고 비어 둔 그리고 이미 세속을 초월한 느낌마저 준다. 이 느낌은 그 다음 연, 屛風의 樂志論을 읽어 본다는 대목에 가서 더 구체적으로 와 닿는다. 그리하여 그는 이 시를 통해 쪼들림으로 궁색하거나 초조하거나 그저 웅숭거리거나 하지 않고 그것만으로도 帝王의 門에 듦을 부러워하지 않는다. 이 자세야 말로 이 시인이 얼마나 큰 시를 쓰고 큰 시인으로 존재하였느냐를 드러나게 해 준다."

허형석도 똑같은 견해로 ≪대바람 소리≫는 그가 돌아가 누려야 할 예정적 현실의 노래[71]라고 단정지었다.

갓 핀/靑 매/성근 가지/일렁이는/향기에도/자칫/血壓이/오른다./ 어디서/찾아든/볼이 하이얀/멧새/그 목청/진정/서럽도록/고아라./봄 오자/산자락/흔들리는/아지랑이,/ 아지랑이 속에/靑梅에/멧새 오가 듯/살고 싶어라.

－<호조일성> 전문

이 詩도 ≪대바람 소리≫와 함께 古風의 색채를 띠고 있다. '갓 핀 청매', '볼이 하이얀 멧새', '흔들리는 아지랑이' 등을 보더라도 잘 알 수 있다. 이런 시일수록 기교에 치우쳐 있다. 위의 詩에서 '자칫 혈압이 오른다', '서럽도록 고아라', '멧새 오가듯 살고 싶어

---

71) 허형석, "신석정시 연구", (경희대 대학원 박사학위논문), p.135

라'는 상당히 기교가 뛰어난 구절이다.

> 梧桐에/ 비낀 달/ 가을은 치워라./ 古梅/ 성근 가지/ 영창에 걸리었고./ 철새 나는/ 하늘을/ 무서리 나려/ 풀벌레 사운대는/ 밤은/ 정작 고요도 한저이고/ 어디서/ 대피리 소리/ 마디마디 가슴이 시리다./ 시나대숲에/ 바람이 머물어/ 촛불도 눈물짓는 기인 긴/ 이 밤/ 나는/ 唐詩를 펴들고/ 아득한 아득한 잠을 부른다.
> ―<秋夜長 古調>의 전문

여기에서도 전통적인 소재 '梧桐', '古梅', '풀벌레', '대피리 소리', '시나대 숲', '촛불', '唐詩'가 산재해 있다. 詩의 형식면을 볼 때도 효과적인 운율과 기교적인 표현이 동반되어 있다. 어찌 되었든 시집 ≪대바람 소리≫에서는 전통적인 색채를 짙게 찾을 수 있다. 그렇다고 해서 완전히 현실의식을 배제한 것은 아니다. "서울 1969년 5월 어느 날", "한라산은 서서", "悲歌" 같은 작품은 다분히 현실의식을 밑바탕에 깔고 있다. 이 ≪대바람 소리≫에서는 보다 전통적인 세계를 더 많이 추구하고 있으면서도 한편으로 현실에서 어쩌지 못하는 인생의 허무의식도 은근히 깔고 있다.

> 나는/그때 외롭게/ 산길을 걷고 있었다./그때/나뭇가지를 옮아 앉으며/「동박새」가 울고 있었다./어쩜/혼자 우는 「동박새」는/ 나도곤 더 외로웠는지 모른다./숲길에선/은방울꽃 내음이 솔곳이/바람결에 풍겨 오고 있었다./너희들의/그 맑은 눈망울을/은방울 속에서 난 역력히 보았다./그것은/나의 꿈이었는지도 모른다./너희 가슴속에 핀 꽃이었는지도 모른다.
> ―<은방울꽃> 의 전문

산속에 피는 지극히 자연스럽게 피는 '은방울 꽃'에서도 인생의 허무를 느꼈다. '너희들의, 그 맑은 눈망울을/은방울꽃 속에서 난 역역히 보았다.'에서 충분히 그것을 엿볼 수 있다.

석정은 1972년 교육계에서 물러나고난 다음에 全州市 中老松桐 자택 곧 比斯伐艸舍에서 대바람 소리를 들으며 詩作에 몰두하다가 불의의 병마(고혈압)가 달려들어 투병 6개월 여의 보람도 없이 1974년 7월 6일 별세했다.[72] 한국의 큰 詩人 辛夕汀의 유해는 전라북도 임실군 관촌면 신월리 만덕산에 묻혔다.[73]

석정이 詩에 뜻을 두고 1931년 '시문학'지 제 3호에 시 <선물>을 발표하여 시단의 이목을 산 이후, 1974년 作故할 때까지 꾸준히 시작활동을 해온 결과 5권의 시집 (≪촛불≫, ≪슬픈 牧歌≫, ≪山의 序曲≫, ≪대바람 소리≫)을 出刊하여 한국시 문학사에 큰 발자취를 남겼다. 그의 死後 그를 기리는 문학비가 1976년 전주 덕진공원에 세워졌다.

---

72) 최승범, "辛夕汀의 生涯와 詩", ≪슬픈 牧歌≫, (三中堂. 1975.11), p.246
73) 金民星, "白木蓮 그늘 밑에는", 「辛夕汀代表詩評說」, p.223

Ⅲ. 夕汀詩에 미친 諸影響

　역사주의는 삶의 단절이 아니라 연속이며, 그것은 끝없이 영향을 주고 받는 전승의 과정이라고 본다. 작가는 자기의 생애를 문학에 반영하기도 하지만 전 시대의 시인이나 작품을 통하여 영향을 받는다는 사실도 부정할 수 없기 때문이다. 나아가 일부 평자들은 한 작가나 시인이 그의 모범을 찾아 영향을 받기는 하지만 영향받는 그 순간에 바로 개성적 초월이 이루어진다고 보고 있다.[1]
　문학은 개개의 작품이 그 자체의 자율성과 자족성을 지니고 있는 까닭에 그것만이 지닌 체계, 그것만이 독자적으로 제시하는 세계를 가질 수도 있겠으나 그 역시 인간에 의해서 만들어지고 인간 그 자체가 역사적·사회적 존재인 까닭에 역사성을 반영함은 당연하다. 한편, 문학연구는 구체적인 작품을 분석 평가하여 그 가치를 드러내 보이는 데 목적을 두고 있지만 이를 뒷받침해 주는 어떤 원리나 철학의 도움없이 그 실천적 작업의 수행은 불가능하다.

---

1) 송욱, 「시학평전」,(일조각, 1963), p.311

우리는 문학작품의 독자성과 역사성, 그 원리와 실천성이라는 관계들 속에서 문학연구를 크게 세 분야를 나누어 고찰해 볼 수 있다. 문학의 이해, 문학비평, 그리고 문학사이다.[2]

따라서 기초적 고찰 단계로써 신석정의 시적 배경 및 사상의 저변을 살펴보는 것은 그의 시를 폭넓게 이해하는 데 중요한 지침이 될 수 있을 것이다. 신석정의 수필 「나의 문학적 자서전」[3]이라는 글에서 볼 수 있듯이 老莊哲學 및 도연명과 타고르의 작품 세계는 그의 시작과정에 적지않은 영향을 준 것으로 보인다. 또한 1930년대 「詩文學」동인들과의 교류와 만해 한용운 스님과의 교류에서도 이러한 관계가 이루어졌으리라 짐작된다. 따라서, 이러한 문학적인 관계에서 그는 어떠한 요소들을 어떤 방법으로 작품세계에 수용했으며, 나아가 이 영향 관계에서 그는 어느 정도의 개성적인 초월을 이룰 수 있었나 하는 점들을 살펴보고자 한다.

1. 老莊 陶淵明의 영향관계

「나의 문학적 자서전」이라 글에는 신석정이 문학 수업을 하던 당시에 노장철학과 도연명 작품의 영향을 받았다는 기록이 보인다.

> 그리고 나의 ≪촛불≫이 모두 그때(1939)에 출판되었다. 빈한과 인고 속에서 겨우 결실된 것이 ≪촛불≫이었으니, 노장철학을 바닥으로 하고 도연명과 타고르와의 졸로에게서 받은 영향이 적

---

2) 오세영, 「문학연구방법론」, (이우출판사, 1988), p.9
3) 신석정, "나의 문학적 자서전", 「난초잎에 어둠이 내리면」, (지식산업사, 1974), pp.288~298

지 않았다.4)

또한「슬픈 구도」라는 글에서도,

> 한동안 괴테의「파우스트」를 원문으로 읽어 보겠다는 야망에서 독일어 공부를 하느라고 무진 애를 써오던 나는 동양 사상에 심취되어 노장철학을 굽어보기 시작하고, 끝내는 불교철학을 섭렵할 생각으로 당시의 불교계의 교종(教宗)의 거벽 石顚 朴漢永 스님의 문을 두드렸으니…5)

라고, 노장철학에 대한 독서 체험을 말하고 있다. 이외에도 그의 글에는 『道德經』을 구해 읽고「노자연구」와 장자의 『南華經』을 읽는 이야기들이 나오며 도연명의 詩句가 자주 인용되고 있다.

'자연에의 복귀', '無爲自然'을 대표하는 노장사상은 만물생성의 근원을 정립하여 이를 道라고 하고, 우주에는 이와 같은 질서의 이법이 존재함을 역설하고 있다. 노장사상에서는, 道를 唯一絶對의 本體로서 우주만물에 실재한 것으로 보고, 道는 곧 無이며 현상이란 無 즉 본체로부터 생겨난 것으로 '無'야말로 有用한 것임을 강조한다. 또한 부드러운 것(柔)이 능히 강한 것(剛)을 제압할 수 있는 이치를 들어, 유연하면서도 無心한 마음으로 自然을 신봉하는 낙천적인 생각을 그 사상의 근저로 하고 있다.

道란 상대적인 모든 것을 포괄하는 全一子로서, 모든 대립 모순하는 것을 그 자체 속에 포함하여, 부정적인 측면까지도 다분히 수

---

4) 辛夕汀, "나의 문학적 자서전",「난초잎에 어둠이 내리면」,(지식산업사, 1974), pp.292~297
5) 辛夕汀, "슬픈 구도",「난초잎에 어둠이 내리면」, (지식산업사, 1974), p.284

용한 통일조화적인 경지를 보전하는 것을 그 이상으로 삼고 있다.

한편 노장사상6)에서는 이상적인 사회로 향촌을 들고 있는데, 이러한 이상실현의 방법으로 無爲自然虛靜無慾 등을 내세운다. '무위자연'이란 어떤 일에서든 작위적으로 하지 말며 무리하지 말라는 것으로 '작위하는 자는 실패하고 집착하는 자는 잃게 된다'고 경계하고 있다. 작위적 지식이나 허망한 욕망을 버리고 無心無慾하면 모든 일을 다 이루며, 이 무위자연의 도를 스스로 실현하여 萬物一體됨을 역설한다. 이러한 자세는 바로 내가 자연의 일부로 귀속되고 자연 속에 몰입하여, 無心으로 우주를 수용하고자 하는 자세이다. 그와 더불어 노재찬7)은 노장사상의 주체성에 관하여 「辛夕汀과 自然」에서 자세히 설명해 주고 있다.

   하늘가에 붉은빛 말없이 펴지고
   물결이 자개처럼 반짝이는 날
   저녁해 보내는 이도 없이
   초라히 바다를 너머갑니다.

---

6) 이성교, "한국현대사 연구", (과학정보사, 1985), p.290. 이조사회는 당쟁으로 어지러웠다. 그래서, 이들은 되도록 자연 속에서 살기를 원했다. 당시 이들의 머리 속에는 중국의 위·진시대에 깨끗한 절개로 산촌에 은거하여 살았던 죽림칠현의 청담파를 동경하였다. 이들의 사상은 말할 것도 없이 노장사상의 영향이었다.

7) 노재찬, "신석정과 자연", (부산사대 노문집, 1979. 6), p.18. 노자의 경우, 그의 '無爲'는 어디까지나 주체적 행위의 본연의 姿勢가 되는 것이지, 그것이 主體性을 抛棄한 諦念을 뜻하지는 않는다. '反者道之動, 弱者道之用'에서 알 수 있듯이 雌雄이 서로가 끊임없이 대립물로의 轉換을 反復한다는 法則의 認識에서는 運命에 戱弄되는 것을 避해 그것을 統制하는 적극적인 姿勢가 필요한데, 그것은 消極的인 것을 지킴으로써 不斷의 積極性으로 통한다는 것이다.

어슷어슷 하면서도
그림자조차 뵈이지 않는 어둠이
부르는 이 없이 찾아와선
아득한 섬을 싸고 돕니다.

주검같이 말없는 바다에는
지금도 물살이 웃음처럼 남실거리는 흔적이 뵈입니다
그 언제 해가 넘어갔는지 그도 모른 체하고-

무심히 살고 또 지내는
해- 바다- 섬- 하고 나는 부르짖으면서
내 몸도 거기에 선물하고 싶었습니다
　　　　　　　　　　　　　　　-<선물>에서

　이 시에서 시적자아는 수직적 이미지와 수평적 이미지의 자연이 서로 조화되는 화해로운 무심의 공간 속에 내 몸도 거기 자연의 일부로 귀속시키고자 하는 자연과의 합일을 염원하고 있다. 주관과 객관의 거리를 좁혀, 해·바다·섬처럼 자신을 스스로 자연에 몰입시켜 인간과 자연[8]과의 경계를 무너뜨리고자 하는 無爲自然의 경지를 희구하는 시작 태도가 엿보인다. 이러한 시작 태도는 <푸른 하늘, 물새, 조개껍질>에도 여전히 나타난다.

　　水平線 넘어로 흰 하늘이 흐르고… .
　　하늘 밖에는 푸른 바다가 흘러오고… .

---

8) 이성교, "한국현대사 연구", (과학정보사, 1985), p.290. 이조 선비들은 항상 현실이 어두울수록 햇볕을 피해 음지로 들기를 좋아했으며, 도연명 같이 전원 속에서 인생을 관조하려 했다. 이러한 경향은 원래 노장철학의 "무위자연"에서 연유한다.

붉으레한 海草 진달래처럼 욱어진 海岸에는
시방 湖水를 분주히 밀고 오는
海風이 天幕처럼 퍼덕이오.

짠 바람이 간간히 흘리는 미역 내음새 구수하고
안타까운 乳房처럼 소사옳은 섬들이
한가히 떠다니는
바다… .

여보— 이리 다가와요
어서 흰 모래위에 누워서 푸른 하늘을 바래보지 않으렵니까?

오늘
우리는 해안에 사는
오직이나 순박한 물새들이겠읍니까?
얼마나 갸륵한 흰 조개껍질이겠읍니까?
　　　　　—<푸른하늘, 물새, 조개껍질> 전문

　이 시에서는 한가한 바다를 배경으로 시적 자아도 자연의 일부로 귀일되는 시작공간을 창출하고 있다. 첫 연에서는 흰 하늘과 푸른 바다의 흐름이라는 시각적 이미지와 청각적 이미지를 통해서, 자연의 작용이 자연스럽게 수행되는 것을 보여 준다. 2·3연에서는 천막처럼 퍼덕이는 파도와 유방처럼 솟아오른 섬의 비유를 통해 바다의 정경을 이루는 자연물의 일부가 되는 동질성을 추구한다. 이는 노장철학에서 말하는 만물은 본래가 무차별 평등이요 일체가 연계되어 있다는 萬物一體觀으로, '天地는 나와 함께 사는 것이 되고 만물도 나와 함께 일체가 된다'는 의미와 같은 것이라 볼 수 있다. 이 시에서는 우리가 해안에 사는 물새와 조개껍질이 됨으로써 궁극적으로 자연과의 合—을 통한 無心의 경지를 체득하고자 하는 내적 심상을 표출하고 있다. 이런 경향은 한국인의 정서에도 많이 나타나 있음을 이성교 교수도 지적하고 있다.

> 과거 우리 전통시는 대부분 자연을 소재로 하여 민족의 정서를 잘 나타낸 것이 많은데, 그 중에는 불우헌 정극인의 가사작품 <어부사시사>, <산중신곡>, 노계 박인로의 <노계가> 등을 꼽을 수 있으며, 단가의 대가 윤선도의 시조 작품은 말할 것도 없고 맹사성, 신흠, 이현보, 황희, 이연보, 서경덕, 황진이, 김인후, 김수장, 안정영 등의 작품에서도 물외한정의 높은 경지를 엿볼 수 있다. 이조의 시가들은 액면 그대로 보아서는 아니된다. 반드시 거기에는 어떤 사상이 도사리고 있는 것이다.9)

> 한국의 선비들은 자연 속에서 안빈낙도를 즐겼으며, 또한 현실적으로 여러가지 어려움이 있어도 거기에 좌절하지 않고 내일의 밝은 생활을 염원했다.10)

이처럼 내가 자연의 일부로 귀속되고 자연에 몰입하고자 하는 無爲自然의 사상은 시 <化石이 되고 싶어>에서 시적 자아의 염원으로 발현된다.

> 하늘이 저렇게 옥같이 푸른 날엔
> 멀리 흰 비둘기 그림자 찾고싶다

---

9) 이성교, "한국현대시 연구", (과학정보사, 1985), p.291
10) 上揭書, p.292

느린 구름 무엇을 노려보듯 가지않고
먼 강물은 소리없이 혼자 가네

뽑아올린듯 밋밋한 산봉우리 곡선이 또렷하고
명랑한 날이라 낮달이 더욱 희고나

석양에 빛나는 가마귀 날개같이 검은바위에
이런날엔 먼강을 바라보고 앉은대로 화석(化石)이 되고싶어…
　　　　　　　　　－<化石이 되고싶어> 전문

　이 시에서는 구름과 강물이 나타내는 靜과 動, 밋밋한 직선과 곡선, 흰색과 검은색의 서로 상반되는 성질들이 대립·모순되지 않고 통일되고 조화된 자연의 경지를 보여주고 있다. 사물을 대립된 상황에서 파악하려 하지 않고 연관된 상황에서 전체적으로 파악하려는 노장사상은 천지간의 일체의 현상이 개별적으로 분리 고립해서 존재하는 것이 아니라 하나의 전체로서 연결된 것으로 파악하고 있다.11) 이러한 萬物一體의 세계 속에 시적 자아도 경계를 없애고 스스로 自然化되는 자기무화를 갈구하고 있다.
　위에서 보여준 자아의 자연화는 <病狀夜吟>에서는 자아와 대상이 일치된 상태로 표현 되어진다.

　　병상에 지친 몸이 잠도 아니 오는밤 창밖에 밤비 소리 조용히
　깊어 간다

―――――――――――――
11) 남만성 역, 『노자도덕경』, (을유문화사, 1970) p.64. '靜'- 고요함을 지키기를 돈독하게 하면 만물이 왕성하게 생성한다고 하였으며 도는 항상 고요하고 안정한 상태로 있다고 하였다. 천지를 운영하고 만물을 生成化育하게 하지만 소란하거나 야단스럽게 굴지 않는다. 언제나 고요할 뿐이다.

Ⅲ. 夕汀詩에 미친 諸影響 75

비라도 흠조로니 맞어 보고 싶어서 난초를 아내 시켜 문밖에 내놓았소

창밖엔 오늘밤에도 바람이 지내나봐 간난이 숨결 같이 간간히 들리는걸
밤새여 황해를 건너온 저 바람이 어느 숲 잠자리를 찾어 저리 헤매는고?

닭은 몇홰나 울어옌지 모르지단 그늘질 창문이 동트덧 희여진다.
잠 재러온 아내도 시달려 쓸어진뒤 쓰디쓴 술이라도 얼큰히 마셔볼까…

촛불을 껏다 켯다 이 한밤 새고 나니 흡사 한세상을 살고 난듯 허릉 허이…
비 맞은 난초에는 봄이라도 어리었나 책장우에 난초를 다시 놓고 바라보네

—<病狀夜吟>에서

이 시에서는 난초를 통해 시적 자아의 욕구를 대리 표출하고 있다. 즉 난초가 비를 맞는 것이 아니라 내가 비를 맞는 것과 같은 상황이 제시되어져 있다. 즉 '나'와 '대상'(자연)과의 경계를 허물고 포괄하는 自然合一의 경지를 지향하는 시작 태도를 보여준다고 하겠다.
이러한 사상은 ≪슬픈 목가≫시절에도 여전히 자연시의 바탕을 이루고 있다.

나는 바위에 걸어앉어

향그러운 솔씨를
하나
둘
하나 둘
까 먹었다

나는 갑자기 산새처럼 가뜬하여지고
나는 갑자기 산새처럼 날어보고 싶었다.
     -<登高>에서

　이 시에서는 바위에 앉아 솔씨를 까먹고 산새가 되는 시적 자아의 모습이 상상 속에 펼쳐지고 있다. 그러나 이러한 꿈꾸기는 현실의 상황을 직시하고 그것의 극복을 위한 자아의 의지의 표출이라는 점에서 우리에게 하나의 세계를 열어주고 있다. 시적 자아의 무심함이 자기를 무화시키고 자연에의 합일을 지향하게 만들어 주는 것이다.
　<靑山白雲圖>에서도,

　　고산식물들을 품에 안고 길러낸다는 너그러운산/정초한 꽃그늘에 자고 또 이는 구름과 구름/내 몸이 가벼히 구름이 되는날은/강넘어 저 푸른산 이마를 어루만지리…
     -<靑山白雲圖>에서

　이 시에서 나오는 '靑山'은 머루랑 다래랑 따먹는 청산이 아니며, '白雲' 또한 '희구름 뜬 세상'의 덧없음을 상징하는 구름이 아니다. 여기에서의 청산은 그 품에 고산 식물을 길러내는 너그러운 산이며, 구름 또한 늙은 산의 이마를 쓰다듬고 꽃그늘에 자고 이는 구름이다. 이러한 자연물들은 일체의 허식이나 작위를 버리고 소박한 그대로의 무심한 마음으로 조화되어 만물은 스스로 生成化育되어가는 경지에 있다. 이 속에서 시적 자아도 작위적이고 허망한 욕망을 버리고 '가벼이' 無心의 마음이 되어 自然과 合一하고자 한다. 이것은 은둔과 허무로 상징되는 현실도피가 아니라, 현상적이고 상대적인 성질을 조화시키고 자연스러운 본성으로 돌아가 무위자연의 도를 지키고자 하는 삶의 자세로 볼 수 있다. 그의 수필집에 나온 글에서도,

> 자연사적 시간을 정복하고 지배한 위에 설정한 社會歷史的 時間에 우리는 살고 있지만, 아직까지 저 칸타빌라가 꿈꾸던 "태양의 나라"도 모어가 꿈꾸던 "유토피아"도 도연명의 "도원경"도 아직 지구에 설정되기에는 요원한 사회적 시간이 필요하다. 그렇거늘 이 절실한 현실을 외면하고 저 허유처럼 오불관언으로 閒雲野鶴을 벗삼아 은둔할 수 있겠는가? 모름지기 스스로의 역량을 바탕으로 사회사적 시간 위에 도원경을 건설하는데 참여하여야 마땅하리라 생각한다12)

고 말하고 있다.

한편 노장철학에서는 이상적인 사회로 문명의 이기를 떠난 향촌을 설정하고, 무릉도원의 이상향적 소국을 그의 이상국으로 삼고 있다.13) 또한 이러한 이상실현의 방법으로는 無爲自然無慾虛靜등을 들고 있는데, '고용함(靜)은 조급함(躁)을 통제하여 그것의 主宰가

---

12) 신석정, "나의 문학적 자서전", 「난초잎에 어둠이 내리면」, (지식산업사, 1974), pp.310~311
13) 남만성(譯), 『노자도덕경』, (을유문화사, 1970), p.74

된다'고 하며 虛靜의 상태를 존귀하게 여겨 道를 虛 혹은 靜으로 수용하고 있다.

'靜'- 고요함을 지키기를 돈독하게 하면 만물이 왕성하게 생성한다고 하였으며 도는 항상 고요하고 안정된 상태로 있다고 하였다. 천지를 운영하고 만물을 생성화육하게 하지만 소란하거나 야단스럽게 굴지 않는다. 언제나 고요할 뿐이다.14)

또한 계절의 변천에 따라 눈에 보이는 생동하는 것은 항상 정지에서 나오고 또 항상 정지로 되돌아가는 법이며, 사람은 이러한 오묘한 근원 즉 無爲自然의 道에 돌아갈 줄 알아야 한다고 하면서 이 무위자연의 도를 배움으로써 능히 虛靜의 경지에 도달할 수 있다고 하였다.

앞에서 말한 무릉도원의 理想國과 無爲自然의 도는 도연명의 시편에도 나타난다. 도연명의 <雜詩>(1)을 인용해 보자.

   結盧在人境 초막을 치고 인가 근방에 살아도
   而無車馬喧 車馬의 시끄러움을 모르겠더라
   問君何能爾 그대에게 묻노라 어째서 그러함인가
   心遠地自偏 마음 俗世를 멀어지면 사는 거기가 곧 외진 곳이거니
   採菊東籬下 동쪽 울타리 밑에 핀 국화를 따노라니
   悠然見南山 유연히 남산이 눈에 비쳐오다
   山氣日夕佳 山氣는 아침 저녁으로 아름다와
   飛鳥相與還 새는 물물이 날아든다
   此間有眞意 이 사이 자연의 도리가 있으니
   欲辨已忘言 말하고자 하여도 말을 잊었노라15)

---
14) 남만성(譯), 『노자도덕경』, (을유문화사, 1970), p.8

위의 시에서 도연명은 속세를 피해 산림으로 숨은 것이 아니라 농촌의 순박한 사람들 가운데서 자연을 즐기며 사는 유유자적한 즐거움을 술회하고 있다. 자연의 풍경 속에서 맛볼 수 있는 眞意를 悟得한데 대한 감격을 표현한 것으로, 자연 속에 몸을 의탁하고 사는 새와 짐승과 더불어 시적 자아는 별개의 존재가 아닌 것이다. 그렇기 때문에 유연히 남산을 보는 시적 자아는 자연의 오묘한 진리를 깨달았으며, 이러한 진리는 말로 다 표현할 수 없는 것으로 미적 직관에 의해서만 알 수 있는 것이라 하겠다. 도연명은 老莊의 사상이 성했던 시대에 나서 자연을 사랑하였던 만큼 단순한 자연의 풍경과 외관을 표현하는데 그치지 않고, 자연이 지니고 있는 묘한 진리 즉 자연스러운 절대의 道를 구하고 있었던 것을 이 시를 통해서 능히 짐작할 수 있다. 남쪽 변방에서 농경생활을 즐긴 도연명을 일러 田園시인이라 하였는데, 그가 평화롭고 자유로운 농촌을 얼마나 사랑하였는가 하는 것은 본인의 생활을 묘사한 구절 구절에 여실히 나타나 있다. 한가한 농촌풍경의 묘사는 그대로 도연명의 평화롭고 자유로운 심경의 표현이라 볼 수 있다.

이러한 사상은 <歸去來辭>, <桃花源記> 등의 시편에도 그대로 이어진다. <歸去來辭> 사상은 노장사상에 영향받은 바가 크며 인생을 자연의 推移에 맡겨서 살려는 自然復歸의 인생관이 기반이 되어있다. 그는 "얼마동안 자연의 造化를 따르다가 마침내 돌아가면 되는 것이니, 天命을 즐기면 그만이지 다시 무엇을 의심하랴" (聊乘化以歸盡 樂夫天命復溪疑)라고 노래한다. 전원의 자연에서 안식처를 구하는 것은 도피가 아니며 오히려 本來의 道에 돌아가는

---

15) 陶淵明의 詩 <雜詩>를 해석한 것.

것으로 해석할 수 있다. 도연명은 인생을 부정하거나 인간사회를 피해서 산으로 들어간 것이 아니고 전원의 농부와 함께 생활한 것이며, 俗惡한 官界를 싫어하여 野에 숨어서도 평생 節燥를 잃지 않고 지냈다. 사후에 靖節先生이라 불려지게 된 것도 이러한 정신 때문이며, 또 그의 작품이 후세에 많은 사람들에게 애송되는 것도 그 인간성에 공명되는 바가 크기 때문일 것이다.

도연명의 시를 좋아했으며 도연명의 품격을 흠모했던 신석정은 자연을 통해 이상세계를 제시한 그의 시에서 이상향을 향한 歸去來 思想을 보여주고 있다.

> 봄이여 -/나는 당신이 이 명랑한 녹색침대를 가져온줄을 누구보다도 잘 알고/또 나로 하여금 고요한 잠을 재우기 위하여 해도 채 저 산을 돌아가기 전에/저 아득한 먼 숲의 짙은 그늘 밑에서 평화한 밤을 준비하여 안개 자욱한/호수 우으로 가만히 나에게 보낼 것을 알고 있습니다/봄이여 -
> -<봄이여 당신은 나의 침대를 지킬수가 있습니까>에서

이 시에서는 봄을 매개로 하여 평화와 안식을 희구하는 마음을 표현하고 있다. 즉 '녹색침대'로 표상된 자연은 '나'의 '고요한 잠을 재우는'는 역할을 담당하고 있으며, 이러한 자연을 통해 '잠'과 '평화'로 상징되는 이상세계를 제시하고 있다. '녹색침대'란 당시 크게 파문을 일으킨 신석정의 독창적인 용어로써, 이 말은 조화와 화해의 포괄적인 자연 세계를 상징하는 것이다. 신석정이 도연명의 수 많은 시와 문장 중에서도 특히 <도화원기>를 좋아하였다는 기록은 <도화원기>의 무릉도원이 신석정의 이상향 설정에 직접적인 영향을 주었다는 말로도 설명된다. <도화원기>에서의 무릉도원은

어디에나 있을 수 있으며 또한 어디에도 없는 공간으로 설정되어 져 있다.16) 이것은 공간의 상실과 동시에 초월을 의미하는 것으로, 달리 말하면 현실적인 공간도 무릉도원의 세계가 될 수 있다는 확신을 갖게 만든다. 이러한 인식은 신석정의 시에서 일관되게 드러나는 꿈의 세계가 그 바탕으로 삼고 있는 세계관이라 하겠다.

특히, 신석정의 <그 먼 나라를 알으십니까?>, <그 꿈을 깨우면 어떻게 할까요?>, <나의 꿈을 엿보시겠습니까?> 등에서의 '아스라한 산 너머 그 먼 나라'는 도연명의 <도화원기>에 나오는 무릉도원이 보여주는 이상향의 성격을 갖고 있다.

> 어머니
> 당신은 그 먼 나라를 알으십니까?
>
> 깊은 삼림지대를 끼고 돌면
> 고요한 호수에 흰물새 날고
> 좁은 들길에 野薔薇 열매 붉어
> 멀리 노루새끼 마음 놓고 뛰어 다니는
> 아무도 살지않는 그 먼 나라를 알으십니까?
> 그 나라에 가실때에는 부디 잊지마셔요
> 나와 같이 그 나라에 가서 비둘기를 키웁시다.
>   -<그 먼 나라를 알으십니까>에서

이 시 속에서 설정된 '먼 나라'는 완전한 아름다움과 정적의 공간으로, 아무도 살지 않는 비현실적 공간이다. 1930년대 당시의 현실적 상황과 결부시켜 생각해 볼 때, 이것은 현실을 인식의 배경으

---

16) 오택근, "신석정 시연구", (한양대 박사논문, 1989), p.19

로 삼을 수밖에 없는 시인의식에서 비롯된 상상의 공간이라 할 수 있다. 즉 노루 새끼 한 마리도 마음놓고 뛰어 놀 수 없는 어두운 일제 치하에서, 현실의 중압감에 시달릴수록 비현실적 공간인 '먼 나라'를 설정하고 현실적인 욕구와 소망을 이상향에의 갈구로 연결짓고 있다. 이러한 이상향의 설정은 상상력의 소산으로 현실에 대한 반어적 표현이라 할 수 있다.

신석정 자신이 그의 대표시 <그 먼 나라를 알으십니까>를 해석하면서 "도연명의 <도화원기>에서 받은 영향도 크다 아니할 수 없다"라고 밝히고 있듯이, 유사한 상징적 체계와 성격을 띠고 있다는 점은, 신석정의 시 <날개를 돋혔다면>17)에서도 여전히 나타난다. "찬란히 피는 밤하늘의 별밭을 찾아가서/ 나는 園丁이 되오리다 별밭을 지키는 ……"이나 "석양에 능금같이 붉은 하늘을 날러서/ 똥그란 지구를 바라보며/ 옥토끼 기르는 목동이 되오리다 달나라에 가서……"에 나오는 '달나라'는 신석정의 상상에 의해 설정된 무릉도원이다. 시적 자아는 별밭을 찾아가서 원정이 되고 싶어하고 달나라에 가서 목동이 되고자 하지만, 이 꿈의 세계는 '나에게는 날개가 없어' 갈 수 없는 비현실적 공간으로 존재할 뿐이다. 이러한 시적 전개는 도연명의 <도화원기>와 유사하다고 볼 수 있겠다.

신석정의 《촛불》에 등장하는 자연물 중 "난초를 안고 올라 머언 바다 바라볼껄 ……" (<續病狀吟>에서)하면서 그 자신과 동격으로 삼고자 하는 난초를 두고/ "난초는 도연명보다도 청담한 풍모를 갖추었다"고 하면서 난초와 도연명을 비교하는 것에서도, 신석정이 도연명의 시를 통해 그 사상을 흠모해 왔음을 짐작해 볼 수 있다.

이상에서 살펴본 것처럼 신석정의 초기 작품 중 상당 부분이 노

---

17) 신석정 첫 시집, 《촛불》에 수록,(인문사, 1939)

장사상과 도연명사상과의 영향관계에 놓여있음을 알 수 있다. 그러나 다음에 인용하는 신석정의 발언은 그의 시가 점차 역사와 현실에의 적극적인 개입으로 독자적인 시 세계를 확보해 나가게 된 자신의 시론을 보여주고 있다.

> 자연사적 시간을 정복하고 지배한 위에 설정한 社會史的 시간에 우리는 살고 있지만, 아직까지 저 칸타빌라가 꿈꾸던 "태양의 나라"도 모어가 꿈꾸던 "유토피아"도 도연명의 "도원경"도 아직 지구에 설정되기에는 요원한 사회적 시간이 필요하다. 그렇거늘 이 절실한 현실을 외면하고 저 許由처럼 오불관언으로 한운야학(閒雲野鶴)을 벗삼아 은둔할 수 있겠는가? 모름지기 스스로의 역량을 바탕으로 사회사적 시간 위에 도원경을 건설하는데 참여하여 마땅하리라 생각한다.18)

위의 인용문에서 보여주듯 신석정의 시적 관심도는 단순히 이상향의 갈구에만 머물지 않고, 그 이상향을 추구해 나아가는 과정에 역점을 두고 있다. 결국 '날개'가 없는 스스로를 인식하기에 이른 認識의 主觀化를 통해 그는 이상향을 갈구하게 되며, 이러한 이상향이 사회사적 시간 위에 기초하고 있음을 분명히 자각하고 있다. 이는 신석정의 시 세계가 역사와 현실인식에의 통로를 주체적으로 구축해왔음을 뒷받침해 준다.

---

18) 辛夕汀, 「난초잎에 어둠이 내리면」, (지식산업사, 1974)

2. 타고르·만해의 영향관계

　신석정시의 포괄적인 이해를 위해 타고르와 만해에게서[19] 받은 영향을, 그가 시작 형성과정에서 어떻게 수용하고 있는가 하는 점을 들어 살펴보자.
　우선 신석정이 쓴 「나의 문학적 자서전」속에서 그의 회고를 들어보면,

>　　아내의 결혼반지를 팔아다가 시집을 사들이곤 하였다. 한문 공부를 하는 한편 노장철학을 섭렵해 보려고 무진 애도 써보고, 도연명의 소박한 시를 애독하는가 하면, 타고르의 세계에 파묻히던 때도 바로 그때였다.[20]

라고 술회하고 있다. 전기적 사실에 비추어 볼 때 그는 1926년에 결혼했으므로 위의 인용문에 나오는 '그때'란 1926년 이후부터, 1930년 그가 서울의 박한영 스님을 찾게 되기 직전까지의 기간을

---

19) 여러 연구자들의 견해는 다음과 같다.
　　예) 서정주, 정태용, 김해성
　　…… 초기의 작품에는 저 불교의 세계에서 문학의 경지를 개척했던 만해 선사의 영향을 받은 듯한 것들이 눈에 뜨이는데, 가령 만해가 그의 문장에서 敬語體를 썼는데, 그와 비슷한 것이 夕汀의 문장에도 눈에 뜨인다는 말이다. 徐廷柱 : "帝夕汀論",「현대문학」, (1967. 3월호), p.264
　　"그는 중국의 도교나 선교의 사상들을 직접 받아들인 바는 없다. 그와 같은 태도는 불교도 마찬가지이다. ≪님의 침묵≫이나 인도의 타골의 ≪大體≫를 그의 문체에서 발견할 수 있음은 우연한 일은 아니라고 본다". 김해성 : "帝夕汀論", "현대한국시인연구", (대학문화사, 1985), p.272
20) 신석정, "나의 문학적 자서전",「난초잎에 어둠이 내리면」, (지식산업사, 1974), p.292

뜻한다. 그의 대표시 <그 먼 나라를 알으십니까>를 그의 또 다른 회고에서 해석하면서도 타고르와 만해에게서 받은 시적 기법과 정신을 술회하고 있다.

> 그 당시 나는 "중앙불전"에 적을 두고 石顚 朴漢永스님 밑에서 불경을 배우는 한편 시문학사를 드나들던 때로 노장철학과 타골을 탐독하면서 만해스님을 자주 찾아다니던 무렵으로 이 작품에는 이 두 시인의 시적 기법과 정신이 크게 그 저변에 깔려 있을 뿐 아니라, 한편 도연명의 「도화원기」에서 받은 영향도 크다 아니할 수 없다.21)

신석정은 한동안 노장철학을 섭렵하다가 끝내는 불교철학을 섭렵할 생각으로 石顚 朴漢永 스님을 찾아기 중앙불교전문 강원생이 된다. 이 때가 1930년으로 그는 불교사에 들러 만해스님의 그칠새 없는 장광설을 자주 대하게 된다. 만해와의 이러한 만남의 인연으로 그는 지대한 영향을 받게 된다. 신석정은 "젊은 시인에게 보내는 편지" 속에서 '나는 우리 민족의 영원한 시인 한용운을 존경하고, 내 가슴에 지니는 것입니다', '만해같은 시인이 태어난 나라에 생을 받은 것을 행복하게 생각하는 바입니다'라고 까지 말했다.

신석정이 민족의 영원한 시인으로 시공을 초월한 위대성으로 존경하는 만해 한용운은 인도의 시성 타고르에게서 많은 영향을 받았다. 이점에 대해 신석정은 다음과 같이 해석하고 있다.

> ≪님의 침묵≫은 바로 이 정신의 발현인 것을 잊어서는 안될 것이다. 흔히 만해의 시를 말할 때에는 타골과 대비하여 보는 것

---

21) 신석정, "상처받은 작은 역정의 회고", 「문학 사상」 2월호, (1973), p.178

이 거의 상식화되었다. 여기에 대해서는 송욱도 그의 「시학평전」 에서 지적한 바 있듯이, ≪님의 침묵≫을 쓰게 된 것을 타골에게서 받은 바 영향이 컸으리라고 보는 것이 오진은 아닐 것이다.

그리고 ≪님의 침묵≫에서 <타골의 시(Gatdenisto) 읽고>라는 작품이 수록되어 있고, 그 시형(詩形) 또한 타골의 <기탄자리>, <초승달>, <園丁>과 같은 산문시에 가까운 유장한 내재율이 장강처럼 저류(低流)하고 있는 것도 더욱 흡사하다.22)

만해 시의 형식면에 많은 영향을 준 인도의 시성 타고르는 우리나라의 근대시운동 초기부터 가장 많이 번역되었고 가장 감동적으로 읽혀왔다고 할 수 있다. 극작가이며 소설가이고 철학자이자 교육자, 음악가이자 화가이면서 그 모두를 詩聖이란 품위로 조형시킨 라빈드라나드 타고르(Ravindranth Tagore)는 1천년에 걸친 명문 브라문의 전통처럼 동양의 정신과 문명, 사상과 지혜를 함축 발현시켰다. <기탄잘리>에서는 삶과 죽음, 신을 둘러 싼 연작종교시 형식의 영원을 향한 기도문을, <新月>에서는 어린이들의 세계를 통한 인간의 순수한 원형질을, 그리고 <園丁>에서는 감미롭고 유려한 음악성으로 청순한 사랑을 위한 연가를 펼쳐보이고 있다.

이러한 타고르의 대표작품들은 당시 오천석과 김억에 의해 번역, 소개되었다. 오천석은 <기탄잘리> 1-18까지를 「창조」 7·8호(1920. 7~ 1921. 1)에 김억은 번역시집으로 ≪기탄잘리≫(이문관, 1924. 3), ≪신월≫(문우당, 1924. 4), ≪園丁(동산직이)≫(평문당, 1924. 7) 등을 잇따라 간행하였다.23)

---

22) 신석정, "시인으로서의 만해", 「난초잎에 어둠이 내리면」, (지식산업사, 1974), p.240
23) 정한모, 『한국현대시문학사』, (일지사, 1982), p.394

III. 夕汀詩에 미친 諸影響

이 때 발간된 타고르의 시집은 당시 시단에 일대 선풍을 일으키게 되었다. 그때까지 우리의 시문학계에는 연 구분이 된 운문적 요소를 갖춘 시들이 창작 발표되었으며, 프랑스 상징주의의 번역시들은 명백한 의미보다는 시어마다 풍요한 암시를 담고 있기 때문에 의미 전달이 어려운 상황이었다. 이에 비해 타고르의 산문시는 시어의 기능적인 면보다는 의미 내용이 중심을 이루었기 때문에 비교적 정확하게 전달될 수 있었다.

만해가 영향을 많이 받은 타고르의 <기탄잘리> 중에서 <기탄잘리2>와 만해의 시집 ≪님의 침묵≫ 중에서 <나의 노래>를 비교해 보자.

> 당신이 내게 노래를 부르라실 때 내 가슴은 자랑스러움으로 터질 것 같고 나는 당신얼굴을 올려다 보며 눈물을 흘립니다.
> 내 생명 속 거칠고 어긋난 모든 것들이 한 줄기 감미로운 和솝으로 녹아들고— 나의 찬미는 바다를 나르는 새처럼 날개를 폅니다.
> 당신이 내 노래에 즐거움 얻어심을 나는 압니다. 오직 노래 부르는 사람으로 내가 당신 앞에 나아감을 나는 압니다.
> 활짝 편 내 노래의 날개 끝으로 나는 감히 닿을 수 없는 당신의 발을 어루만집니다. 노래 부르는 즐거움에 젖어 나는 넋잃고 내 主이신 당신을 친구라 부릅니다.[24]

> 곡조는 부자연한 노래를 사랑의 망상으로 도막쳐 놓은 것입니다.

> 참된 노래에 곡조를 붙이는 것은 노래의 자연에 치욕입니다.

---

24) R. Tagore, ≪당신께 바치는 노래≫, (민음사, 1974), p.42

님의 얼굴에 단장을 하는 것이 도리어 흠이 되는 것과 같이 나의 노래에 곡조를 붙이면 도리어 결점이 됩니다.

나의 노래는 사랑의 神을 올립니다.
나의 노래는 처녀의 청춘을 쥐어짜서 보기도 어려운 맑은 물을 만듭니다.
나의 노래는 님의 귀에 들어가서는 천국의 음악이 되고 님의 꿈에 들어가서는 눈물이 됩니다.
나의 노래가 산과 들을 지나서 멀리 계신 님에게 들리는 줄을 나는 압니다.
나의 노랫가락이 바르르 떨다가 소리를 이루지 못할 때에 나의 노래가 님의 눈물겨운 고요한 환상으로 들어가서 사라지는 것을 나는 분명히 압니다.
나는 나의 노래가 님에게 들리는 것을 생각할 때에 영광에 넘치는 나의 작은 가슴은 발발발 떨면서 침묵의 音譜를 그립니다.25)

위에 인용된 타고르의 시에서 행을 구분하지 않은 산문시에 가까운 유장한 내재율을 가진 점이나, 절대자인 '당신'을 상정한 점, 존칭 종결어미를 사용하여 절대자인 '당신'에 대한 경건성을 보이는 점 등은 만해의 시에서도 보여지는 특징들이다. 또한 이들이 채택한 제재 역시 '노래'라는 점에서, 또 이 노래는 '님에게 바치는 노래'라는 점에서 같은 시적 발상을 지니고 있다. 이들은 다같이 구도자적 자세로 그 사상과 신념을 노래와 음악들의 제재로써 형상화시켰으며, 기도문적인 문체의 성립을 이루었다. 또한 '님', '당신'이라는 절대 존재를 상징하였는데, 이때 '님'이나 '당신'은 포괄

---

25) 한용운(고은 選), ≪만해시선≫, (민음사, 1975), pp.40~41

적이면 절대적인 초월세계의 존재로 구원과 소망의 기대를 제공할 종교적 대상이며 동시에 그리움의 대상이기도 하다.26)

　이러한 맥락 위에 신석정의 시에 나오는 '임', '어머니', '당신'의 존재도 성립되어진다고 볼 수 있다. 현실 속에서의 좌절이나 현실 속의 님의 부재를 직설적으로 묘사하지 않고, '님' 또는 '어머니', '당신'으로 지칭되는 초월자를 등장시킴으로써 이상향의 세계를 제시하고 있다. 또한 시 속에 등장하는 이상향과 초월자를 자연스럽게 동격화시킴으로써 현실을 극복하고 이상과의 합일을 꾀하고자 한다.

　　　나는 풀밭에 앉아 하늘을 보며 당신이 오시는 급작스런 광휘를 - 번쩍이는 모든 빛들과 당신의 수레 위로 펄럭이는 황금빛 槍旗들을, 길가의 사람들이 멍하게 서서 바라보는 동안 당신이 자리로부터 내려 오셔서 흙 속에서 나를 일으켜 세우고 여름 폭풍 속의 덩굴처럼 부끄러움과 자랑으로 몸을 떠는 이 남루한 구걸소녀를 당신 앞에 앉히는 것을 꿈꿉니다.
　　　그러나 시간은 미끄러져 가고 아직 당신의 수레 바퀴 소리는 들리지 않습니다. 많은 행렬이 차례로 소란스러이 떠들며 화려한 영광을 떨치고 갑니다. 오직 당신만이 그들뒤 그늘 속에서 말없이 서 계시어야 합니까? 그리고 오직 나만이 헛된 동경으로 기다리며 눈물 흘리며 내 가슴을 지치게 해야 합니까?
　　　　　　　　　　　　　　-<기탄잘리 XLI>중에서27)

　　　서산에 지는 해는 붉은 놀을 밟습니다.
　　　봄 아침의 맑은 이슬은 꽃 머리에서 미끄럽답니다.

---

26) 오택근, "신석정시연구", (한양대 박사논문, 1989), pp.24~25
27) R. Tagore, 《당신께 바치는 노래》, (민음사, 1974), p.43

그러나 나의 길은 이 세상에 둘밖에 없읍니다.
　　하나는 님의 품에 안기는 길입니다.
　　그렇지 아니하면 죽음의 품에 안기는 길입니다.
　　그것은 만일 님의 품에 안기지 못하면 다른 길을 죽음의 길보다 험하고 괴로운 까닭 입니다.
　　아아, 나의 길은 누가 내었읍니까
　　아아, 이 세상에는 님이 아니고는 나의 길을 낼 수 가 없읍니다.
　　그런데 나의 길을 님이 내었으면 죽음의 길은 왜 내셨을까요
　　　　　　　　　　　　　　　－<나의 길>에서28)

　　어머니
　　먼 하늘 붉은 놀에 비낀 숲길에는
　　돌아가는 사람들의
　　꿈같은 그림자 어지럽고
　　흰모래 언덕에 속삭이는 물결도
　　소몰이 피리에 귀 기우려 고요한데
　　저녁바람은 그 무슨 이야기를 하는지
　　언덕의 풀잎이 고개를 끄덕입니다.
　　내가 어머니 무릎에 잠이 들때
　　저 바람이 숲을 찾아가서
　　작은 산새의 한없이 깊은
　　그 꿈을 깨우면 어떻게 할까요?
　　　　　　－<그 꿈을 깨우면 어떻게 할까요?>에서

　인용한 세 편의 시에서는 모두 자아가 절대적이고 초월적인 세계에 존재하는 '님'에게로 다가가고자 하지만, 님은 꿈속에서만 만

---

28) 한용운(고은 選), ≪만해시선≫, (민음사, 1975), p.29

날 수 있는 비현실의 공간 속에 설정되어져 있다. 그러므로 시적 자아는 현실에서의 님의 부재를 고통스러워하며, 꿈이 깨진 현실을 두려워하고 있다. 이러한 설정은 시인이 처한 각각의 모순된 현실의 상황에서 새로운 현실을 규명하기 위한 의지의 표출이며, 이러한 욕구가 그들로 하여금 절대적인 '님'을 상징하게 한 것이라 생각된다. 또한 인용된 세 작품에서 산문체의 긴 문장과 유장한 내재율, 여성적 화법과 존칭 종결어미를 통한 절대자에 대한 의탁과 경건성, 의문형어미를 통한 갈등 정신 등의 유사성을 찾아볼 수 있다.

신석정의 시 <Tagore>는 그의 자술처럼 타고르의 영향을 받았다는 점을 여실히 드러내고 있다.

> 끝없는 세계의 바닷가에 아이들이 모입니다.
> 한없는 하늘이 머리 위에 멈춰 있고 쉼없는 물결은 사납습니다.
> 끝없는 세계의 바닷가에 아이들이 소리치며 춤추며 모입니다.
>
> 그들은 모래 집짓고 빈 조개껍질로 놀이를 합니다.
> 가랑잎으로 그들은 배를 만들고 웃음 웃으며 이 배를 넓은 바다로 띄워 보냅니다.
> 아이들은 세계의 바닷가에서 놀이를 합니다.
> ―<바닷가에서>에서29)

> 당신은 바닷가에서
> 모래성을 쌓는 아이들을 보다간

---

29) R. Tagore, ≪당신께 바치는 노래≫, (민음사, 1974), p.66

끝내 어린애가 되어버립니다.

참파꽃이 되었다가도
어머니의 가슴에 다시 묻히는
당신은 늙은 어린애입니다.

<新月>을 혼자 외다간
나도 당신처럼 갑자기 어머니가 그리워
뜬 눈으로 이 밤을 새웁니다.
―<小曲六章 5. Tagore> 전문

  신석정의 시 <Tagore>의 첫째 연은 앞에 인용한 타고르의 시 <바닷가에서>에서의 전개와 흡사한 시적 발상이다. 또한 둘째 연은 타고르의 시 <참파꽃>에서, 셋째 연은 타고르의 대표시집 ≪新月≫에서 시적 발상과 전개의 모티브를 얻고 있다.
  이 외에도 신석정의 시 <날개가 돋혔다면>에는 타고르의 시집 ≪園丁≫에 나오는 '園丁'이 등장한다.

신은 다른 일을 버리겠나이다. 신은 칼과 창을 흙 속에 버립니다. 신을 먼 곳에 보내지 마옵시고 새로운 정복에 못나서게 하옵소서. 오직 여왕님 꽃밭의 園丁을 시켜주옵소서
―<園丁工>에서[30]

어머니
만일 나에게 날개가 돋혔다면

---

30) R. Tagore, ≪당신께 바치는 노래≫, (민음사, 1974)

산새새끼 포르르포르르 멀리 날어가듯
찬란히 피는 밤하늘의 별밭을 찾어가서
나는 원정(園丁)이 되오리다 별밭을 지키는…
　　　　　　　　－<날개가 돋혔다면>에서

　인용된 두 편의 시에서 볼 수 있듯이 시적 자아는 모두 꽃밭을 지키는 園丁이 되고자 하고 있다. 이때의 원정은 세속의 현실을 버리고 떠난 곳에 존재하며, 원점이 되는 것은 시적 자아가 단독으로 할 수 있는 일이 아니라, '여왕'과 '어머니'는 시적 자아의 꿈을 실현시켜 줄 수 있고, 또 시적 자아가 귀의하고자 하는 절대적인 존재자로 설정되어 있다.
　시적 자아가 절대적인 존재에 의지해서 도달하고자 하는 이상향의 모습에 있어서도 타고르의 시와 신석정의 시에는 유사한 점이 많이 나타난다.

　　노란 새는 나무에서 노래 부르며 내 마음을 기쁨으로 춤추게 합니다.
　　우리 둘은 마을에 살며 그것은 우리의 한조각 즐거움 입니다.
　　그녀의 귀여운 羊 한 쌍은 우리 정원수 그늘에 풀 뜯으러 옵니다.
　　양들이 보리밭으로 길을 잘못들면 나는 팔로 안아 올립니다.
　　　　　　　　　　　　－<園丁 XV2>에서[31]

　　산비탈 넌즈시 타고 나려오면
　　양지밭에 흰염소 한가히 풀뜯고
　　길솟는 옥수수밭에 해는 저물어 저물어

---
31) R. Tagore, 《당신께 바치는 노래》, (민음사, 1974)

먼 바다 물소리 구슬피 들려오는
아무도 살지않는 그 먼 나라를 알으십니까?
어머니 부디 잊지 마셔요
그때 우리는 어린양을 몰고 돌아옵시다.
            -<그 먼 나라를 알으십니까?>에서

　전문을 모두 인용하지 않았지만, 위에 제시된 내용에서도 이상향의 구체적인 모습이 유사한 자연물을 배경으로 하여 그려져 있다. 이 외에도 이들 시의 전편에는 '새'가 날고 '꽃'이 피어 향기로 우며 '숲'이 우거지고 '비'(빗물)가 내리는 배경을 이루고 있다. 이러한 자연의 배경 속에서 시적 자아는 '양'을 치고 '꿀벌'을 기르며 '밭'을 가꾼다. 이처럼 이상향을 구성하고 있는 제재와 시적 자아의 행위에서 일치점을 보여준다. 이 외에도 신석정의 시에 나타나는 자연물에서 채택한 소재와 순진무구한 동심을 통해 보여주는 인간의 순수한 원형질의 세계와 평화스러운 분위기를 만드는 시의 배경 등은 타고르의 작품에서 모티브를 얻어 형성된 것들임을 알 수 있다.
　앞에서 살펴본 것처럼 만해와 신석정은 모두 타고르에 심취하였고, 또 그들의 작품 속에서 타고르의 사상과 기법을 활용하고 있다. 그러면 신석정은 만해에게서 어떤 영향을 받았는가를 작품을 통해 살펴보자.

　　당신이 맑은 새벽에 나무 그늘 사이에서 산보할 때에 나의 꿈은 작은 별이 되어서 당신의 머리 위에 지키고 있겠읍니다.
　　당신의 여름날에 더위를 못 이기어 낮잠을 자거든, 나의 꿈은 맑은 바람이 되어서 당신의 주위에 떠돌겠읍니다.

당신이 고요한 가을 밤에 그윽히 앉아서 글을 볼 때에 나의
　　꿈은 귀뚜라미가 되어서 책상 밑에서「귀뚤귀뚤」울겠읍니다.
　　　　　　　　　　　　　　　　　ㅡ<나의 꿈> 전문32)

　　해별이 유달리 맑은 하늘의 푸른길을 밟고
　　아스라한 산넘어 그나라에 나를 담숙안고 가시겠읍니까?
　　어머니가 만일 구름이 된다면…

　　바람잔 밤하늘의 고요한 은하수를 저어서 저어서
　　별나라를 속속드리 구경시켜 주실수가 있읍니까?
　　어머니가 만일 초승달이 된다면…

　　내가 만일 산새가 되어 보금자리에 잠이 든다면
　　어머니는 별이 되어 달도 없는 고요한 밤에
　　그 푸른 눈동자로 나의 꿈을 엿보시겠읍니까?
　　　　　　　　　　　ㅡ<나의 꿈을 엿보시겠읍니까> 전문

　인용한 두 시는 각각 제목이 <나의 꿈>과 <나의 꿈을 엿보시겠
읍니까>인데, 먼저 제목에서 유사성을 보인다. 또한 형식면에서도
두 작품이 모두 세 개의 단락으로 구성되어 있으며 그 발상법에
있어서도 별이 되어 꿈을 지켜주는 등의 시적 자아와 당신의 관계
는 보호해 주고 지켜주는 관계로 설정되어져 유사성을 띠고 있다.
반면 시의 전개 방식에 있어서는 서로 다르다. 그것은 만해의 시에
서는 내가 별이 되어 당신을 지키는 관계이고 신석정의 시에서는
어머니가 별이 되어 나를 지켜주는 관계로 되어 있다는 점이다. 그
러나 전체적으로 서로 비슷한 분위기를 느끼게 한다. 이런 점은 다

---

32) 한용운(고은 選), ≪만해시선≫, (민음사, 1975), p.81

음의 인용에서도 찾아볼 수 있다.

  아득한 명상의 작은 배는 가이없이 출렁거리는 달빛의 물결에 표류되어 멀고 먼 별나라를 넘고 또 넘어서 이름도 모르는 나라에 이르렀읍니다.
  이 나라에서는 어린 아이의 미소와 봄 아침과 바다 소리가 합하여 사람이 되었읍니다.
  이 나라 사람은 옥새의 귀한 줄도 모르고 황금을 밟고 다니고 미인의 청춘을 사랑할 줄도 모릅니다.
  이 나라 사람은 웃음을 좋아하고 푸른 하늘을 좋아합니다.

  명상의 배를 이 나라의 궁전에 매었더니 이 나라 사람들은 나의 손을 잡고 같이 살자고 합니다.
  그러나 나는 님이 오시면 그의 가슴에 천국을 꾸미려고 돌아왔습니다.
  달빛의 물결은 흰 구슬을 머리에 이고 춤추는 어린 풀의 장단을 맞추어 우쭐거립니다.
-<명상> 전문33)

  유리창 하나도 없는 단조한 나의 방…
  침실아 —
  그러나 푸른 달빛이 풍요히 흘러오면
  너는 갑작이 바다가 될수도 있겠지…

  일림아
  어서 촛불을 끄렴
  고양이 새끼처럼 삽짝 삽짝 저 산을 넘어온

---

33) 한용운 (안병식 편),「한용운」,「한국근대사상가선집 1」, (한길사, 1979), pp.68~69

달빛은 오죽이나 우리 침실이 그리웠겠늬?

작은 시계의 작은 바늘이 좁은 영토를 순례하는
오직 안타까운 나의 침실이여
푸른 달빛이 해안처럼 흘러 넘치면
너는 작은 배가 되어야 한다.

일림아
문을 열어 제치고 들창도 측겨 올려라
너와 내가 턱을 고이고 은행나무를 바라보는동안
너와 내가 사랑하는 난초를 푸른 달빛을 조용히 호흡하겠지…
…

여봐
침실의 부두에는 푸른 달빛이 물결치며
빛나는 여행담을 속은거리지 않늬?

일림아
너와 나는 푸른 침실의 작은 배를 잡어타고
또
어데로 출발을 약속 하여야겠느냐?
　　　　　　　　　　　　　　　－<푸른 寢室>에서

　위의 두 시에서는 각각 주된 소재로 '달빛'이 등장하는데 이 달빛은 물결이 되어 흘러와 바다를 이루게 되는 달빛이고, 또한 달빛의 물결이 흐르는 바다에는 아득한 명상의 작은 배가 먼 나라의 이상향을 향해 가도록 하는 그러한 달빛이다. 푸른 하늘과 푸른 침실, 어린 아이의 미소와 촛불을 끄는 일림이를 통해 시대의 고통을 극복하고 상실된 자아를 회복하려는 의지를 표출시키고 있다. 이처럼 인용된 두 시는 소재와 시어의 유사성 뿐만 아니라 그 발상과 전개에 있어서도 같은 성격을 띠고 있다. 이러한 점에서는 허영석도 그의 "신석정 연구"에서 상세히 말해주고 있다.

> 요컨대, 타고르·만해·석정은 시형상에 있어서는 (1)산문시에서 느낄 수 있는 유장한 내재율, (2)존경종결어미를 통한 경건성과 渴慕情神, (3)절대자에 대한 의탁과 直訴 등의 공통점을 지니고 있으나, 사상이나 주제면에서는 서로 다르다. 특히 석정의 경우 타고르와 만해를 모두 극복해야 할 당위성 앞에서의 몸부림을 통해 첫 시집 ≪촛불≫이 탄생된 것으로 볼 수 있다. 다시말해 석정은 타고르와 만해로부터 시형상에 있어서는 큰 영향을 받았으나, 내용상으로는 만해처럼 정면으로 현실을 수용할 수도 없고 또 타고르처럼 자연에만 안주할 수 없는 불안과 自鬼의 슬픔 속에서 ≪촛불≫을 엮어 나갔다. 그러므로 그의 자연은 영원한 서정의 '포근함'만으로의 자연이 아니고 언젠가는 현실로 편입될 수 있는 그런 자연이라 할 수 있다[34]

한편 신석정은 「시인으로서의 만해」라는 글에서 만해가 타고르에게서 받은 영향을 지적하고 이어서 두 시인의 차이점을 다음과 같이 말하고 있다.

> 그러나 흡사한 것은 그 시 형식에 그칠 뿐, 내용을 지배하고 있는 주제(사상면)에 있어서는 하늘과 땅 사이처럼 그 거리가 멀다. 타골은 우파니샤드(Upanishad)에 뿌리박고 梵我一如의 悟證에 두고 있어 불교에서 중생을 구원하는 세계, 즉 大慈大悲와는 거

---

[34] 허형석, "신석정론 연구", 「박사학위논문」, (경희대 대학원, 1988)

III. 夕汀詩에 미친 諸影響

리가 멀다 하지 않을 수 없다. 만해가 민족 정기와 더불어 佛道와 융합하여 殺身成佛의 경지에서 일제에 항쟁하는 데 비해, 타골은 梵我一如의 순수 초월한 세계에서 唯美的이며 낭만적인 명상 세계에 묻혀 있었고, 그 세계에서 타골이 瞑目하고 있을 때, 만해는 핏발선 노한 눈으로 일제를 질시하고 있었던 것이다.
　어찌 보면 沒我의 경지에 따르는 唯美的인 타골의 서정적 세계가 매연에 찌들은 현대 기계문명을 멀리한 곳에 인간 본연의 기구에서 설정한 하나의 아늑한 안식처가 될 수 있고, 또 현대 물질문명에 대한 비판이 될 수도 있으나 소극적인 면을 면할 수 없다[35]

　신석정의 이러한 지적은, 그가 《촛불》시대의 초기시에서 유미적이고 명상적인 타고르의 시세계에 경도 되었으나 이어 그 서정적 세계의 소극성을 자각하고, 치열한 현실 인식과 더불어 만해의 종교적 신념과 지조의 세계로 관심을 기울였으며 뒤이어 그의 두 번째 시집 《슬픈 牧歌》를 부르게 된 근거를 제공해 주고 있다. 또한 신석정의 이같은 평가는 타고르의 유미적이고 낭만적인 명상의 세계에도 안주할 수 없고 만해의 적극적인 현실 극복의 세계에도 동참할 수 없는 그가 갈등의 구조 속에서 가꾸어온 그의 시세계의 변모양상을 뒷받침해주고 있다.

---

[35] 辛夕汀,「난초잎에 어둠이 내리면」, (지식산업사, 1974), pp.240~241

Ⅳ. 夕汀의 詩世界

夕汀의 詩歷史[1]를 돌아볼 때 대체로 세 時期, 세 傾向으로 區分할 수 있다. 夕汀의 초기 시대에는 日帝暗黑期로서 현실을 초극하는 새로운 理想鄕의 詩를 썼다. 그의 詩 세계가 牧歌的이고 田園的인 경향을 띤 시기이다.

여기에 등장되는 제재는 때묻지 않은 자연으로서 모두가 살아 움직이고 있다. 이 무렵의 詩는 싱싱한 자연의 움직임으로 보다 싱싱한 活力素를 더해 주었다. 이러한 시정신은 무엇보다 그가 일찍 익힌 老莊思想과 陶淵明 같은 詩人의 영향에서 온 것이었다.

다음은 朴木月님과의 대담에서 夕汀 자신이 말하는 시의 세계를

---

1) 혹자에 따라서는 詩가 이루어지던 習作期를 포함해서 日帝時代, 祖國光復後의 時代로 나누기도 하고 또 日帝時代에 씌어진 시집을 중시해서 ≪촛불≫ ≪슬픈 牧歌≫때를 제1기, 解放에서 6·25동란 전후에 작품이 씌여진 시집 ≪氷河≫때를 제2기, 1960년대 후반 회갑을 기념하여 낸 시집 ≪山의 序曲≫때를 제3기, 제일 마지막 70년대 초기에 낸 시집 ≪대바람 소리≫때를 제4기로 구분하기도 한다.

들어보면 다음과 같다.

　박 : ≪촛불≫, ≪슬픈 牧歌≫의 初期 시세계가 ≪氷河≫에 와선 現實抵抗으로, 그리고 ≪山의 序曲≫, ≪대바람 소리≫로 이어졌는데 이러한 詩集을 중심으로 시 세계에도 段階 필연적 변화가 있었다고 보시는지요.
　신 : ≪촛불≫은 내가 타골·佛經·老莊哲學 등에 심취하였을 때고 民族意識에서의 저항도 느껴 유토피아를 그리던 시세계라면 ≪슬픈 牧歌≫는 日帝 末期의 것으로 絶望的인 詩들입니다. 그때 시를 써 보내면 붉은 줄이 쳐져 오고 나는 술을 마시고 人力車에 실려야 할 정도로 취하곤 하였죠. ≪氷河≫는 6.25 뒤의 눈물겨운 生活相을 담아본 것입니다. 노랗게 뜬 얼굴들로 술찌꺼기를 타내려 술집 앞에 줄을 선 모습이며 솔껍질을 벗겨 내는 아낙네들의 모습이란 처참하기 그지없었읍니다.
　저는 어쩌다 이 시집을 떠들어 보아도 눈시울이 뜨겁습다. ≪山의 序曲≫의 〈靈柩車의 歷史〉篇은 不條理에 대한 抵抗 같은 것을 담아 보았고, ≪대바람 소리≫엔 나대로의 樂志論을 풀어본 셈입니다. 이제 나일 먹으니까 愛情도 달라져… 白蓮꽃잎이 지는 걸 보아도 친구나 사람이 지는 것처럼 서운한 생각이 들고…[2)]

　윗글은 어쩌면 그의 일생의 詩歷을 단숨에 표현해 놓은 대담의 글이라고 생각된다. 그래서 시인의 태도는 현실대결보다는 한걸음 물러서서 自然觀照하는 편이었다.
　이 때를 대표하는 시집이 곧 제1시집 ≪촛불≫과 제2시집 ≪슬픈 牧歌≫다.
　이러한 경향에 대하여 사회현상이 달라진 해방후에 와서는 제3

---
2) 신석정·박목월, ≪茶·蘭·書道·詩≫, 「心象」 제2권 5호, (1974, 5월호), p.67

시집 ≪氷河≫를 中心으로 한 현실의식의 세계를 中期로 나누고, 그 후 60년대에서 70년대까지 정신적 安定期에 씌어진 제4시집 ≪山의 序曲≫, 제5시집 ≪대바람 소리≫때를 후기로 잡았다.

이렇게 分類해서 夕汀詩의 세계를 특히 시대적 배경, 시의 경향, 시의 수법(表現) 등에 유의하여 살펴보자.

1. 初期-牧歌와 靑丘園시대-≪촛불≫과 ≪슬픈 牧歌≫의 시대를 말한다. 이 시기는 1930년「시문학」으로 데뷔하여 1947년까지의 시기이니 약 18년간의 기간이라고 할 수 있다.

이 기간은 한 시인의 생애에서 젊음과 원숙한 중년에 이르는 중요한 생의 가운데에 해당되기 때문에 그의 시역정에서 매우 중요한 시기이며, 어찌보면 대표적인 시기라고 할 수 있다. 첫 시집이 간행되었을 때를 회고한 글을 여기 소개해 본다.

박・첫시집 ≪촛불≫이야기 좀…
신・1939년, 내 나이 33살이 되어서 33편을 엮어 金晚炯 裝幀・人文評論社版으로 냈지요.
박・30년대「시문학」으로의 데뷔라 보면 10년 만에 내신 거군요. 지금 가지셨는지…
신・初版은 내게도 없습니다. 그후 大地社에서 낸 것은 시집을 망쳐 놓았어요.
박・첫시집을 내고 보면 에피소우드도 있기 마련인데, 로맨스 같은 것도 따르고…
신・人文評論社에서 印 육십원이 와서 그때 이십원으로 四角楠木全板으로 된 좋은 책상 하날 샀지요. 서울 '京城 그릴'에서 출판 기념식을 하여 준다는 전보와 편지를 받고 부리야 상경하여 會場으로 直行하였습니다. 맨처음 오신 분이 '가람'이었고 삼십餘人의 文友가 왔었지요. 洋定食도 시골뜨기가 처음 먹었죠. '素

雲'이 그 자리에서 ≪촛불≫을 받아들더니 유창한 말로 즉석 飜譯 朗讀을 하는데 非常하였어요.3)

윗 글에서 알 수 있듯이 그는 타고난 시인이었으며, 그 어려움 속에서 책상을 사는 즐거움을 아는 시인이었다. 목가적인 자연 관조의 세계를 펼쳐나간 청구원 시절의 시를 그의 시역정의 출발점으로 보고 그의 시 세계를 고찰해 보고자 한다.

1. 初期 — 牧歌와 靑丘園 時代

1) ≪촛불≫

신석정의 첫 시집 ≪촛불≫은 1939년 11월에 간행되었다. 신석정은 이 시집의 간행을 위해 肉筆草稿本 ≪珊瑚林의 白孔雀≫4)을 만들어 놓았으나 시집이 출판될 때에는 ≪촛불≫로 시집명이 바뀌게 된 것이며, 1930년대 씌어진 36편의 작품이 수록되어 있다.5) 신석

---

3) 신석정·박목월, ≪茶·蘭·書道·詩≫, 「心象」 제2권 5호, (1974, 5월호), pp.66~67
4) ≪산호림의 백공작≫ 1932년에 만든 시집으로 육필로 쓴 것이라 함.
5) 시집 ≪촛불≫에 수록된 시는 다음과 같다.
<임께서 부르시면>, <그 꿈을 깨우면 어떻게 할까요?>, <너는 비둘기를 부러워 하는구나>, <나의 꿈을 엿보시겠읍니까?>, <아 그 꿈에서 살고 싶어라>, <졸졸한 밤>, <化石이 되고 싶어>, <對話>, <푸른하늘 바라보는 행복이 있다>, <그 먼 나라를 알으십니까?>, <날개가 돋혔다면>, <봄의 誘惑>, <秋果三題>, 1.밤 2.감 3.석류 <가을의 지금은 먼길을 떠나랴 하나니>, <봄이여 당신은 나의 침대를 지킬수가 있읍니까>, <훌틈한 새벽이여 오늘은 그 푸른 하늘을 찾으러 갑시다>, <아직 촛불을 켤때가 아닙니다>, <산으로 가는 마음>, <나는 어둠을 껴안는다>, <새벽을 기다리는 마음>, <午後의 冥

정은 「나의 문학적 자서전」이라는 글에서 그의 첫 시집 ≪촛불≫에 대해, "나의 ≪촛불≫이 모두 그때(1939년)에 출판되었다. 빈한과 인고 속에서 겨우 결실된 것이, ≪촛불≫이었으니, 노장철학을 바닥으로 하고 도연명과 타고르6)와 졸로에게서 받은 영향이 적지 않았다."7)라고 고백하고 있다. '바실라르'의 「초의 불꽃」에 나오는 다음 귀절은 많은 상징을 안겨준다.

> 이 세상의 모든 사물 중에서 불꽃은 가장 큰 영상요인의 하나다. 불꽃은 우리들에게 상상하기를 강요한다. 불꽃 앞에서 몽상할때 - 사람이 상상하는 점에서 본다면 - 사람이 지각하고 있는 것은 아무것도 아니다. 불꽃은 그 은유 및 영상으로서의 가치를 더없이 다양한 명상의 영역에다 두고 있다. 어느 것이건 생을 나타내는 동사의 주어로써 불꽃을 취해 보는 것이 좋다. 불꽃은 그동사에다 한층 생기를 더 주는 것임을 알 수 있을 것이다. 일반적인 철학자는 이 사실을 독단적인 평정을 가지고 '창조에 있어서 생(生)이라고 불려지는 것은 모든 형태나 모든 존재를 총하여 오직 하나의 동일한 정신, 즉 유일한 불꽃이다' 라고 단언한다8)

想>, <銀杏잎을 바라보는 마음>, <밤을 맞이하는 노래>, <밤이여 그것은 單調한 悲劇이 아니다>, <病狀夜吟>, <續病夜吟>, <푸른 寢室>, <書架>, <돌>, <銀杏나무 선 庭園圖>, <松下論古>, <蘭草>, <먼 航海>, <이 밤이 너무나 길지 않습니까?>, <먼날이 지내면>, <화려한 풍선을 타고> (이상 총 36편)
6) 許素羅, "辛夕汀研究",「한국언어문학」제14집, (1976), p.249
7) 신석정, "나의 문학적 자서전",「난초잎에 어둠이 내리면」, (지식산업사, 1974), p.297
8) G. Bachelard.「불의 情神分析 : 초의 불꽃 大地와 意志의 夢想」, (삼성출판사, 1982), p.12
尹敬洙, "신석정의 자연관",「성대문학」제20호, (1978), pp.17~36
盧在燦, "신석정과 자연",「부산사대논문집」제6집, (1979), pp.7~21

그리고 "못다부른 牧歌"라는 글에서는 ≪촛불≫을 엮던 시절에 대해, 석정은

> ≪촛불≫에서 자연의 품에 깊숙히 묻혀 꿈과 낭만을 엮던 시절을 생각하면 옛날 다녀온 먼 여로에서 눈여겨 보았던 산줄기만 같아 몹시 그립고…9)

라고 회상한다. 위의 두 인용문에서 볼 수 있듯이 신석정의 첫 시집 ≪촛불≫은 동양적인 사상을 기반으로 하고 자연의 세계를 그 대상으로 하여 형성되었다고 할 수 있다. 그의 첫 시집 ≪촛불≫에 대한 애착이 얼마나 강렬했던가는 그의 동생에게 보낸 편지에 역력히 나타나 있음을 볼 수 있다.

> 言語學 李선생으로부터는 尙今 아무런 소식이 없다. 校閱이 끝나고 부쳤는지 마치 어린 것을 타관에 보낸 것처럼 마음이 안놓이고 어쩐지 궁금하다. 校閱이 끝나면 바로 印刷에 맡길 作定이다. 무슨 재주로 하여서라도…
> 나의 計劃은 대개 아래와 같다. 그것은 단가는 비싸게 먹드레도 이제까지 朝鮮에서 출판된 詩集들보다는 좀 盛裝을 시킬 것을 첫 조건으로 하고 出版費用(인쇄비 장정 재본비)만 내가 수입하여 빚을 갚고 그 나머지는 모조리 朝鮮語辭典편찬비로나 쓰라고 어학회에 기탁하여 버릴 작정이다.
> 시집을 출판하여 거기서 내 호주머니에는 무일푼도 넣고 싶지 않다. 물론 이렇게 하면 一百五十페이지(꼭 계산을 하여 보면 一百五十페이지이다)로 하고 호화판으로 하면 조선에서 最少限度 一五〇원 될 듯하니 百원이 더하면 六十部쯤 인쇄하게 될듯하다.

---

9) 辛夕汀, "못다부른 牧歌"「난초잎에 어둠이 내리면」, (지식산업사, 1974)

정가는 그러면 三〇〇원쯤 정하여야 하겠지. 적어도 田中冬의 "花冷水" 쯤은 꾸며야 되겠는데 아무래도 페이지 수가 많기 때문에 단가가 一五〇이 먹일 듯하다. 十一行 二十四字 쓰면은 計算된 페이지 數나 型은 신국판으로 하라하니 "花冷水" 보다도 〇〇이 좀더 있게 될 것이다. 속에 인쇄할 종이는 花冷水 用紙보다 좀 노란 것으로 할 예정이며 活字는 〇〇인 것만큼 할 예정-

 第 一方法 - 方法이라기 보다는 〇〇은 萬一出版하여 그렇게 될것 같지 않으면 한 二十部 출판하여 내가 아는 사람이나 나누어 주고 할 생각이다. 非賣品으로 해서…

 左右間 田中冬도 花冷元을 보내니 틈나는 대로 白石이나 아무나 다리고 인쇄판에 문의하여 보든지 그렇지 않으면 어학회 李선생을 신방하여 내 뜻을 전하고 부탁하여 보는 것도 좋겠다.

 出版費用에 關하여 具體的으로 알아보고 또 他處로도 알아보는 것도 좋다. 더욱 李선생은 한글도 園에서 인쇄하는 것으로 보아 素園과 늘 거래하는 것이니 누구보다는 잘 알으실거다. 내가 내놓는 출판비용만 회수하고 여분을 그렇게 쓴다면 李선생도 가히 싫어하지는 않을 것 같애…… 그리고 素園과 語學會에서 기관지도 廣告도 하면 그렇게 안 넘어갈 염려도 없을 것 같고……

 생각한 나머지 이렇게 결정해 보는 것이니 네 힘 닿는 데까지 맡아보서서 이제 李선생한테서 글이 있으면 나도 글로 〇〇할 작정이나 이제까지 아무 말이 없으므로 먼저 그러하기도 멋하고 하야 너를 괴롭게 하는 거다. 인제 印刷方法이 具體的으로 進行이 있게 되면 一次上京하여야 하겠다. 교열과 검열이 끝나면 바로 인쇄에 부탁키로 하니 알아서 기별하라.

 何如間 네가 歸鄕하여야 다 될 것 같다. 그 동안에 너는 "燭인불"의 중요한 産婆役을 해야될 것이다.

 田中冬 그것 받아 보아라.

  五月 二〇 日 밤

  石 志 永[10]

① 自然親和의 情緒

인간의 마음은 끊임없이 외부의 세계와 교섭하고자 한다. 이러한 인간의 속성은 언제나 他者인 세계를 인간의 영역으로 끌어들이고 그것에 자신의 관념을 불어넣으려 하고 있다. 그리하여 외부의 현상을 인간화하는 것이다.11) 마찬가지로 자연도 시인의 상상력과 감각 작용을 통해 인간의 영역으로 편입된다. 따라서 시 속에 나차나는 자연의 형상화의 문제는 시인의 삶의 국면과 긴밀한 관련성을 지니는 것이다.

이런 맥락에 비추어 볼때 일반적으로 '牧歌詩人', '田園詩人'12)이라 일컬어졌던 신석정에게 자연13)과 그의 시의 연계성이라는 문제가 제기 되어진다. 어려서부터 자연을 지나치게 사랑하여 그 정열을 불사를 길이 없어 화가가 못된 덕에 시를 쓰게 되었다14)는 신석정의 시의 출발점은 자연이라 할 수 있겠다.

---

10) 황순구, "신석정 서한문 해설",「한국문학」, (1983. 1월호), pp.340~341
11) Jose Ortega Y Gasset,「The Dehumanization of Art」, (Princeton Univ. Press, 1968), p.184
12) 金起林,「시론」, (서울 백양당 1947), p.86   徐廷柱,「시론」,「서정주문학전집」권2, (일지사, 1972), pp.208~210
13) 許衡錫, "신석정 詩에 나타난 山의 연구",「群山水專硏報」제12집, (1978), pp.53~55
  李基班, "신석정의 自然에 나타난 抒情性",「一山 金俊榮先生華甲紀念論叢」, (형설출판사, 1980)
  李政和, "신석정 初期詩에 나타난 自然觀 考察",「京畿語文學」제1집, (1980)
  文斗根, "신석정시에 나타난 自然의 意味", (건국대학교대학원 석사학위논문, 1982)
14) "시단문답",「詩建設」제8집, (1940. 6), p.30

내 고향 부안은 옛부터 여류시인 매창과 변산이 있어 이름난 고장으로 뒷산에 오르면 서해 바다가 손에 잡힐 듯이 내려다보이는 곳이다. 해 질 무렵이면 노을에 비낀 잔물결이 자개처럼 반짝이는 수평선을 향하여 내 소년의 꿈은 마냥 부풀어 오르기만 했던 것이다. 마삭줄이 칭칭 감긴 바위에 걸터 앉아 우리들 소년은 수평선을 넘어가는 해를 바라보면서 꿈 많던 소년 시절을 보냈던 것이다.15)

순연한 독학으로 문학의 길을 始發한 석정의 고향 … 마을 주변의 자연은 그대로가 한폭의 수채화… 은 선은동이다."16)라는 표현을 통해서 보더라도 향리의 자연에 심취하여 살았던 모습을 볼 수 있다. 이 점은 곧 석정의 시적인 모티브이며 시를 쓰게 된 동기가 되었다고 볼 수 있다.

나에게 누가 케케묵은 질문이긴 하지만 누구를 위하여, 무엇때문에 시를 쓰느냐고 묻는다면 나는 서슴지 않고 나와 같은 독자와 더불어 시에 살고 싶기 때문에 시를 쓴다고 대답하기에 조금도 주저하지 않겠다.
　실상 시를 쓴다는 것은 시에서 살고 싶은 욕망에서 발로된 행동의 일단이 아닐 수 없기 때문이다. 오늘까지의 인간 사회란 인간과 예술이 제각기 딴 영역에서 인간 생활의 진의는 오랜 시간을 두고 몰락했다고 당신은 생각해 본 일이 없는가? 인간 생활의 참된 의의를 시 예술과 생활을 분리할 수 없는 경지에서 찾을 수 없다면, 그것은 절망된 세계의 주민이거나 정상성을 잃은 사고에서 오는 불완전하고 비정상적인 인간일 것이다.

---

15) 신석정, "다뉴브강의 잔물결", 「난초잎에 어둠이 내리면」,(지식산업사, 1974), pp.166~167
16) 최승범, 수필집 「신석정의 理涯와 詩」, 「난연기」, (서울, 1977), p.367

언제나 미래에 살고 또 살려고 하는 당신들 시인의 불타는 청춘이 자기의 아름다운 의식의 건설을 위하여 노동을 한다는 것은 당신들 생활의 일과 중에서 무엇보다도 성스럽고 중요한 일이 아닐 수 없다. 이는 신들이 생명을 보존하는 데 있어 정신으로는 물론 내생적(來生的)으로 중요한 것이다.[17]

위의 글만 보아도 그의 시에 대한 애정을 엿볼 수 있다.
이렇게 꿈 많던 소년 시절에 바라보던 수평선을 넘어가는 해는,

해는 기울고요-
울던 물ㅅ새는 잠자코 잇슴니다
탁탁 푹푹 힌 언덕에 가벼히

부딋치는
푸른 물ㅅ결도 잔잔함니다.

해는 기울고요-
끗업는 바다ㅅ가에
해는 기울어짐니다
오! 내가 美術家엿드면
기우는 저 해를 어여쁘게 그릴 것을
해는 기울고요-
밟힌 북새만을 남기고 감니다.
다정한 친구끼리
이별하듯
말업시 시름업시
가버림니다.

-<기우는 해> 전문

---

17) 신석정,「난초잎에 어둠이 내리면」, (지식산업사, 1974), p.231

위의 인용시 <기우는 해>의 작품화에 근원적 심상으로 작용했을 것이다.

그의 첫 발표작이 된 이 시에 대해 신석정은 「나의 문학적 자서전」18)이라는 글에서, "시의 매연 첫행의 '시의 해는 기울교요―'는 주요한의 <봄달잡이>의 '달은 물을 건너가고요……'의 '가고요……'에서 매력을 느껴 이 기법을 채용했다"고 고백하고 있다.

자연의 품에 깊숙히 묻혀 청구원 주변의 산과 구름과 서해의 해풍을 바라보며 꿈과 낭만을 엮은 신석정의 첫시집 《촛불》에는, 그가 고향 주변에서 접한 자연물을 대하는 태도나 정서 또한 향토적인 것이다. 정태용의 글에서도 이 점이 잘 나타나 있다.

> 석정을 목가시인이라고 한다. 그러나 한국적인 목가는 아닌 것 같다. 서구적이다. 사실적인 그리이스인의 냄새가 전혀 없는 것은 아니지만, 그 기분은 봉건 시대적이다. 봉건 영주의 아들 딸들이 꿈에 그리는 목가세계이다. 그들은 생활에 대한 걱정이 없고, 지상의 영화를 다 차지했기 때문에 천상의 보이지 않는 꿈의 세계를 그리워했고, 석정의 시에 도취했다. 아니 우리에게는 현실이 너무나 바람직한 것이 아니었기 때문에 석정의 꿈의 세계로 도피하는 것을 좋아했는지도 모른다.19)

시집 《촛불》에 실린 첫편 <임께서 부르시면>을 보자. 신석정이 사랑하고 꿈꾸는 자연을 보는 시선이 섬세하게 드러난다.

---

18) 신석정, 「나의 문학적 자서전」, 「난초잎에 어둠이 내리면」, (지식산업사, 1974), pp.288~289
19) 정태용, 「신석정론」, 「현대문학」 제147호, (1967)

가을날 노랗게 물들인 은행 잎이
바람에 흔들려 휘날리듯이
그렇게 가오리다
임께서 부르시오면…

호수에 안개 끼어 자욱한 밤에
말 없이 재 넘는 초승달처럼
그렇게 가오리다
임께서 부르시면…

포곤히 풀린 봄 하늘 아래
구비구비 하늘가에 흐르는 물처럼
그렇게 가오리다
임께서 부르시면…

파-란 하늘에 백로가 노래하고
이른 봄 잔디밭에 스며드는 햇볕처럼
그렇게 가오리다
임께서 부르시면…

-<임께서 부르시면> 전문

 이 시는 1931년 「東光」 8월호에 발표된 시다. 여기에서의 자연은 임을 향해 가는 자신의 행위를 미화하는 기능을 맡고 있으며, 임에 대한 사랑의 간절함을 자연 형상에 의탁해서 표현하고 있다. 시적 자아는 경건함 속에서 임께서 부르시면 '재 넘는 초승달처럼', '하늘가에 흐르는 물처럼' 그렇게 임에게 가고자 한다. 이처럼 순수하게 자연에 동화하는 시적 자아는, 평화롭게 묘사된 자연물과 더불어 민족적 감성을 자극하고 전통적인 정서를 환기시켜주는 역할을 한다.

여기서 우리는 신석정의 시세계를 대충 알 수 있다. 낭만주의적 서구적 목가세계라는 것, 모더니즘의 영향도 있다는 것은 그런대로 수긍이 된다. 그러나 목가세계를 '봉건시대의 그것'이라고 한 점, 서구 노만주의 시와 몇 가지 비교 등은 근거가 약하지 않는가 하는 생각이 든다. 사실 이러한 비교는 작품을 놓고 비교한 구체적인 증거를 제시하지 않는 한 매우 위험한 비교론이라고 하겠다.

　임께서 나를 부르시고, 그 임의 부르심을 따라 자신의 태도를 정한다는 것은 우리의 삶의 모든 활동 중에서는 가장 가치있는 것이다. 그러나 현재 이 시인이 그러한 태도를 형성하고 있는 것이 아니라, 임의 부르심이 미래 가정인 것과 같이, 미래 가정에 지나지 않다. 미래 가정이라면, 여러 가지 가정이 가능하겠지만, 그 중에서도 '자연의 순리'를 택한 것은 그것이 임과의 연대 관계, 또는 임과의 동일성을 회복하는 가장 바람직한 태도이기 때문일 것이다. 임이 '죽음'이건, 임이 '부모나 동포'이건, 또는 부처나 신과 같은 절대자이건, 어쨌든 이 시에서 나와 타자(他者)와의 기본 관계를 가장 아름다운 자연의 순리에 두고 있음에 주목해야 할 것 같다. 또 그래야만 한다는 뜻일 것이다."[20]

　이러한 자연친화의 친근한 서정을 불러일으키는 시를 한편 더 인용해 보면,

운모(雲母)처럼 투명한 바람에 이끌려
가을이 그 어느 먼 성좌(星座)를 넘어오드니
푸른 하늘의 대낮을 흰달이 소리없이 오고 가며
밤이면 물결에 스쳐나려가는 바둑돌처럼

---

20) 문덕수, 「현대시의 해석과 감상」, (이우출판사, 1982. 8)

흰구름 엷은 사이사이로 푸른별이 흘러갑데다

남국의 노란 은행잎새들이
푸른 하늘을 순례하다 먼길을 떠나기 비롯하면
산새의 노래 짙은 숲엔 밤알이 쌓인 잎새들을 조심히 밟고
묵은 산장 붉은감이 조용히 석양하늘을 바라볼때
가마귀 맑은소리 산을 넘어 들려옵데다.

어머니
오늘은 고양이 조름 조는
저 후원의 따뜻한 볕아래서
흰토끼의 눈동자같이 붉은 석류알을 쪼개어 먹으며,
그리고 내일은 들장미 붉은 저 숲길을 거닐며
가을이 남기는 이 현란한 풍경들을 이야기하지 않으렵니까
가을이 지금은 먼길을 떠나려하나니…
　　　ㅡ<가을이 지금은 먼길을 떠나려하나니> 전문

마치 아름다운 한폭의 수채화를 보는 듯 가을의 자연 풍경을 뛰어난 미적 공간으로 형상화시켜 놓았다. 신선한 색채의 대비와 함께 시각적 이미지와 청각적 이미지를 통해 목가적인 전원 풍경을 아름답게 묘사하고 있다. 아름답고 순수한 자연의 세계에 몰입하여, 그 정취에 묻힌 채 가을이 먼길을 떠나기 전에 들장미 붉은 가을 숲길을 따라 하염없이 걷고 싶은 풍경이다.

"이러한 석정시의 근본적인 동기는 모두 자연에의 심취와 탐구에 스스로 관조시키고 있으며 자신의 일제에 대한 현실적인 강박으로부터 탈피하고픈 마음으로써, 자연은 늘 석정을 포근히 감싸주었다. 이것은 바로 석정의 심리적인 메카니즘(mechanisms)으로 그

의 시에서 '어머니'를 부르고 '누님', '일림', '에레나' 등의 구원자를 찾음으로써 스스로 일제의 무력에 저항하지 못하는 욕구를 통제 내지는 전위시키고 있는 생활로 이끌어가고 있음을 볼 수 있다.21)

이는 시인이 자연을 통해 추구하는 이념이 이토록 아름다운 자연공간을 재현하게 했으며, 읽는 이로 하여금 자연친화의 친근한 정서를 자연스레 유발하게 만들어 주고 있다고 볼 수 있다. 그의 수필집 「난초잎에 어둠이 내리면」에도 자연을 사랑하고 고향을 사랑하는 그의 자연관이 잘 드러나 있다.22)

> 거기서 나는 나의 첫 시집 ≪촛불≫을 엮었고 ≪촛불≫에 담긴 그 꿈같은 노래도 청구원 주변의 산과 구릉과 멀리 서해의 간지러운 해풍이 볼을 문지르고 지나갈 때 얻은 꿈조각들인 것을 회상하면 불현듯 나의 상념은 초라한 고향 부안으로 줄달음치는 것이다.23)

위의 인용문에서 처럼 신석정의 첫시집 ≪촛불≫에 나오는 푸른 하늘과 은행나무와 산 등은 꿈과 낭만이 넘치는 그의 초기시를 대표하는 자연물들이다. 이처럼 석정의 자연은 한국인의 피 속에 흐르고 있는 자연관이라고 말할 수 있다. 이러한 한국인의 자연관에 대하여 이성교 교수의 글을 보면 좀 더 깊이 이해할 수 있다.

---

21) 申熙千, "석정시집 ≪촛불≫의 정신분석학적 고찰", 「국민대 북악논총」 1집, (1983. 2), p.15
22) 「고향에 해가 저물다」, 「꽃과 더불어」, 「정원이야기」, 「모과나무」, 「생활의 운치」를 비롯한 많은 수필에서 찾아볼 수 있음.
23) 신석정, "고향에 해가 지다", 「난초잎에 어둠이 내리면」, (지식산업사, 1974), p.364

이런 환경 속에서 오랫동안 문화의 꽃을 피우며 살아온 한국 사람들의 자연관은 독특했다. 특히 사람을 떠난 자연이란 생각할 수 없다. 그만큼 인간 위주의 자연이었다. 정병욱 교수는 한국시에 나타난 자연을 가리켜 '인간에게 봉사하는 자연'이라고 하여 이것을 신라의 향가 충담사의 <찬기파랑가>를 예로 들어 " '달'은 기파랑의 훤칠한 기상을 나타내는 매체였고, '냇물'에는 기파랑의 추억을, '조약돌'은 단단한 기파랑의 의지를, 그리고 '잣나무'는 기파랑의 드높은 지조를, '서리'는 불의를 각각 나타내는 매체로 쓰였음을 볼 수 있다"고 했다.

이와 같이 한국시에 나타난 자연은 인간의 마음을 나타낸 자연이었다. 일찍이 우리 시가는 상고시대부터 자연을 소재로 하였지만, 특히 자연미를 의식하고 시를 짓게 된 것은 고려시대부터라 할 수 있다. 이것은 주로 한학자들의 손에서 이루어진 경기체가에서 비롯되었다. 이 경기체가는 고려 중엽을 풍미하였다. 따라서 이들 노래는 현실과 관계없이 너무도 享樂的이고 도피적인데로 흘렀다. <한림별곡>, <관동별곡>, <죽계별곡>등이 그것을 잘 말해 주고 있다. 특히 안확의 <관동별곡>과 <죽계별곡>은 관동의 절경과 작자의 고향 풍기와 순흥의 아름다운 경치를 노래했다. 그러나, 이들의 시는 그 자연이 갖고 있는 특성이 세세히 그려지지는 않았기 때문에 絶景으로서의 자연만 남을 뿐이다.[24]

　　따뜻한 해볕 물우에 미끄러지고
　　흰물새 동당 동당 물에 뜨덧 놀고싶은 날이네

　　언덕에는 누른 잔디 헤치는 바람이 있고
　　흰염소 그림자 물속에 어지러워

---

24) 이성교, "한국 현대시 연구", (과학정보사, 1985), p.289

묵은 밭에 가마귀 그 소리 한가하고
오늘도 춤이 자졌다… 하늘에 해오리…

이렇게 나른한 봄날 언덕에 누어
나는 푸른 하늘 바라보는 행복이 있다.
　　　　　－<푸른 하늘 바라보는 행복이 있다>에서

　이 시에는 한가롭고 화창한 봄날 언덕에서 바라보는 정겨운 풍경과 어울려 무심한 마음으로 푸른 하늘을 바라보는 자아의 모습이 평화롭게 그려져 있다. 위에 인용된 '푸른 하늘'은 꿈과 낭만이 가득한 그의 초기시에 자주 등장하는 자연물로서, 신석정은 이 '푸른 하늘'의 이미지를 통해 그가 추구하고자 하는 이념을 상징적으로 표출하고 있다고 하겠다. 그러나 이 시에는 극적 긴장감이 약화되어 있어 시적 성과로 나아가기에는 다소 부족한 느낌이 든다.
　시 <午後의 명상>에서는 은행나무가 소재로 등장한다.

오후에 내 너를 바라보며 네 옆에 앉아서 명상하는 것은
밤에 너와 소근대는 별들의 푸른이야기도 아니오
다만 네의 변할줄 모르는 무심한 생활이어니

나의 어린 은행나무에
이윽고 너는 건강한 가을을 맞이하여
황금같이 노란 네 단조한 잎새들로 하여금
그 푸른 하늘에 시를 쓰는 일과를 잊지않겠지….
　　　　　　　　　－<午後의 명상>에서

이 시에 나오는 은행나무의 변할 줄 모르는 무심한 생활은 시적 자아로 하여금 옆에 앉아서 명상하게 하며, 가을이면 노란 잎새들로 푸른 하늘에 시를 쓰는 은행나무의 건강함은, 산새처럼 푸른 하늘을 날고 싶게 만든다. 한그루 은행나무를 통해 무심하고 건강한 삶에의 지향을 꾀하고 있는 것이다.

辛夕汀은 老莊哲學과 佛敎적인 美學으로 남이 따를 수 없는 冥想的인 시를 썼다. 그는 고향에서 농사를 지으며 自然의 소리를 듣고 시를 썼다. 그렇기 때문에 그의 시는 자연과 동화된 物我一體의 모습을 보여주고 있다. 이러한 경지를 가리켜 많은 사람들은 그를 牧歌詩人이라고 불렀다. 또한 이러한 경향를 가리켜 金起林도 "현대문명의 雜踏을 멀리 파한 곳에 한 개의 유토피아를 흠모하는 목가시인 신석정임을 잊을 수 없다."25)고 했다. 따라서 시의 질도 현실을 超越하고 自然에서 새로운 美를 발견하려고 했기 때문에 더없이 純粹했다. 그의 첫 시집 《촛불》과 두번째 시집 《슬픈 牧歌》는 그의 목가적인 세계를 잘 담고 있다.

또한 《촛불》에는 '산'을 소재로 하거나 시어로 채택한 시들이 많이 있다.26) 시 <산으로 가는 마음>에도 산이 표상하는 상징성을 통해 현실의 상황을 극복하려는 시적 자아의 의지를 형상화해 놓았다.

　　내마음

---

25) 김기림, 「시론」, (백양당, 1943), p.86
26) 송연기 (조선대학교 석사학위 논문, 1985)의 "신석정시의 상징성 연구" p.5 에 의하면, 신석정 시집에 山이라는 낱말이 나오는 횟수를 《촛불》 32회, 《슬픈 牧歌》 37회, 《山의 序曲》 23회, 《대바람 소리》 34회로 조사해 놓고 있다.

주름살 많은 늙은산의 명상하는 얼굴을 사랑하노니

오늘은
잊고 살든 산을 찾어 내 마음 머언길을 떠나네

산에는
그 고요한 품안에 고산식물이 자라나거니

마음이여
너는 해가 저물어 이윽고 밤이 올때까지 나를 찾아오지 않어도 좋다

산에서
그렇게 고요한 품안을 떠나와서야 쓰겠늬?

그러나 마음이여
나는 언제까지 너와 이별을 잦은 이 생활을 하여야겠는가?
　　　　　　　　　－〈산으로 가는 마음〉 전문

필연코 찾아오고야 말 밤에 대비하여, 잊고 살던 산을 찾아 떠난 마음이 밤이 오면 반드시 돌아와주어야 함을 역설적으로 표현하고 있다. 주름살 많은 늙은 산의 명상하는 얼굴을 사랑하는 내 마음은 일제의 암담한 현실을 짊어진 시인의 고뇌하는 의식이며 동시에 산의 고요한 품에 안기고자 하는 시인의 자연 친화적인 정서의 발로이다.

또한 이성교는 다음과 같이 말하고 있다.

1930년대에 오게 되면 「시문학파」시인들에 의해 자연의 빛이

달라졌는데 다른 시인들과는 조금 다른 시인이 신석정이라고 지
적하고 있다. 즉 신석정은 노장철학과 불교적인 미학으로 남이
따를 수 없는 명상적인 시를 썼다. 그는 고향에서 농사를 지으며
자연의 소리를 듣고 썼다. 그렇기 때문에 그의 시는 자연과 동화
된 物我一體의 모습을 보여주고 있다. 이러한 경지를 가리켜 많
은 사람들은 그를 목가시인이라 불렀다[27]

고 지적하고 있다.
앞에서 살펴본 것처럼 신석정 시에 있어서 자연은 그의 시가 태
어난 고향이며 동시에 그의 삶이 추구하는 지향점이기도 하다.

② 悲劇的 現實에 對한 克服

신석정 시의 출발점이요, 지향점인 자연은 현실적 상황 속에서
어떤 모습으로 형상화되어 나타나는가 하는 문제가 제기되어진다.
암울한 식민지 시대의 처절한 운명의 시인은 어떻게 자연과 현실
을 수용했는가?
다음의 인용문은 '日本語族에 고스란히 빨려들지 않으려고 안간
힘을 부리던 처절한 운명'[28]의 시인 신석정이 어두운 시대 상황
속에서 창작한 첫 시집 《촛불》에 게재된 자연친화의 시에 흐르
는 신석정의 시정신을 암시해 준다.

> 일정의 억압과 착취가 범람하는 그 당시, 나는 일제와 정면하
> 여 싸울 수 있는 용감한 청년이 못되었다. 예술의 목적을 싸우는
> 데만 둘 수는 없었다. 생활을 승화시킨 꿈의 세계에서 미의 절정

---

27) 이성교, "한국 현대시 연구", (과학정보사, 1985), p.295
28) 신석정, "상처입은 작은 歷程의 회고", 「문학사상」 5호, (1973. 2), p.177

을 찾아내려 하였을 때, 사람들은 흔히 나를 목가시인이라 불러
주었다. 다만 일제에 저항하지 못한 것이 부끄러울 뿐, 그렇게
불리워지는 것을 탐탁하게 여긴 바도 없거니와, 그렇게 불쾌하게
여긴 적도 없다.29)

이와 같은 신석정의 고백에서 현실을 승화시킨 자연친화적인 꿈
의 세계에서 이상향을 갈구하는 자아와 세계의 갈등구조를 읽을
수 있다.

  어머니
  산새는 저 숲에서 살지요?
  해 저문 하늘에 날아가는 새는
  저 숲을 어떻게 찾아 간답니까?
  구름도 고요한 하늘의
  푸른 길을 밟고 헤매이는데…
  어머니 석양에 내 홀로 강가에서
  모래성 쌓고 놀을때
  은행나무 밑에서 어머니가 나를 부르듯이
  안개 끼어 자욱한 강건너 숲에서는
  스며드는 달빛에 빈 보금자리가
  늦게 오는 산새를 기다릴까요?
    -<그 꿈을 깨우면 어떻게 할까요?>에서

재 넘는 초승달처럼 하늘가에 흐르는 물처럼 그렇게 임에게로
다가가리라던 자아는 사라지고, 작고 여린 한 마리 산새로 변형되

---

29) 신석정, "나의 문학적 자서전", 「난초잎에 어둠이 내리면」, (지식산업사, 1974), pp.297~298

어, 자신 앞에 직면한 현실의 거대한 어둠 속에서 '어머니'를 부르며 의지하게 된다. 이제 세계는 더 이상 나를 위해 빈 보금자리를 만들어 놓고 기다려주지 않는다. 그리하여 시적 자아는 비극적 현실의 삶을 극복하기 위해 순수한 자연의 세계를 꿈꾸며 어머니에게 기댄다. '어머니'는 나를 보호해주고 꿈을 만들어 주는 구원의 여인상이다. 산새의 한없이 깊은 그 꿈은, 바로 시적 자아가 어머니 무릎에서 꾸는 꿈이며, 어두운 현실을 떠난 이상적인 자연의 품 속이다.

시집 《촛불》에는 시적 화자가 그 대상을 뚜렷이 설정한 경우 청자를 '어머니'로 삼은 작품이 많다.30) 이때 화자는 '어머니'에게 의지하여 꿈의 세계를 갈구하게 된다.

> 햇볕이 유달리 맑은 하늘의 푸른길을 밟고/아스라한 한넘어 그 나라에 나를 담숙 안고 가시겠습니까?/어머니가 만일 구름이 된다면…
> 　　　　　-<나의 꿈을 엿보시겠습니까>에서

앞의 시 <그 꿈을 깨우면 어떻게 할까요?>에서 산새를 걱정하던 시적자아가 위의 시 〈나의 꿈을 엿보시겠습니까〉에서는 산새가 되어 보금자리에서 꿈을 꾼다. 시적 자아는 '어머니'에 의해 산넘어 아스라한 그 나라로 꿈의 여행을 떠나고 '어머니'는 내 꿈의 여행을 가능하게 인도해주며 내 꿈을 지켜주는 절대적인 존재자로 설정되어져 있다. '아스라한 그 나라'는 현실의 생활을 승화시킨 꿈의 세계로, 시적 자아가 현실을 떠나 갈구하는 이상향을 목가적

---

30) 시집 《촛불》의 총 33편중, 표면적인 화자와 청자가 설정된 22편 중에 '어머니'가 청자로 등장하는 작품이 7편이다.

인 자연으로 형상화기켜 놓았다.
　시적 자아는 꿈의 여행이 계속되기를 희망한다. 꿈이 아니면 찾을 수 없는 산넘어 아스라히 먼나라가 있기 때문이다.

　　　　깨워지지 않을 꿈이라면
　　　　그 꿈에서 길이 살고 싶어라.

　　　　꿈이 아니며 찾을 수 없는
　　　　아 그 꿈에서 살고 싶어라
　　　　　　　　　－<아 그 꿈에서 살고 싶어라>에서

　시적 자아는 '꿈'을 동경하게 된다. 현실은 이제 더 이상 받아들일 수 없는 한계점에 이르렀기 때문이다.

　　　　작은 산새의 한없이 깊은
　　　　그 꿈을 깨우면 어떻게 할까요?
　　　　　　　　　－<그 꿈을 깨우면 어떻게 할까요?>

　　　　그 푸른 눈동자로 나의 꿈을 엿보시겠습니까?
　　　　　　　　　－<나의 꿈을 엿보시겠습니까>

　이러한 '꿈'에의 동경이 삶의 절실함으로 등장할 경우, 동경의 대상은 우리의 의식 속에 '이상향'으로 설정 되어진다. 그리고 이러한 이상향은 구체적인 모습을 나타낸다.

　　　　어머니
　　　　당신은 그 먼 나라를 알으십니까?

깊은 삼림지대를 끼고 돌면
고요한 호수에 흰물새 날고
좁은 들길에 야장미(野薔薇) 열매 붉어
멀리 노루새끼 마음 놓고 뛰어 다니는
아무도 살지않는 그 먼 나라를 알으십니까?

그 나라에 가실때에는 부디 잊지마시고
나와 같이 그 나라에 가서 비둘기를 키웁시다.

어머니
당신은 그 먼 나라를 알으십니까?

산비탈 넌즈시 타고 나려오면
양지밭에 흰염소 한가히 풀뜯고
길솟는 옥수수밭에 해는 저물어 저물어
먼 바다 물소리 구슬피 들려오는
아무도 살지않는 그 먼 나라를 알으십니까?

어머니 부디 잊지 마셔요.
그때 우리는 어린양을 몰고 돌아옵시다.

어머니
당신은 그 먼 나라를 알으십니까?

오월 하늘에 비둘기 멀리 날고
오늘처럼 촐촐히 비가 나리면
꿩소리도 유난히 한가롭게 들리리다

서리가마귀 높이 날어 산국화 더욱 곱고
노란 은행잎이 한들 한들 푸른 하늘에 날리는
가을이면 어머니! 그나라에서

양지밭 과수원에 꿀벌이 잉잉거릴때
나와 함께 고 새빨간 능금을 또옥똑 따지 않으렵니까?
　　　　　　　　-<그 먼 나라를 알으십니까>에서

평화롭고 아름다운 자연의 정경이 이상향의 먼 나라로 설정되어진 가운데, 시적 자아는 어머니를 매개로 하여 어두운 지구를 떠난 목가적인 이상 세계를 갈망하고 동경한다. 그 먼 나라에서 시적 자아는 어머니와 함께 비둘기를 키우고 어린 양을 몰고 돌아오며 새빨간 능금 따기를 소망한다. 이 세 자연물의 상징성을 시인이 동경하는 이상향의 특질로 보고, 평화와 선량함과 충실한 삶으로 해석하기도 한다.31) 시적 자아는 세계와의 대립·갈등을 극복하여 자아와 세계의 합일을 추구하게 된다. 달리 말하면 세계와의 갈등을 인위적으로 극복하여 합일의 경지를 몽상하게 되는 것이다. 문덕수의 위 시에 대한 감상을 써놓은 글에서 이상향에 대한 상세한 설명을 볼 수 있다.

　　이상의 해석에서 볼 때, 제 1, 제 4, 제 7련은 어머니에게 "전원의 이상향"을 아느냐고 묻는 형식이다. 그 다음 제 2, 제 5, 제 8련은 전원의 이상향의 구체적 묘사이다. 제 3, 제 6, 제 9련은 어머니에 대한 공동 행동의 간청으로 되어 있다. 여기서 제

---

31) 愼鏞協, "신석정시 연구", 「논문집」 9권 2호 (충남대 인문과학연구소, 1982.12), p.138

2, 제 5, 제 8련은 있는 그대로의 자연 묘사이다. 제 3, 제 6, 제 9련은 그곳에서의 공동 행동을 나타내고 있다. 그 행동은 동행 외에 비둘기 키우기, 어린 양을 몰고 오기, 능금 따기 등이다. 비둘기는 키우지 않아도 절로 자라는 것이며, 양은 몰고 오지 않더라도 절로 뛰어다닐 것이며, 능금은 따지 않아도 익으면 절로 떨어질 것이다.

그런데, 키우고, 몰고 오고, 따자는 것은 무슨 의미인가? 그것은 한마디로 '자연에의 순응'을 의미한다. 자연의 변화에 따라 변화하고 자연의 이치에 따라 행동하기, 곧 자연의 질서에 완전히 유합하고, 그렇게 함으로써 자연과의 동일성을 성취하자는 것이다. 여기서 '나'와 '자연'은 하나로 통합될 수 있는 것이다.[32]

신석정 시에 나타난 이러한 평화로운 자연공간의 이상향은 비극적 현실에서 세계와의 동일성을 상실한 자아의 반어적 표현이며, 바로 이 상실된 동일성을 회복하기 위해 현실의 시간과 공간을 부정하고 상상의 세계를 설정한 것이라 할 수 있다. 이때 신석정의 상상력은 그의 자연친화적인 정서에 의해 아름답고 평화로운 목가적인 이상향을 상징하게 되고, 이러한 이상향의 세계에서 미의 절정을 추구하게 된다. 이제 시적 자아는 '어머니'를 매개로 하여 평화로운 자연공간에 동화되고자 한다.

> 바람잔 밤하늘의 고요한 은하수를 저어서 저어서
> 별나라를 속속드리 구경시켜 주실수가 있습니까?
> 어머니가 만일 초승달이 된다면…
>   -<나의 꿈을 엿보시겠습니까>

---

[32] 문덕수, "현대시의 해석과 감상", (이우출판사, 1982. 8)

어머니 부디 잊지 마셔요
그때 우리는 어린양을 몰고 돌아옵시다.

어머니
당신은 그 먼 나라를 알으십니까?
　　　　　　　　－<그 먼 나라를 알으십니까>

어머니
만일 나에게 날개가 돋혔다면

산새새끼 포르르 포르르 멀리 날어가듯
찬란히 피는 밤하늘의 별밭을 찾어가서
나는 원정(園丁)이 되오리다 별밭을 지키는…
　　　　　　　　－<날개가 돋혔다면>

　'어머니'는 그 먼나라로 가는데 절대 중개자가 된다. 문덕수의 다음 글에서 이점은 선명하게 설명되고 있다.

　　이러한 예시에서 보는 바와 같이, 어머니와의 대화 형식(물론 일방적인 물음에 지나지 않다)을 통하여 시상을 구성하고 있다. 그러나 '어머니'와 '나'는 대등한 관계가 아닌 듯 하다. 어머니는 자연의 신비나 전원적인 낙원(먼 나라)을 많이 알고 있고, '나'를 그곳으로 데리고 가서 함께 살 수 있게 하는 존재이다. 어머니는 '먼 나라'로 가는 인도자요, 그곳에서의 행복한 삶을 영위할 수 있도록 해 주는 同伴者이다. 앞에 든 시 <임께서 부르시면>에 나오는 '임'과는 약간 다른 존재이다.
　　그런데, 어머니에 대하여 '그 먼 나라'를 알고 있느냐고 묻고 있지만, 「그 먼 나라」의 광경은 모두 '나'의 꿈이 그려 주고 있는

주고 있는 세계로 표현되어 있다. 한 마디로 전원적·목가적인 낙원인데, 이런 낙원이 현실적으로는 어디에도 존재하지 않을 것 같은 느낌이 든다. 아마 1930년대의 식민지 시대라는 역사적 현실 때문에, 다시 말하면 그런 현실이 삶을 거부하는 상황 때문에 이러한 '이상적 낙원'을 그리워하게 된 것이 아닌가 생각된다. 일종의 현실 도피라면 도피라고도 할 수 있고, 상실된 고향의 회복을 위한 염원이라면 그런 염원이라고도 할 수 있다.33)

어머니는 이상향의 세계로 나를 담숙 안고 갈 수 있는 절대적 존재이며, 모든 것을 의지하고 소망하는 대상이며, 어둠의 현실을 이겨내기 위한 도구이며, 내재된 자아를 트인 공간으로 전환해주는 매개자이다.

이와 같이 어머니를 매개로 하여 이상향의 목가 세계를 동경하는 자아의 바람은, <날개가 돋혔다면>에서는 상상력의 확장으로 해서 현실과의 거리가 더욱 멀어지게 된다.

　　어머니
　　만일 나에게 날개가 돋혔다면

　　산새새끼 포르르 포르르 멀리 날아가듯
　　찬란히 피는 밤하늘의 별밭을 찾아가서
　　나는 원정(園丁)이 되오리다 별밭을 지키는…

　　그리하여 적적한 밤하늘에 유성이 뵈이거든
　　동산에 피는 별을 따 던지는 나의 장난인줄 아시오.

---

33) 문덕수, "현대시의 해석과 감상", (이우출판사, 1982. 8)

그런데 어머니
어찌하여 나에게는 날개가 없을까요?

어머니
만일 나에게 날개가 돋혔다면

석양에 능금같이 붉은 하늘을 날러서
똥그란 지구를 멀리 바라보며
옥토끼 기르는 목동이 되오리다 달나라에 가서…

그리하여 푸른 달밤 피리소리 들려 오거든
석양에 토끼 몰고 돌아 가며 달나라에서 부는 나의 옥퉁소인 줄 아시오

그런데 어머니
어찌하여 나에게는 날개가 없을까요?
 ―<날개가 돋혔다면> 전문

　완전한 자연을 그리워하고 동경하지만 나에게는 날개가 없다. 별밭을 지키는 원정이 되고자 하고, 옥토끼를 기르는 목동이 되고자 하지만, 이상향은 별나라, 달나라라는 비현실적 공간으로 존재한다. 이렇게 현실을 감지하는 시인의 현실인식이 대립하고 갈등할수록 현실에 대한 반어적 표현으로 먼 나라와 현실과의 거리는 점점 더 확장되어진다. 이 시를 쓴 당시의 시대 상황을 살펴보면 다음과 같다.

　　日本人의 彈壓 속에서 우리의 抗日精神은 더욱 왕성하여 種種 樣式의 行動으로 나타났다. 그리하여 1926년 純種의 因山을 기

회로 6·10萬歲 事件, 그 해 羅錫疇는 우리의 기름진 땅의 피를 긁어 먹던 동양척식주식회사에 폭탄을 던졌으며, 광주학생의거, 1929년에 우카키가 조선총독으로 부임한 이후 1931년 9월 대륙 침공의 첫걸음인 만주사변을 일으키고, 1931년에 일본은 국제연맹에 탈퇴하여 국내외에 초긴장상태를 가속화시켰다. 1929년의 대공황에 휘말린 일본의 정치적·군사적 정세는 경제공황을 가속화시켰다. 그리하여 우카키 총독은 內鮮一體의 同化政策을 추진시키는 한편 自力更生이니 南棉北羊이니 하여, 저희들의 대륙 침공의 병참기지를 만들려고 했다. 1938년에는 일제파쇼의 거두인 南次郞이 총독으로 부임하여 황국식민화 운동이 강행되고, 조선사상 보호 관찰령 공포, 국민정신 총동원령의 강화, 지원병제 및 노무동원제 실시, 創氏制 宣布 등으로 일제의 탄압은 극도에 이르렀다. 그리하여 1941년 太平洋戰爭 등을 거치면서 경제적 수탈과 문화적 말살을 당하고 마침내 민족말살의 궁지에까지 몰리게 된 것이다.[34]

한편으로 현실과의 갈등관계에 놓여있는 시적 자아는 여러 가지 상징적인 자연물로 변형되어 등장한다.

    해 저문 하늘에 날아가는 새는
    저 숲을 어떻게 찾아 간답니까?
               -<그 꿈을 깨우면 어떻게 할까요?>

    숲 넘어 날아가는 하-얀 비둘기를 부러워하드구나
               -<너는 비둘기를 부러워하드구나>

    내가 만일 산새가 되어 보금자리에 잠이 든다면

---
34) 趙容萬,「日帝下 韓國新文化 運動史」, (서울·정음사, 1975), p.192

                    −<나의 꿈을 엿보시겠습니까>

　　고요한 호수에 흰물새 날고
                    −<그 먼 나라를 알으십니까>

　　멀리 노루새끼 마음 놓고 뛰어 다니는
                    −<그 먼 나라를 알으십니까>

　　그때 우리는 어린양을 몰고 돌아옵시다.
                    −<그 먼 나라를 알으십니까>

　　옥토끼 기르는 목동이 되오리다 달나라에 가서…
                    −<날개가 돋혔다면>

　《촛불》에 실린 여러 시편들에서 작은 새, 흰 비둘기, 흰 물새, 노루새끼, 어린양, 흰 염소, 옥토끼 등의 동물을 소재로 한 시어들을 골라본 것이다. 이 동물들은 모두 작고 여리고 희고 순한 동물들로서, 위의 인용문에서 뿐만 아니라 시집 《촛불》의 여러 시편에 반복해서 등장하고 있다. 이처럼 여리고 순한 동물들의 설정은 순수·평화·자유·사랑으로 성립되는 자연친화적인 목가세계의 이상을 상징적으로 표현한 것이라 할 수 있다.

　　어떤 분은 일제 강점 밑에서 이루어진 모든 문화운동은 노예 문화에 불과하다고 말한 바 있지만, 일제의 탄압 속에서 비롯하고 가까스로 성장한 우리 신문학이 남긴 발자취는 그런대로 일본 어족(語族)에 고스란히 빨려들지 않으려고 안간힘을 부리던 처절한 운명을 작으나마 긍지로 돌리는 데 인색할 필요는 없으

리라 생각한다. 나의 첫시집 ≪촛불≫에 담은 시편들은 모두 이
런 어두운 상황(1920년대) 속에서 얻어진 것들이다."35)

 그래서 소외된 자아는 작은 산새가 되어 보금자리에서 행복한
꿈을 꾸기도 하고, 노루 새끼가 되어 넓은 풀밭을 마음대로 뛰어
놀기도 하고, 낡은 녹색침대에 누워서 남은 햇볕을 즐기는 어린 양
이 되기도 한다. 이처럼 분리된 자아는 여러 가지 변형된 모습을
통해서 현실을 떠난 이상향을 갈구하는 것이다.
 자아의 변형으로서 작고 여린 동물적 이미지를 등장시킨데 반해
서, 중개자로서의 어머니는 구름·초승달·별 등의 천상적인 이미
지로 변형되어 나타난다.

> 해볕이 유달리 맑은 하늘의 푸른길을 밟고
> 아스라한 산 너머 그나라에 나를 담숙안고 가시겠습니까?
> 어머니가 만일 구름이 된다면…
> 바람잔 밤하늘의 고요한 은하수를 저어서 저어서
> 별나라를 속속드리 구경시켜 주실수가 있습니까?
> 어머니가 만일 초승달이 된다면…
>
> 내가 만일 산새가 되어 보금자리에 잠이 든다면
> 어머니는 별이 되어 달도 없는 고요한 밤에
> 그 푸른 눈동자로 나의 꿈을 엿보시겠습니까?
> ―<나의 꿈을 엿보시겠습니까> 전문

 이것은 1930년대의 암담한 국가적, 사회적 상황과 병든 도시
생활에 염증을 느낀 시인이 찾아낸 '아무도 살지 않는 그 먼 나

---

35) 신석정, "상처입은 작은 역정의 회고", 「문학사상」 2월호, (1973).

라', 곧 순수한 자연의 세계다. 그것은 정신적 고향을 잃고, 피폐한 영혼이 방황하는 현대인의 안식처가 되기도 하고, 목가 그 자체는 현대 문명에 대한 간접적인 비판이 되기도 한다. 김기림(金起林)은 그의 시를 가리켜 '목신(牧神)이 조으는 듯한 세계를 조금도 과장하지 아니한 소박한 리듬을 가지고 노래한다' (1933년「시단의 회고」)고 했다.

그런데 신석정의 이 독특한 시세계가 어떻게 형성되었겠느냐는 의문이 남는다. 주지하는 바와 같이 그는 한국 최초의 전원시인으로 소재를 거의 자연과 농촌에서 구했고, 목가적·전원적·명상적인 독자적 세계를 개척한 시인이다. 경어체(敬語體)를 쓴다거나 설의법(說疑法)을 써서 강조하는 점으로는 만해(萬海)와 상통하는 점이 있고, 동화적 낭만 세계인 것은 인도의 타고르(Tagore)의 영향이 있었던 것으로 보인다.

그러나 무엇보다도 주류를 이루고 있는 자연찬미의 정신은 미국의 삼림 철인(森林哲人) 도오로우(Thoreau, 1871~1862)에서 찾는다. 기타 노장철학(老莊哲學)의 무위자연설(無爲自然說), 도연명(陶淵明)의 도화원기(桃花源記) 등의 영향이 있었을 것으로 지적된다.36)

이처럼 천상적인 이미지로 등장하는 어머니는 현실을 떠나 그 먼 나라인 이상향의 세계로, 단절된 자아를 데리고 갈 수 있고 또한 별나라를 자상하게 구경시켜 주고 푸른 눈동자로 나의 꿈을 지켜주는 존재자로 설정되어져 있다.

그렇지만 신석정에게 있어 이상향은 언제나 '저', '그 먼' 이라는 거리감 속에 존재한다.

---

36) 조남익, "한국 현대시 해설", (미래문화사, 1993.4)

산새는 저 숲에서 살지요?
그 꿈을 깨우면 어떻게 할까요?
                    -<그 꿈을 깨우면 어떻게 할까요>

아스라한 산넘어 그나라에 나를 담숙안고 가시겠습니까?
                    -<나의 꿈을 엿보시겠습니까>

어머니
당신은 그 먼 나라를 알으십니까?
                    -<그 먼 나라를 알으십니까>

저 푸른 하늘에 고요히 잠들어 보고 싶지 않습니까?
                        -<봄의 유혹>

대지에서 소리없이 피어나는 이것들의 푸른꿈을 글쎄 가만히 바라보시렵니까?
그 어느 나직한 언덕에 앉아서…
봄이여!
    -<봄이여 당신은 나의 침대를 지킬 수가 있습니까>

우리는 몇억만년을 두고 우리의 생활에서 너무나 오래오래 잊어버리었다 하는
그 푸른 하늘을 찾으러 가지 않으렵니까?
-<훌륭한 새벽이여 오늘은 그 푸른 하늘을 찾으러 갑시다>

그리고 나의 작은 명사의 새새끼들이
지금도 저 푸른 하늘에서 날고 있지 않습니까?
            -<아직 촛불을 켤 때가 아닙니다>

당신의 성스러운 유방 같이 부드러운 황혼이
저 숲길을 걸어오지 않었읍니까?
　　　　　―<이 밤이 너무나 길지 않습니까?>

밤에는 별을 따러 가신다하니
그 별은 또 얼마나 먼 하늘을 찾아가는줄 아십니까?
　　　　　―<화려한 풍선을 타고>

위에 열거한 예문에서 보듯이 이상향은 언제나 '그, 저, 그 먼, 그 어느' 곳에 설정되어져 있으며 동시에 그 표현어법이 의문형 또는 부정의문형으로 마무리되고 있다. 이는 꿈의 현실화가 불가능하다는 것을 암시해 주고 있다.

시인에게 있어서 자아와 세계는 서로 照應하는 상상적 관계에서 성립하며 이런 의미에서 볼 때 자연친화의 이상향은 비극적 현실에 대한 반어적 표현으로서의 상상적 세계이며, 절망적 현실의 대치물이기 때문에 현실과는 멀리 떨어진 '그 먼' 곳에 설정될 수 밖에 없다고 하겠다.

한편 이러한 이상향의 초월적 세계는 그 모습이나 위치가 모호할수록 의문의 대상이 되며, 동시에 모호할수록 존재의 확신을 보이게 된다는 논리가 성립된다. 따라서 의문형 어미의 사용은 이상향의 존재확인과 그 세계가 지닌 능력과 아름다움을 확인하려는 상상력의 소산이라 할 수 있다. 또한 이러한 이상향인 초월 세계로의 진입을 위해 시적 자아인 화자는 여성적 어조의 경어체[37]를 사

---

37) 조남익, 「한국 현대시 해설」, (미래문화사, 1993. 4)
　　이상적(理想的) 전원 세계에 대한 동경이 자연스런 발상에 의거, 환상적이고 동화적으로 그려진 이른바 우리 나라의 목가시인(牧歌詩人) 신석정의 대표작이다. 부드럽고 고운 그 서정과 어머니에게 속삭이는 듯한 경어

용하여 청자에 대한 존경과 선망의식을 표출하고 있는데, 이는 시적 자아의 이상향을 갈구하는 의지의 표출이라 볼 수 있다. 이러한 의문형 어미와 경어체 문장의 사용은 시적 세계가 이상향으로 접근하고 있을 뿐, 이상향에 이르지 못하는 현실을 인식하고, 이러한 현실을 극복하기 위한 절실한 상황을 내보여주는 것이라 하겠다.

"현실을 이와 같은 아름다운 공간과 대조시켜 놓음으로써 더욱 어둡고 답답한 현실을 표현 뒤에 암시하고자 한 것이며 '촛불을 켤 때'나 '먼 나라'라는 상징적 의미로서 '어두운 현재의 시간'과 '눈앞에 펼쳐지고 있는 숨막히는 현실적 공간'이 부정되고 있다는 것이다."38)라는 견해 또한 이와 같은 맥락에서 신석정의 초기시를 이해하는 입장이 된다.

> 봄이여! 당신은 젖먹이의 볼처럼 부드럽고 명랑한 녹색침대를 나에게 주고
> 장엄하게도 평화한 밤을 나에게 제공하듯이
> 내 생활의 일과중에서 가장 큰 *잠*이 꿈도없이 평온하게 들기전에
> 훌륭한 아침을 나에게 가져올것을 약속하고
> 나의 *잠*이 깨워질때까지
> 당신은 나의 침대를 지킬수가 있습니까?
> 언제까지나…
> 봄이여—
> —<봄이여 당신은 나의 침대를 지킬수가 있습니까>에서

체(敬語體) 어투는 능란한 동양화적 수법을 연상시킨다. 쉽고 평이한 가운데 한결 무리없는 시적 가락을 느낀다.
38) 정한모, "신석정 그 먼 나라를 알으십니까", 「심상」, (1974, 4), p.29

봄을 매개로 하여 평화와 안온을 희구하지만 봄이 언제까지나 나의 침대를 지켜줄 수 없음을 훌륭한 아침을 가져다줄 것을 약속하지만 그 약속이 이루어질 수 없음을, 시적 자아는 이미 알고 있다. 긴 제목의 시 <훌륭한 새벽이여 오늘은 그 푸른 하늘을 찾으러 갑시다>에서는,

> 태양은 지금 아주 먼 어느 숲속을 건너서
> 작은 산새새끼들의 보드라운 털을 쓰다듬느라고
> 아직 한줄기의 광선조차 대지에 보내 주지 않는데
> 한가한 여행을 무척 좋아하는 저 구름들이 벌써 일어나서
> 뭉게 뭉게 산을 넘어오지 않습니까?
> 이윽고 남풍이 불면 저 구름은 우리들을 찾아온다 합니다그려!
>
> 가장 사랑하는 비둘기들이
> 지금은 고 적은 보금자리 속에서 노래하고 있지만
> 저 숲넘어 푸른 하늘을 오고 가는 것으로
> 그들의 생활은 오늘의 일과를 삼을 것입니다.
>
> 여보
> 얼마나 훌륭한 새벽이요
> 우리는 몇 억만년을 두고 우리의 생활에서 너무나 오래오래 잊어버리었다 하는
> 그 푸른 하늘을 찾으러가지 않으렵니까?
> ─<훌륭한 새벽이여 오늘은 그 푸른 하늘을 찾으러 갑시다>에서

몇 억만년을 두고 우리의 생활에서 너무나 오래오래 잊어버린, '그 푸른 하늘을 찾으러가자'고 말하지만 이러한 근원적인 밝음의

공간을 추구하는 시적 자아의 태도의 이면에는 어두운 현실 공간의 부정과 극복의 의지가 내재해 있다고 볼 수 있다. 이 시에 나오는 새벽, 밤 등의 시간 개념은 단순한 일회적 개념으로서의 시간이 아니라, 우주적이고 사회적 영역으로 확대되는 상상력을 제공해 주는 역사성을 가진 개념들이다. 시인은 이러한 시적 장치들을 통해 역사적 진실에 접근하고자 하는 간절한 기다림을 표출시키고 있다. 그러나 그 푸른 하늘은 '몇 억만년' 이나 긴 시간을 두고 우리들 생활에서 '너무나 오래 오래' 잊어버린 하늘임을 시적 자아는 인식하고 있다. 현실과 이상의 거리가 멀수록 우리가 성취하고자 하는 이념은 부각되어지며, 이러한 이상향에의 동경은 더욱 간절해진다. ≪촛불≫에서의 '가다'라는 동사의 빈번한 사용은 당시의 시대상황과 목가적인 이상향에의 자연회귀 사상을 잘 드러내 주고 있다. 자연회귀에 대한 조남익의 글을 보면 "늘 자연을 미칠 듯이 사랑했고, 자기 자신까지도 자연화(自然化)하고 싶어한다. 그의 첫 시집 ≪촛불≫(1939)은 목가(牧歌)였고, 제2시집 ≪슬픈 牧歌≫(1947)는 잃어진 자연을 애타게 그리워하는 서러운 엘레지였다. '대나무처럼 키가 크고 눈썹이 시커먼 이 사나이'(장만영(張萬榮)의 「석정의 시」)는 그렇게 밖에는 식민지의 치하를 살아갈 수 없는 '어린애 같은 꿈과 사람을 사랑할 수 있는 정이 있을 뿐, 아무런 생활능력도, 그렇다고 야심도 없는 천성적(天性的)인 시인'(上同)이었다."[39]

> 그렇게 가오리다
> 임께서 부르시면…
>
> —<임께서 부르시면>

---

39) 조남익, "한국 현대시 해설", (미래문화사, 1993. 4)

해 저문 하늘에 날아가는 새는
저 숲을 어떻게 찾아 간답니까?
　　　　　　　－<그 꿈을 깨우면 어떻게 할까요?>

숲에 조으는 산새의 그 꿈을 엿보러 갑시다.
　　　　　　　－<너는 비둘기를 부러워하드구나>

해볕이 유달리 맑은 하늘의 푸른길을 밟고
아스라한 산넘어 그 나라에 나를 담숙 안고 가시겠습니까?
　　　　　　　－<나의 꿈을 엿보시겠습니까>

푸른 웃음 엷게 흐르는 나직한 하늘을
학(鶴)타고 멀리 멀리 갔었노라
　　　　　　　－<아 그 꿈에 살고 싶어라>

그 나라에 가실 때에는 부디 잊지 마서요
나와 같이 그 나라에 가서 비둘기를 키웁시다
　　　　　　　－<그 먼 나라를 알으십니까>

석양에 능금같이 붉은 하늘을 날러서
똥그란 지구를 멀리 바라보며
옥토끼 기르는 목동이 되오리다 달나라에 가서…
　　　　　　　－<날개가 돋혔다면>

우리는 몇 억만년을 두고 우리의 생활에서 너무나 오래오래
잊어버리었다 하는
그 푸른 하늘을 찾으러 가지 않으렵니까?
－<훌륭한 새벽이여 오늘은 그 푸른 하늘을 찾으러 갑시다>

위에 인용된 시편들에서 볼 수 있듯이 신석정이 꿈꾼 이상향은 절망적 현실의 대치물로써, 언제나 먼 거리에 존재하는 동경의 대상으로 설정되어져 있다. 이러한 이상향에 대한 동경은 자연을 통해 시대 상황을 제시한 것이며, 절망이 희망이 되기 위해서는 감정의 거리를 훨씬 뛰어 넘어 '먼 나라'로 '가다'라는 遠心的인 거리 설정40)이 필요했던 것이다. 아울러 여기에는 좌절이나 상실을 회복하려는 의지가 함께 내포되어 있다고 볼 수 있다.

시적 자아는 현실에 대한 직시에도 불구하고, 어머니에게 '아직 촛불을 켤 때가 아니다.'라고 말하며, 시대적 압박감 속에서도 조금 남은 햇볕을 최대한 유보하고자 하는 안타까운 모습을 보이기도 한다.

저 재를 넘어가는 저녁해의 엷은 광선들이 섭섭해 합니다.
어머니 아직 촛불을 켜지 말으셔요
그리고 나의 작은 명상의 새새끼들이
지금도 저 푸른 하늘에서 날고 있지 않습니까?
이윽고 하늘이 능금처럼 붉어질때
그 새새끼들은 어둠과 함께 돌아온다 합니다.
언덕에서는 우리의 어린양들이 낡은 녹색침대에 누어서
남은 햇볕을 즐기느라고 돌아오지 않고
조용한 호수우에는 인제야 저녁 안개가 자욱 나려오기 시작하였읍니다.
그러나 어머니 아직 촛불을 켤때가 아닙니다.
늙은 산의 고요히 명상하는 얼굴이 멀어가지 않고
머언 숲에서는 밤이 끌고오는 그 검은 치마자락이

---

40) 이숭원, "한국근대시의 자연표상 연구", (서울대 박사학위 논문, 1986), p.88

발길을 스치는 발자욱 소리도 들려오지 않습니다.
멀리 있는 기인 뚝을 거쳐서 들려오는 물결소리도 차츰 차츰 멀어갑니다.
그것은 늦은 가을부터 우리 전원(田園)을 방문하는 가마귀들이 바람을 데리고 멀리 가버린 까닭이겠읍니다.
시방 어머니의 등에서는 어머니의 콧노래 섞인
자장가를 듣고 싶어하는 애기의 잠덧이 있읍니다.
어머니 아직 촛불을 켜지 말으서요
인제야 저 숲너머 하늘에 작은 별이 하나 나오지 않습니까?
　　　　－〈아직 촛불을 켤 때가 아닙니다〉에서

　이 시에서 나오는 '촛불'은 어둠을 밝혀주는 광명이나 자기 몸을 태워 주위를 빛내주는 희생정신 등의 긍정적 개념에서의 상징물이 아니다. 이때의 촛불은 어둠에 대치되는 밝음의 이미지가 아니라, 자연의 순수한 순환질서를 거스르는 인위적이고 작위적인 有限의 광명일 뿐이다. 이 시를 해설해 놓은 조남익의 글을 보면 잘 알 수 있다. 이 인위적이고 유한한 빛에 의해 잠시 밝음을 확보해 두는 것은 자연의 질서에 장애물이 된다. 그러므로 어머니에게 아직 촛불을 켜지 말아 달라고 당부하며, '황혼'을 아낌으로써 이미 오고 있는 밤이지만 밤을 조금이라도 더 유보시키고 싶은 심정을 간절히 표현하고 있다. 또한 자연의 순환질서에 따라 밤이 오듯이, 머지않아 반드시 찾아올 새벽을 기다리는 간절한 마음이, 인위적이고 유한한 촛불의 비자연성을 부정하는 것이라고도 볼 수 있다. 한편 이 시는 전원의 황혼을 한 편의 아름다운 목가시로 그려내고 있지만, '머언 숲에서는 밤이 끌고오는 그 검은 치맛자락'이라든가 '늦은 가을부터 우리 전원을 방문하는 가마귀' 등의 검은 색조의 하향적 이미지가 내재되어 있다. 앞에서도 살펴보았듯이 '먼 나라'나

'푸른 하늘'에 도달할 수 없는 자아처럼, 촛불을 켜지 않고 명상에 잠겨 있을 수 없는 자아를 발견하게 된 것이다. 이 시에서의 시적 자아는 더 깊은 어둠 속으로 잠겨가는 시대적 압박감 속에서 남은 햇볕을 자연과 더불어 명상하고자 한다. 그러므로 신석정의 자연회귀의 정신이 필연적으로 시대상황과 연결되지 않을 수 없다고 할 수 있다.[41]

'그 먼나라'를 향한 초월에의 욕망은 그러나 '몇 억만년을 두고 우리의 생활에서 너무나 오래오래 잊어버리었다 하는 그 푸른 하늘'을 찾으러 갈 수 없는 자아를 인식하게 되며, 남은 햇볕을 자연과 더불어 명상하고자 하나 '머언 숲에서' 들려오는 '밤이 끌고오는 그 검은 치맛자락이 발길에 스치는 발자욱 소리'를 듣게 된다. 이러한 현실 인식은 결국 어둠을 껴안고 새벽을 기다리는 고통을 택하게 된다.

   밤과 함께 나의 침실을 지키는
   작은 촛불이 있다.

   그러나 그 촛불은
   밤을 멀리 보낼 수 없는 약한자이거니

   어찌 그를 믿고
   대낮의 화려하던 나의 살림을 계속할 수 있을까?

   그래도 작은 침실의 좁은 영토를
   혼자 지키려는 잔인한 촛불이여!

---

[41] 최동호, "形成期의 現代詩", 「現代詩의 精神社」, (열음사, 1985), p.39

그러길래 문밖에서는 어둠의 어린애기들이 쭈구리고 서서
침실을 가만히 굽어보고 있지 않은가?

너는 새벽처럼 밝지 못하기 때문에
너의 영토의 확장을 할 수는 없다.

그럼으로 나는 네가 추방한
어둠의 어린애기들을 맞어드리어

내 살림의 새로 비롯하는 새벽이 올때까지
그 애기들을 포근히 껴안으려한다.

작은 욕망에 타는 작은 촛불이여!
이윽고 새벽은 네 뒤를 이어 오겠지…
　　　　　－<나는 어둠을 껴안는다> 전문

　이 시에서의 시적 자아는 그가 이제까지 쓰고 있던 목가적 마스크를 벗고 직설적인 화법을 통해 시대 상황을 선명한 개념으로 부각시키고 있다. 당신의 암담한 현실을 밤으로 보고 화려하던 나의 살림을 살던 대낮은 평화롭던 과거를, 이윽고 뒤따라올 새벽은 조국의 해방을 상징하는 것으로 설정되어져 있다. 또한 '촛불'의 상징성을 분명하게 드러내는 직설적인 표현들이 두드러진다. 여기에서 '촛불'은 나의 침실을 지키고 있지만 밤을 멀리 보낼 수 없는 약한 자이므로 믿을 수 없는 빛이다. 촛불은 좁은 영토를 혼자 지키려는 잔인한 빛이며, 새벽처럼 밝지 못해 확장할 수 없는 빛이며, 촛불은 작은 욕망에 타는 작은 빛일 뿐이다. 그러므로 자아는 이제 이러한 거짓된 빛을 믿지 않고 어둠의 어린 애기들을 새벽이 올 때까지 포근히 껴안으려는 굳은 결의를 한다.

석정에게서 촛불의 의미는 위에서 보이다 시피 하나의 상징적인 의미를 띄우고 있다. 이러한 의미는 다시 두 가지의 의미를 지니는 바, 하나는 어둠을 밝히려는 어둠에 대한 공포기피의 의미와 다른 하나는 촛불을 통한 그 자체의 공포 의미이다.

이것은 '일제의 착취가 범람하는 그 당시' 일제치하의 어둠에 대하여 촛불로써 맞이해 나가는 석정의 어둠공포 기피의 현상으로써 석정의 무의식적인 '자아방어기재역활'[42])이 되는 촛불과의 관계로 촛불은 '밤과 함께 나의 침실을 지키는' 수호자적인 것 즉, 자신 이외의 외계사물(外界事物)인 촛불과 자신과의 관계는 어둠으로부터의 '고립(孤立)'[43])관계로 놓여지고 있다.

석정에 있어서 어둠으로부터의 고립관계는 이미 촛불과의 관계에서 '밤'이라는 거대한 공포 즉, 일제 식민치하에서의 강박관념에 쌓여 끊임없는 '억압'[44])으로부터의 도피적인 의미로 그의 '정신역동'[45])의 원형이 되고 있고 이로부터의 탈출의 자세는 어둠에 대한 밝음 즉, 촛불로써 저항을 보이고 있으나 '그러나 그촛불은/ 밤을 멀리 보낼 수 없는 약한자'로서 그것은 실재의 행위가 되지 못하고 "일제와 정면으로 싸울수 있는 용감한 청년은 못되었다."[46])

---

42) defense mechanisms : 불안의 인식으로부터 자신을 보호하는 무의식적이고 자동적인 심리현상.
43) insulation : 자기이외의 곳으로부터 정서적으로 이탈함으로써 마음의 상처로부터 자신을 보호하려는 무의식적인 심리현상(mechanisms)
44) Repression : 자신이 환영하지 않는 심리적 내용을 무의식 속에 집어넣는 심리현상
45) mechanism : 사고, 행동 따위를 결정하는 심리적 과정
46) 신희천, 「석정시집 ≪촛불≫의 정신분석학적 고찰」, 「국민대 북악논총」 1

<새벽을 기다리는 마음>에도 암울한 시대상황이 직설적으로 표현되어 있다

> 오늘밤 나는 너를 위하여 촛불을 끄고
> 내 작은 침실의 전면적을 제공하노니
>
> 어둠이여 너는 오늘밤에도 나를 안고
> 새벽이 온다는 단조한 이야기를 계속하겠지?
>
> 그러나 나는 밤마다 네가 속삭이는
> 그 *새벽*을 한번도 맞어 본일은 없다
>   -<새벽을 기다리는 마음 에서

이 시에도 새벽, 어둠, 밤 등의 상징적인 의미들의 시간대가 등장하며 시대의식이 직설적으로 표출되어 있다. '그 새벽을 한번도 맞어 본 일은 없'는 참담한 상황임에도 여전히 '새벽을 기다리는 마음'으로 '촛불을 끄고', '내작은 침실의 전 면적을' 어둠에게 제공하는 시적 자아의 행위에서 '한번도 맞아 본 일은 없'는 새벽을 기다리기 위해 어둠이 주는 모든 고통을 기꺼이 감내하는 忍苦의 정신을 읽을 수 있다.

<銀杏잎을 바라보는 마음>에서는

> 저 어린 들국화들에게 수평선을 넘어온 짠바람이
> 충실이 속삭이는 *바다의 이야기*는 얼마나 치웁겠읍니까?

집, (1983. 2), p.20

라고, 현실에 몰아치는 추운 바람에 떨고 있는 어린 들국화를 통해 암울한 시대상황을 표현하고 있다. 이어서

  벌써 차츰차츰 나려오는 산그림자의 발자욱소리가 들려오지않
 습니까?

라고, 깊은 어둠 속으로 잠겨 드는 시대적 압박감을 긴박하게 그려낸다. 이러한 압박감은,

  여보 우리들도 집으로 돌아갈때가 되었는데
  어찌하여 당신은 떨어지는 은행잎만 물끄럼이 바라보십니까?

라며, 아름다운 가을 날 황혼 무렵의 전원을 바라보는 삶의 멋을 우리로부터 앗아간 바람의 실체를 비난하고 있다. 시적자아는 비바람이 속삭이는 추운 '바다의 이야기'를 들으며 <밤을 맞이하는 노래>를 부른다.

  내 침실의 창문에는 이따금 황해를 건너온
  밤바람이 속삭이는 *바다의 이야기* 치웁고
  머언 하늘은 조용한 별들의 푸른꿈을 지키고…
  지금 삼림은 그 갸륵한 산새들의 보드라운 숨결을 지키겠읍니
 다.

  황혼을 전별하고
  밤을 영접할 때

      -<밤을 맞이하는 노래>에서

이 시에는 '황혼을 전별하고 / 밤을 영접할 때'라는 구절이 1.3.5.7.9의 독립된 연에서 반복됨으로써, 황혼이 지나가고 밤이 다가옴을 강조해서 표현하고 있다. 황혼의 시간대에 느낄 수 있는 전원의 아름다움 뒤에는 다가올 밤의 어둠에 대한 불안감이 밤바람이 속삭이는 추운 '바다의 이야기'로 내재되어 있다. 밤은 '그것은 단조한 비극이 아니다'(밤이여 그것은 單調한 悲劇이 아니다). 이처럼 단조한 비극이 아닌 밤이 밀려오는 현실적 상황에서도, <푸른 寢室>은 사랑스러운 어린 딸이 상징하는 다음 세대들에게 '어디로 출발을 약속'하는 희망과 꿈을 담고 있다.

일림아/촛불을 꺼라/소박한 정원에 강물처럼 흐르는 푸른 달빛을/어서 우리 침실로 맞어 와야지…/유리창 하나도 없는 단조한 나의 방…/침실아-/그러나 푸른 달빛이 풍요히 흘러오면/너는 갑작이 바다가 될 수도 있겠지…/일람아/어서 촛불을 끄렴/고양이 새끼처럼 삽짝 삽짝가 저 산을 넘어온 /달빛은 오직이나 그리웠겠느니?/작은 시계의 작은 바늘이 좋은 영토를/오직 안타가운 나의 침실이여/푸른 달빛이 해안처럼 흘러 넘치면/너의 작은 배가 되어야 한다./일림아/문을 열어제치고 들창도 축겨 올려라/너와 내가 털을 고이고 은행나무를 바라보는동안/너와 내가 사랑하는 난초는/푸른 달빛을 조용히 호흡하겠지…/여봐/침실의 부두에는 푸른 달빛이 물결치며/빛나는 여행담을 속은거리지 않느?/일림아/너와 나는 푸른 침실의 작은 배를 잡어타고/또/어데로 출발을 하여야겠느냐/

-<푸른 寢室>에서

이 시에는 '촛불'과 '달빛'이 서로 상반되는 이미지로 제시되면서 현실의 상황과 극복이라는 문제를 암시하고 있다. 여기에서의

'촛불'은 앞에서 살펴본 <아직 촛불을 켤때가 아닙니다>, <나는 어둠을 껴안는다>, <새벽을 기다리는 마음>에 등장하는 촛불처럼 인위적이고 유한하며 부정적인 의미를 내포하고 있다. 반면에 달빛은 이러한 유한하고 인위적인 촛불의 한계를 극복할 수 있는 그리움의 대상으로 '풍요히 흘러오'는 '푸른 달빛'으로 설정되어져 있다. 이러한 풍요로운 푸른 달빛이 우리 침실에 흘러올 수 있도록, 사랑하는 딸에게 촛불을 끄라고 말한다. 여기에는 시적자아가 다음 세대에게 주는 희망과 그들에게서 바라는 기대감이 동시에 내포되어 있다고도 볼 수 있다. 즉 인위적이고 일시적인 촛불을 제거함으로써 자연의 질서에 의해 찾아올 새벽을 기다리는 간절한 희망과 동시에 기성 세대가 아닌 사랑스런 자식들의 세대가 일시적인 안온을 뿌리치고 의연하게 현실을 헤쳐나가기를 기대하는 마음이 스며있다고 하겠다. 그러나 그 출발은 '어디로'인지 막연할 뿐 구체적이지 못하며, 그 약속도 '약속하여야겠느냐?'로 결정된 약속이 아니다.

이제 시인은 검고 무서운 밤의 가혹함에 절규하고 있다.

어머니
황혼마저 어느 성좌로 떠나고
밤-
밤이 왔읍니다.
그 검고 무서운 밤이 또왔읍니다.

태양이 가고
빛나는 모든것이 가고
어둠은 아름다운 전설과 신화까지도 먹칠하였읍니다.

어머니
옛이야기나 하나 들려 주서요
이밤이 너무나 길지 않습니까?
　　　　　-<이 밤이 너무나 길지 않습니까?>에서

　어머니를 부르며 그 꿈속에서 살고자 했던 이상향에서 벗어나 어둠과 긴 밤의 비극적 현실을 인식한 시적 자아는, 이제 어머니의 품을 떠나 밤의 슬픈 구도 속에서 ≪슬픈 牧歌≫을 부르게 된다. 신석정은 ≪촛불≫시대를 이렇게 회고한다.

　　≪촛불≫에서 자연의 품에 깊숙히 묻혀 낭만을 엮던 시절을 생각하면 옛날 다녀온 먼 여로에서 눈여겨 보았던 산줄기만 같아서 몹시 그립고, 그러나 다시금 나는 ≪촛불≫시절로 돌아가고 싶은 생각은 추호도 없다. 그것은 내가, 그리고 여러 사람이 살고 싶어하는 의욕과는 너무나 먼 세계이기 때문이다.[47]

　신석정의 ≪촛불≫시절은 자연친화적인 세계에서 꿈과 낭만을 엮던 그리운 세계였으나, 시인 신석정과 여러 사람이 살고 싶어하는 의욕과 너무나 먼 세계였다. 그것은 세계와 갈등관계에 놓인 자아가 갈등을 극복하고자, 자연친화적인 이상세계에서 몽상한 비극적 현실의 대치물이었기 때문이다.

---

47) 辛夕汀, "못다 부른 목가", 「난초잎에 어둠이 내리면」, (지식산업사, 1974), p.280

2) ≪슬픈 牧歌≫

① 밤의 슬픈 구도

신석정은 고향 부안의 '청구원'에서 전원생활을 하며 ≪촛불≫, ≪슬픈 목가≫의 시편들을 만들었다. 그러나 이 두권의 시집은 현실 인식면에서 상당한 편차를 보여주고 있다. 이것은 당시의 시대배경의 변화에서 기인된 것으로 보인다.

1945년 일제의 그 암흑에서 조국의 광복을 맞이하긴 했으나, 이 시인이 갈망하던 바와 같은 새벽으로부터의 포근하고 따스한 빛이 환히 트이어 오진 않았다. ≪슬픈 목가≫로 끝이 났어야 할 어둠과 가난은 끈질기게도 이 시인을 따랐고, 그의 ≪슬픈 목가≫는 즐겁고 기쁜 노래로 바뀔 수 없었던 것이다.

웬만한 사람이면 흔히 버리고 떠날 수도 있는, 그가 태어난 향토, 전원을 석정시인은 끝내 버리지 않았으며 시골초가의 둥근 인정으로 흙냄새와 더불어 살으셨던 것이다.[48]

신석정은 그때의 형편을 다음과 같이 술회하고 있다.

> 그 뒤 세상은 자꾸 어두어져만 갔다. 『文章』지에 기고한 시가 두 차례나 교정쇄에 붉은 잉크로 상처를 입고 되돌아 오더니 끝내 『文章』지는 폐간되었다. 『人文評論』이 『國民文學』이라는 일문(日文) 잡지로 둔갑을 하고나서, 일본말로 써내라는 협박장에 가까운 원고 청탁서가 날아들더니, 끝내 문인들은 뿔뿔이 헤어져 금강산으로 들어가는가 하면 시골로 모두 떠나고, 서울에 가야 『국민문학』에 종사하는 어용들 외에는 좀체 만날 길이 없었다.

---

48) 최승범, "가슴에 떨어지는 落花소리", 「바람과 별도 잊을 수 없는 사람들, 서정주 편저」, (풀빛사, 1979. 5)

『國民文學』사 (人文評論)에서는 일문으로 시를 써보내라고 성화를 내던 것도 그때의 일이다. 해방이 되던 이듬해 출판된 제2시집 ≪슬픈 牧歌≫는 그동안에 숨막혔던 상황 속에서 써 두었던 작품들이다. ≪촛불≫에서 자연의 품에 깊숙히 묻혀 꿈과 낭만을 엮던 시절을 생각하면 옛날 다녀온 여로에서 눈여겨 보았던 산줄기만 같아 몹시 그립고, ≪슬픈 牧歌≫시절은 악몽같으면서도 뼈에 저리도록 망각할 수 없는 나의 역정(歷程)이요….49)

위의 인용문에서 나타난 바와 같이 ≪슬픈 牧歌≫는 1974년에 출판되었지만 그 제작연대는 1935년부터 1943년까지의 일제치하였다. ≪슬픈 牧歌≫에 나오는 시편들은 모두 32편으로 그 말미에 제작연대가 밝혀져 있다.50) 이 시기는 일제의 탄압이 가장 극심했던 때로51), 신석정에게는 '악몽'의 시절이며 망각할 수 없는 ≪슬픈 牧歌≫의 시절이다. ≪촛불≫시절의 후반에서 인식되던 밤에 대한

---

49) 辛夕汀, "못다 부른 목가", 「난초잎에 어둠이 내리면」, (지식산업사, 1974), pp.279~280
50) 詩 ≪슬픈 牧歌≫에 수록된 시는 다음과 같다.
 <山水圖, 1936>, <靑山白雲圖, 1936>, <月見草 필 무렵, 1936>, <登高, 1936>, <地圖, 1936>, <작은 짐승, 1936>, <들길에 서서, 1936>, <첫사랑, 1939>, <슬픈 構圖, 1937>, <밤을 지니고, 1937>, <고운 心臟, 1937>, <抒情歌, 1938>, <山峽印象, 1938>, <슬픈 傳說을 지니고, 1938>, <봄을 부르는 자는 누구냐>, <차라리 한그루 푸른 대로, 1939>, <哀歌, 1939>, <어느 지류에 서서, 1939>, <대숲에 서서, 1939>, <寒帶植物, 1939>, <五月이 돌아오면, 1939>, <소년을 위한 牧歌, 1939>, <꽃길을 찾어, 1940>, <수선화, 1936>, <꽃상여 가는 길, 1935>, <떠나는 길에 눈이 나려, 1940>, <哀歌 1937>, <哀歌, 1940>, <別離見武>, <散步路, 1938>, <黑石고개로 보내는 詩>, <작은 짐승이 되어, 1935> (이상 총 32편)
51) 1936년 일장기 말소 사건, 1937년 일본어 사용의 강요, 1938년 중등학교에 우리말 과목의 폐지, 조선 총독부 시국대책조사회 설치 등 혼란과 탄압이 가중된 시기였으며, 1939년 태평양 전쟁에서 일본의 패망이 가까와짐에 따라 1941년 창씨개명, 1942년 징병제도, 1941년 4월 「문장」이 폐간되고 「인문평론」, 「국민문학」으로 改題되는 등의 극심한 탄압의 시기였다.

자각은 아름다운 전설과 신화마저 먹칠한 어둠을 동반한 채, 평화롭고 그리운 자연의 품에까지 침투하여 꿈과 낭만을 앗아가버렸다. 자연 친화의 목가세계는 '슬픈 목가'의 세계로, 꿈과 낭만의 그리움은 '악몽'의 인식으로 돌려졌다.

그는 현실을 직시하기에 이르렀다. 자연친화의 목가세계가 보여주던 자연의 아름다움에서 깨어나기 시작한 자아는 현실의 상황이 투영된 자연의 현상을 제시한다. 시인의 시선은 먼 나라에서 돌아와 현재에 고정되고 대상을 객관적으로 보게 된다.

> 오늘 펴보는 이 지도에는
> 조선과 인도가 웨 이리 많으냐?
> 시방 나는
> 똥그란 지구가 유성처럼 화려히 떨어져 갈날을
> 생각하는 「외로움」이 있다.
> 도시 지구는 한덩이 푸른 석류였거니…
> 　　　　　　　　　　　－＜地圖＞에서

"자연친화의 목가는 전원의 신비로운 세계에 그대로 안주할 수 없이 빼앗긴 슬픈 현실로 돌아오면서 ≪슬픈 牧歌≫는 잃어진 자연을 그리워하는 애달픈 엘리지가 되어간다."[52])는 장만영의 지적처럼, 한덩이 푸른 석류였던 지구는 얼룩덜룩하고 울긋불긋하게 쪼개지고 갈라져 있는 슬픈 현실로 채색되어져 있다. 여기에서 지도는 1936년대의 조선과 인도 같은 제국주의의 식민지국가가 많음을 지적한 것이다. 국경이 있어 본 일이 없는 저 하늘을 닮은 바다처럼 한결로 푸른 지도를 원하지만, 현실을 석류 껍질처럼 찢어지고 남

---

52) 장만영, "夕汀의 詩", 「시문학」 제2호, (1950. 6), p.26

의 빛깔로써 채색된 지구의 역사가 지속될 바에야 차라리 지구가 유성처럼 떨어져 나가는 처절한 외로움을 생각하고 있다.

이러한 외로움은 망국의 백성이 겪는 외로움이며, 시적 자아로 하여금 작은 짐승같이 말 없이 앉아서 멀리 바다를 바라보게 한다.

>   란이와 나는
>   산에서 바다를 바라다 보는 것이 좋았다.
>   밤나무
>   소나무
>   참나무
>   느티나무
>   다문 다문 선 사이 사이로 바다는 하늘 보다 푸르렀다.
>
>   란이와 나는
>   작은 짐승처럼 앉아서 바다를 바라다 보는 것이 좋았다
>   짐승같이 말없이 앉아서
>   바다같이 말없이 앉아서
>   바다를 바라다 보는 것은 기쁜 일이었다.
>   란이와 내가
>   푸른 바다를 향하고 구름이 만 꾸 놓아가는
>   붉은 산호와 흰 대리석 층층계를 거닐며
>   물오리처럼 떠 다니는 청자기빛 섬을 어루 만질때
>   멀리는 심장같이 잦으러지게 흩날리는 느티나무 잎새가
>   란이의 머리칼에 매달리는 것을 나는 보았다.
>
>   란이와 나는
>   역시 느티나무아래에 말없이 앉아서
>   바다를 바라다 보는 순하디 순한 작은 짐승이었다.
>   -<작은 짐승>에서

때로 시적 자아는 비극적 현실에서 물러나 앉아 사랑하는 딸 난이와 함께 바다를 바라보기도 한다. 슬픈 현실을 감내할 수 밖에 없는 순하디 순한 작은 짐승이 되어 말없이 앉아서 넓고 푸른 망망한 바다를 바라보는 것이 좋고 또 기쁜 일이라는 표현은 나라 잃은 민족의 짙은 슬픔을 역설적으로 부각시켜 준다. 신석정은 그 당시의 심정을 '망국의 백성으로서 짓밟힐 대로 짓밟힌 그 당시의 우리는 차라리 한 마리 짐승으로 태어나지 못한 것을 한탄했던 것도 사실이다.'라고, "상처입은 작은 역정의 회고"라는 글에서 술회했다.

당시의 참담한 시대적 상황은 <슬픈 構圖>에서는 삭막하기 이를 데 없는 지구와 적막하게 흐르는 검은밤의 이미지로 형상화되어 나타난다. 시적 자아는 아무도 없는 검은 밤 하늘 아래서 외로움과 두려움에 떨며 내 마음 둘 곳을 찾아보는 "슬픈 構圖"에 빠져든다.

> 나와
> 하늘과
> 하늘아래 푸른산 뿐이로다
>
> 꽃한송이 피어낼 지구도 없고
> 새한마리 울어줄 지구도 없고
> 노루새끼 한마리 뛰어다닐 지구도 없다
>
> 나와
> 밤과
> 무수한 별 뿐이로다

밀리고 흐르는게 밤 뿐이요
흘러도 흘러도 검은밤 뿐이로다
내마음 둘곳은 어느밤 하늘 별이드뇨

-<슬픈 構圖> 전문

첫시집 ≪촛불≫에서 보여주던 이상향에의 갈구가 사라짐은 물론 비극적 현실이 냉정하게 그려져있다. '들장미 붉은 숲길'에서 '산새새끼 포르르 포르르' 날아가고 '멀리 노루새끼 마음 놓고 뛰어 다니는' 그 먼 나라는 없고, 꽃 한송이 피워내지 못하고 새 한 마리 울게 하지 못하고 노루새끼 한 마리 뛰어 다니지 못하게 하는 지구가 있다. 검은 밤만이 있다.

신석정은 <슬픈 構圖>를 쓰게 된 심정을 다음과 같이 술회했다.

"밤이 이대로 억만년이야 가겠느냐?"고 때로는 자위도 해 보았지만, 우리를 휘감고 있는 어둔 밤은 좀체 여명을 약속할 것 같지 않았다. 그러는 동안에 성급한 친구들은 조국을 버리고 멀리 떠나버리는가 하면 어떤 친구는 몸을 팔아버리기도 하고, 어떤 친구는 그 소중한 마음까지 팔아버리기도 하는 비극이 꼬리를 물고 일어났다. 천지를 바라봐야 몸 담을 곳이 없고, 꽃 한 송이, 새 한 마리 나를 달랠 수 있는 것도 아니었다. 다만 어둔 밤이 나를 에워쌀 따름이었다. 어제도 흐르던 검은 밤이 오늘도 흐르고, 다만 그 무서운 밤이 밀리고 흐를 뿐이었으니, 어쩌지 못하는 마음은 어느 밤 하늘 별에다 두어야 할 것이었던가?[53]

이처럼 <슬픈 구도>는 좌절과 절망을 노래하지 않을 수 없었던

---

53) 辛夕汀, "슬픈 구도", 「난초잎에 어둠이 내리면」, (지식산업사, 1974), pp.282~284

그 시대의 슬픈 구도를 단적으로 표현하고 있다. 이러한 치열한 현실 인식은 <밤을 지니고>에서는,

> 새해가 흘러와도 새해가 밀려가도
> 마음은 밤이란다
> 언제나 밤이란다
>
> 때가 이루는 이 작은 분수령을
> 넘어도 밤이어니
> 흘러도 밤이어니
>
> 막막한 이 밤이 막막한 이 한밤이
> 천년을 간다해도
> 만년을 간다해도
>
> 밤에서 살으련다 새벽이 올 때까지
> 심장처럼 지니고
> 검은밤을 지니고
>
> ―<밤을 지니고> 전문

와 같이, 검은 밤을 심장처럼 지니고 천년 만년을 밤에서 살겠다는 견고한 의지를 낳는다. <슬픈 구도>에서 적막하게 흐르는 검은 '밤'은 이제 내 '마음'까지 흘러들어와 '검은 밤을', '심장처럼 지니고' 살아야 할 시대 상황을 극명하게 표현하고 있다. 밤은 언제나 어둠을 동반하며 어둠은 혼돈과 미지와 죽음이라는 원형적 이미지를 지니고 있다. 이 '밤'은 시집 《슬픈 牧歌》에 흐르는 주된 시간대로, 당시의 시대적 상황을 암시해 준다. 신석정은 이 당시를

다음과 같이 회고하고 있다.

> 불행한 세대에 태어나서 불행한 속에서 불행한 청춘을 고스라니 장사지냈다. 그때 삼천리 강토는 송두리째 감옥이었고, 일제의 몇몇 앞잡이를 제외한 모든 겨레는 그대로 이 감옥에서 신음하는 복역수였던 것을 생각하면 새삼 가슴이 떨릴 뿐이다.54)

이처럼 당시의 현실은 삼천리 강토를 모두 감옥으로 만든 검은 밤이요, 깊은 밤이었다. 이런 현실적 상황에서 검은 밤을 심장처럼 지니고 새벽이 올 때까지 밤에서 살겠다는 단호한 의지는, 비극적 현실을 피하지 않고 감내하려는 忍苦의 자세이며, 다른 한편으론 새벽을 간절히 기다리는 역설적 표현이기도 하다.
　이렇게 밀리고 흐르는 춥고 어두운 밤은, 얼어붙은 심장 밑으로 흐르던 한줄기 가는 담류마저 멈추게 하고 고요한 하늘의 별도 얼어붙게 만든다.
　<고운 心臟>에서는

　　　　지치도록 고요한 하늘에 별도 얼어붙은
　　　　하늘이 무너지고
　　　　지구가 정지하고
　　　　푸른별이 모조리 떨어질지라도

　　　　그래도 서러울리 없다는 너는
　　　　오 너는 아직 고운심장을 지녔거니

---

54) 辛夕汀, "슬픈 구도", 「난초잎에 어둠이 내리면」, (지식산업사, 1974), p.282

밤이 이대로 억만년이야 갈리라구…
　　　　　　　　-<고운 心臟>에서

　　때로 치열한 현실 인식은, 하늘이 무너지고 지구가 정지하고 푸른 별이 모조리 떨어져 내리는 극한의 현실 앞에서도 서러울 리 없다고 하는 서러운 역설을 만들기도 하고, 고운 심장을 지녔으니 '밤이 이대로 억만년이야 갈리라고…'하는 확신을 가지면서도 쓸쓸하고 자조적인 희망의 탄식을 만들기도 한다. 이러한 확신은 절대 고립에 빠진 한 인간으로서의 의지의 표출인 동시에 시인으로서의 예언자적 자세이기도 하다. 이른 미래를 예견한다기 보다는 現在를 가능한한 유일한 방법으로 직시하는 데서 연유하게 된다. R.G 코울링우드는 예술가가 미래를 예언한다는 뜻에서가 아니라 독자들의 불쾌감에 저촉되는 한이 있더라도 독자들 자신의 心情의 秘密을 말한다는 뜻에서 예언을 하게 되는 것으로 풀이한 바 있다.[55] 이런 의미에서의 시인의 예언자적 자세를 찾아볼 수 있는 작품에 <房>이 있다.

　　세상에는 뒤집어졌었다는, 그리고 뒤집어지리라는 이야기는 모두 좁은 房에서 비롯했단다.
　　이마가 몹시 희고 秀麗한 청년은 큰뜻을 품고 祖國을 떠난 뒤
　　　아라사도 아니요 印度도 아니요 더구나 祖國은 아닌 어느 모지락스럽게 孤寂한 좁은 房에서 『그 전날 밤』을 새웠으리라.

　　그 뒤
　　세월은 무수한 검은 밤을 데불고

---

55) 허형석, "辛夕汀 硏究", (경희대 박사논문, 1988), p.92

무수한 房을 지내갔다.

함박눈이 펑펑 쏟아지는 어느 겨울ㅅ 밤
새로운 世代가 오리라는
새로운 世代가 오리라는
그 막막한 이야기는 바다같이 터져나올 듯한 戀情을 짓섭는 젊은 『인사로푸』들이
껴안은 질화로갓에서 冬柏꽃보다 붉게 피었다.

千年이 지내갔다.
좁은 房에서…
萬年이 지내갔다.
좁은 房에서…

             -<房> 전문

 이 시의 제목으로 채택된 '방'은 좁은 방으로 이 방은 당시 우리 모두가 갇혀 있는 답답한 현실의 방이다. 무수한 검은 밤이 상징하는 당시의 고통스러운 현실에서, 함박눈이 쏟아지는 겨울밤에 청년 혁명가로 대유되는 '젊은 인사로푸'56)들이 '좁은 방'에서 질화로를 껴안고 있다. 그 질화로갓에서 '새로운 세대가 오리라는' 기다림과 희망이 동백꽃보다 붉게 피어난다.
 이러한 시적 장치는, 시대적 압박감에 침잠되어가는 시인을 지탱해주는 확신과 의지를 극적으로 표출한 것이라 볼 수 있다. <抒情歌>에서 떨어지는 복사꽃을 소재로 등장시켜 당시의 상황을 서정적으로 그려내고 있다.

---

56) 뚜루게네프의 소설 「그 전날밤(Haka Hyhe)(1859)」에 나오는 불가리아의 청년 혁명가의 이름.

너와 나의 푸른봄도
강물로 강물로 흘렀거니
그지없이 강물로 흘러 갔거니

흰 복사꽃이 날린다기로서니
낙엽처럼 휘날린다 하기로서니
서러울리 없다 서러울리 없어…

너와 나는 봄도없는 흰 복사꽃이여
빗날같이 지다가 낙엽처럼 날려서
강물로 강물로 흘러가 버리는…

－<抒情歌>에서

 이 시에서는 복사꽃이 지는 것을 보고 눈물 짓지 말고 서러워도 하지 말라고 한다. 복사꽃의 봄은 꽃을 활짝 피운 뒤에 가고 있지만, 너와 나의 봄은 꽃도 없이 이미 역사의 '강물' 속으로 흘러가 버렸기 때문이다. 비극적인 현실 앞에서 우리에게 꽃이 피는 푸른 봄은 없으며, 우리는 봄이 없는 흰 복사꽃이다. 복사꽃 지듯 조용하게 그려낸 서정적인 표현 속에 시대에 고통받는 자아의 모습이 애잔하게 스며나와 당시의 상황을 충분히 유추하게 만들어 준다.

 "사람을 아끼고 사랑하는 정이야 말할 수 없이 많으셨던 분이 석정시인이기도 하다. 울안의 사람들이나 제자와 후배들에겐 말할 것도 없지만, 특히 당신이 살고 겪어온 바와 같은 '가난'과 '약한 층'에 대한 사랑이란 자못 큰 것이었다. 바로 당신이 그러한 처지로 돌아가, 같이 가슴앓이를 하고 뜨거운 눈물을 나누어 뿌리시기 일쑤였다."[57]

참담한 심정은 <山峽印象>에서는,

>   나는
>   짐승도 아니란다
>   나무도 아니란다
>   얇은 모시두루마기에 덮인채
>   백로처럼 날러볼수도 없고나
>   백화처럼 흔들릴수도 없고나
>
>   －<山峽印象>에서

푸른 오월의 생동하는 자연과 대조적인 자아의 모습을 쓸쓸하게 반추하고 있다.

<봄을 부르는 자는 누구냐>에서는

>   아침에도 나리꽃같이 흰 안개가 걷기전부터 사람들은 언덕길에서 만날때마다 푸른봄이 오리라는 즐거운 이야기를 했건만 헤어질때마다 전설같이 믿을수 없는 게 자신들의 슬픈이야기에 목메어 울었다.
>
>   그중 어떤 젊은 친구는 말하기를 봄은 지구에서 아주 자취를 감추었으리라고 단념을 하기도 하였다.
>
>   또 어떤 친구는 말하기를 봄은 어느 아득한 성좌로 멀리 떠나버렸다고도 하였다.
>
>   그러면서도 그들은 봄은 어느 성좌에서 다시 오지않나 하고

---
57) 최승범, "가슴에 떨어지는 落花소리", 「바람도 별도 잊을 수 없는 사람들, 서정주 편저」, (풀빛사, 1979. 5), p.253

모조리 전설같은 이야기를 부질없이 소근대기도 하였다. 그러나
아무리 옥같이 흰 백매가 핀다기로서니 이미 계절이 떠나간 이
빈 지구에 봄이 온다는 이야기를 믿을수야 있겠느냐고 제각기
만나는데로 심장을 앓었다.
　　　　　　　　－＜봄을 부르는 자는 누구냐＞에서

'푸른 계절을 잃어버린/이 몹쓸 지구에 서서/도시 봄을 부르는
자는 누구냐?'라고 반문한다. 이때의 '봄'은 계절이 순환되는 자연
질서상의 봄이 아니라 '새벽'이나 '아침'이 상징하는 것처럼 간절
한 자기 소망을 이룩하려는 원형적 이미지58)로서의 희망·탄생·
로만스를 내포하고 있는 개념이다. 그러므로 '봄을 부르는 자는 누
구냐?'라고 자조적으로 외치면서 '푸른 수레'를 타고 오는 '푸른 계
절'인 봄을 잃어버린 망국의 백성들의 아픈 이야기를 담고 있지만,
여기에는 '푸른 계절'이 상징하는 희망의 봄을 애타게 부르는 의지
가 역설적으로 그려져 있다.

　　　한사ㅎ고 태양을 딸아다니던 대낮도 인젠 싫다
　　　푸른 하늘까지도 단숨에 삼키는 거룩한 밤을 가졌노라
　　　한때 곤곤히 흐르던 난류(暖流)가 멈춘이후
　　　네 심장에는 나날이 잘아가는 한대식물이 무성하고나
　　　　　　　　　　　　　－＜寒帶植物＞에서

푸른 계절이 모두 가고 난류도 멈춘 차고 어두운 밤의 현실 앞
에서 네 심장에는 한대 식물이 무성히 자라난다고 말하고 있다. 현

---

58) Northrop Frye,「An atomy of Criticsm」, (New Jersey, Princeton Univ. 1963),
　　p.16

실의 토양에 맞는 한대 식물이 나날이 자라 무성한 심장에는, 이제 꿈의 세계에 묻혀 현실을 떠난 그 먼 나라로의 비상을 동경하는 것이 아니라 춥고 어두운 현실에 적응하면서 현실을 이겨내려는 인고의 정신이 깃들어 있다고 하겠다.

1940년의 세계전의 소용돌이라는 시대 배경에서 나온 <哀歌>(같이 슬퍼할 수 있는 K에게)에서는 '태풍이 지나'가고 '지구가 풍선처럼 몰려가'는 전쟁의 와중에 시적 자아는

너도 쓰러지고
나도 쓰러져야 하는날
인젠 태양도 별도 믿을수 없다.
차라리 어두운 밤에서
한백년 더 살아보리라.
   －<哀歌>에서

이 시는 혹독한 절망감 속에서 참담한 다짐을 하고 있다. 이 시에는-같이 슬퍼할 수 있는 K에게-라는 부제가 붙어 있는데, 이것으로 보아 그 당시의 상황이 같이 슬퍼할 수 있는 사람조차 얼마 남아 있지 않은 극한적 현실임을 절감하게 한다.

② 못다 부른 목가

앞에서 살펴보았듯이 비극적 상황에 대한 치열한 현실 인식은 전원의 신비로운 세계에 안주하지 않고 빼앗긴 슬픈 현실로 돌아와 깊고 짙은 '밤'의 '슬픈 구도'와 만나게 된다. 이러한 현실 인식은 잃어버린 자연을 그리워하게 되며, 따라서 현실의 상황과 관련된 자연의 형상을 제시하게 된다. 자연은 이제 멀리 이상향에 머무

는 자연이 아니라 구체적인 모습을 띠고 나에게 밀착해오는 자연이 된다. 이처럼 나와 가까이 있는 자연을 통하여 시적 자아는 정신적 가치와 삶의 실천적 자세를 확립하게 된다. 즉 자연을 통하여 비극적 현실을 극복하는 생활을 배우게 된다.

신석정에게 있어서 자연친화의 정서와 자연회귀에의 사상은, 객관적인 현실 인식으로 인해 자연의 모습을 더욱 의연하게 표출시키게 되었는지도 모른다. <山水圖>에는 당시의 시대 상황과 너무나 대조적인 자연의 모습이 그려져 있다.

숲길 짙어 이끼 푸르고
나무 사이사이 강물이 희여…

햇볕 어린 가지끝에 산ㅅ새 쉬고
흰 구름 한가히 하늘을 거닌다.

산가마귀 소리 골작에 잦인데
등넘어 바람이 넘어 닥쳐와…

굽어든 숲길을 돌아서 돌아서
시냇물 여음이 옥인듯 맑어라

푸른산 푸른산이 천년만 가리
강물이 흘러흘러 만년만 가리

-<山水圖> 전문

이 시에는 -山水는 오롯이 한폭의 그림이냐-라는 부제가 붙어 있다. 그만큼 아름다움 자연의 풍경을 꾸밈없이 그려내고 있다.

'푸른산 푸른산이 천년만 가리/강물이 흘러 흘러 만년만 가리'라는 댓구에서 자연의 아름다움과 영원성이 강조되면서 더불어 어둡고 참혹한 현실의 무상함이 느껴지기도 한다.

<山水圓>에서 푸른 산의 아름다움과 영원한 생명을 객관적으로 그려내고 있다면 <靑山白雲圓>에서는 이러한 푸른 산과 하나가 되고자 하는 자아의 자연친화적인 삶을 그리고 있다.

　　　이 투박한 대지에 발은 붙였어도
　　　흰 구름 이는 머리는 항상 하늘을 향하고 사는산
　　　언제나 숭고할수 있는 푸른산이
　　　그 푸른산이 오늘은 무척 부러워

　　　하늘과 땅이 비롯하던날 그 아득한날 밤부터
　　　저 산맥위로는 푸른별이 넘나 들었고

　　　골작에는 양떼처럼 흰구름이 몰려오고 가고
　　　때로는 늙은산 수려한 이마를 쓰다듬거니

　　　고산식물들을 품에 안고 길러낸다는 너그러운산
　　　정초한 꽃그늘에 자고 또 이는 구름과 구름

　　　내 몸이 가벼히 흰구름이 되는날은
　　　강넘어 저 푸른산 이마를 어루만지리…
　　　　　　　　　　　　　　-<靑山白雲圓> 전문

이 시의 중심소재가 된 산은 투박한 대지에 발을 붙이고 머리 위에는 흰구름이 이는 하늘을 향하고 있는 푸른 산이다. 이 산은 푸른 빛으로 형상화되어 있고 하늘을 향하고 있다는 점에서 희망과 초월성을 지향하고 있는 산이다. 더불어 이 산은 오랜 세월을 거치면서 그 품에 고산식물을 길러내고 꽃과 구름을 품어주는 너그럽고 안온한 산이다. 현실을 부정한 공간에 설정된 이상향의 먼 산이 아니라, 구체적인 모습으로 나에게 밀착해오는 산이다. 자아는 이제 이상향을 동경하는 것 대신에 산처럼 너그러우면서도 변함이 없는 삶의 자세를 갖기를 원한다.

　석정시인이 홀로 계실 때는 집안의 정원을 가꾸시는 일과 붓글씨를 쓰시는 일을 즐겨하셨다.
　누군가는 이 분을 '식물시인'이라고 했지만, 실로 석정시인은 식물이나 조류 등에 관한 관찰이나 배양엔 취미 이상의 남다른 것이 있으셨다. 서가를 보아도 잘 모르는 사람은 얼핏 시인·문학인의 장서라기 보다는 식물학자나 동물·조류학자의 장서로 보리만치 이 방면의 책들이 많이 꽂혔었다.
　석정시인은 집안의 40평 남짓한 정원을 철따라 언제나 손수 손질을 하셨다. 이 정원에 심어 놓으신 나무만도 시누대, 신나무, 수수꽃다리, 태산목, 꽝꽝나무, 북가시나무, 칠엽수, 백목련, 독일가문비, 이팝나무, 석류나무, 치자, 뽀뽀나무, 동백, 호랑가시, 낙우송, 산수유, 국로, 감나무, 모란, 청매, 벽도, 은행나무, 후박, 철쭉, 막태기나무, 개나리, 서향, 파리똥나무, 죽도화 등 30 여종에 장미도 10 여종이나 되었다.
　이러한 나무들 사이사이엔 수선화, 백합, 국화, 파초 등 숙근초식물(宿根草植物)이 자리잡고 있었으며, 또한 콘크리트 항아리에는 백련을 묻어 놓기도 하셨다. 규모는 작지만 어느 임업시험장이나 식물원같은 인상이다."[59]

---

59) 최승범, "가슴에 떨어지는 落花소리",「바람도 별도 잊을 수 없는 사람들」, (풀빛사, 1979.5), pp.254~255

이러한 삶의 자세는 자연히 먼 것에 대한 동경보다는 근접해 있는 사물에 대한 관심이나 미래의 실천적 행위를 중시하게 된다.60)
  이처럼 구체적인 모습으로 나에게 밀착되어 있으면서 그 상징성을 통해 삶의 자세를 배우게 되는 산을 형상화한 시에 <들ㅅ 길에 서서>가 있다.

    푸른 산이 흰 구름을 지니고 살듯
    내 머리우에는 항상 푸른 하늘이 있다.

    하늘을 향하고 산림처럼 두팔을 들어낼수 있는 것이 얼마나
    숭고한 일이냐

    두다리는 비록 연약하지만 젊은 산맥으로 삼고
    부절히 움즉인다는 둥근 지구를 밟었거니…

    푸른 산처럼 든든하게 지구를 드디고 사는것은 얼마나 기쁜
    일이냐

    뼈에 저리도록 『생활』은 슬퍼도 좋다
    저문 들길에 서서 푸른 별을 바라보자…

    푸른 별을 바라보는것은 하늘아래 사는 거룩한 나의 일과이거
    니…
                       -<들ㅅ 길에 서서> 전문

---

60) 이숭원, "한국근대시의 자연표상연구", (서울대 박사학위 논문, 1986), p.91

IV. 夕汀의 詩世界 167

　시적 자아는 지금 뼈에 저리도록 힘든 하루의 '생활'을 마치고 푸른 들길에 서 있다. 눈 앞에는 푸른 산이 흰 구름을 머리에 이고 든든하게 지구를 디디고 서 있다. 이 때의 푸른 산은 목가가 울려오는 전원에 해당되는 산, 관념속의 산, 비유로 이끌어낸데 불과한 산이 아니다. 내 앞에 바로 보이는 산, 젊은 산맥과 울창한 산림으로 이루어진 지구(땅) 위에 든든히 서있는 푸른 산이다. 이 산은 울창한 산림으로 두 팔을 삼아 흰구름을 지니며 하늘을 향해 있고, 젊은 산맥으로 두다리를 삼아 든든하게 지구를 디디고 사는 산이다. 아무도 살지 않는 그 먼 나라에 설정된 산이 아니고 시인과 마주 보는 가까운 현실의 산이다. 시적 자아는 이 푸른 산처럼 두 팔을 이상을 향해 들어내고, 두 다리로 지구를 밟고 든든하게 땅위에 자립하여 서서, 푸른 하늘에 있는 푸른 별을 바라본다. 이렇게 푸른 산처럼 푸른 별을 바라보는 것은 뼈에 저리도록 슬픈 생활에 젖은 자아의 초월에의 의지이며, 자아가 지향하는 삶의 자세이다.
　이와 같은 삶의 자세는 <슬픈 傳說을 지니고>에서도 나타난다.

　　　　나무 새이로
　　　　가지 새이로
　　　　잎 새이로
　　　　엽맥이 들어나게 해볕이 흘러들고
　　　　젊은 산맥 멀리 푸른 하늘이 넘어갑니다

　　　　어머니
　　　　한때는 하늘을 잃어버리고
　　　　한때는 해볕을 잃어버리고
　　　　슬픈 전설을 가슴에 지닌채

죄없는 짐승처럼 살아왔지만…
죄없는 짐승처럼 살아왔지만…

하늘이 너무 푸르지 않습니까?
햇볕이 너무 빛나지 않습니까?
어머니
아예 슬픈 전설을 빚어내지 마십시오
너그러운 햇볕을 안고
저 푸른 하늘을 우러러
무성한 나무처럼 세차게 서서
무성한 나무처럼 세차게 서서
슬픈 전설은 심장에 지니고
정정한 나무처럼 살아가오리다
　　　　　　　　-<슬픈 傳說을 지니고> 전문

　위의 시에서의 시적 자아는 ≪촛불≫에서 어머니를 부르고 그 먼 나라로 날아가고자 하던 자아가 아니다. 한때는 하늘을 잃어버리고 죄없는 짐승처럼 살아왔지만 이제는 너그러움과 희망을 가지고 무성한 나무처럼 강인한 의지를 가지고 살아가겠노라고 어머니에게 다짐하는 뚜렷한 주관을 가진 자아이다. 흘러드는 햇볕에 드러나 엽맥과 푸른 하늘을 넘어가는 젊은 산맥이 환기시키는 생동감 속에서 푸른 하늘을 우러르고 정정한 나무처럼 살아가리라는 강한 의지를 표출하고 있다. <들ㅅ길에 서서>와 <청산백운도>에서 표상된 산처럼, 여기서도 시적 자아는 두 다리로 든든히 땅을 딛고 서서 정정한 나무처럼 살고자 한다. 슬픈 전설을 심장에 지니고 있으면서도 좌절하거나 절망하지 않는다. 현실을 피하거나 거부하지 않고 비극적 현실을 극복하기 위해 시적 자아는 푸른 산, 무성한 나무의 이미지를 차용해서 굳은 의지와 푸른 생명력을 표상하며, 그것의 근거를 땅(대지)에 굳건히 뿌리내린 현실 안식에 둔다. 그리하여 산과 나무가 지향하는 바 푸른 하늘과 푸른 별을 설정함으로써, 현실적인 삶의 자세와 아울러 초월이나 희망에의 지향을 암시한다.

 밤과 어둠이 상징하는 비극적 현실에 대한 객관적인 인식은, 땅과 하늘 그 사이에 존재한 산이나 남의 삼자관계를 설정하여, 자립·의지·초월 등의 지향을 통해 비극적 현실을 극복하고자 한다.

 이러한 현실은<차라리 한그루 푸른 대로>와 <대숲에 서서>의 시편에서는 '푸른 대'의 상징을 통해서 나타난다.

　　란아
　　태양의 푸른 분수가 숨막히게 쏟아지는
　　하늘 아래로만 하늘 아래로만
　　흰 나리꽃이 핀 숫하게 핀 굽어진 길이 놓여있다.
　　너도 어서 그 길로 돌아오라 흰 나비처럼 곱게 돌아오라
　　엽맥이 들어나게 찬란한 이 대숲을 향하고…

　　하늘 아래 새로 비롯한 슬픈 이야기가 대숲에 있고
　　또 먼 세월이 가져올 즐거운 이야기가 대숲에 있고
　　꿀벌처럼 이 이야기들을 물어 날르고 또 물어 내는
　　바람이 있고 태양의 분수가 있는 대숲
　　대숲이 좋지 않으냐

　　란아
　　푸른 대가 무성한 이 언덕에 앉아서
　　너는 노래를 불러도 좋고 새같이 지즐대도 좋다.

지치도록 말이없는 이 오랜날을 지니고
벙어리처럼 목놓아 울수도 없는 너의 아버지 나는
차라리 한그루 푸른 대(竹)로
내 심장을 삼으리라
　　　　　　　　　　　-<차라리 한그루 푸른 대로>에서

　이 시는 1940년 『文章』지에 기고했다가 일제의 검열불통과로 되돌려 받은 작품이라 한다. 그 당시 이 작품이 검열에 통과하지 못한 까닭은 잃은 나라를 상기시켜 주는 '조선의 하늘' 때문이며 나아가 '슬픈 노래', '슬픈 이야기'로 연결되는 암울성, '목놓아 울 수도 없는' 비참한 현실인식 때문이었던 것으로 보고 있다.[61] 해방후 간행된 ≪슬픈 牧歌≫에 재수록된 이 작품은 (그 어느)와 (이리도)를 삭제하고 한글표기와 行의 재배열등 약간의 수정이 가해졌다고 한다. 이 시 속의 '란'이가 엽맥이 드러나게 찬란한 대숲을 향해 돌아와 노래를 부르거나 새같이 지즐대도 좋은 순수하고 생명 넘치고 신념에 차 있는, 마땅히 있어야 할 당위성의 세계에 존재하는 대상이라면, 시적 자아는 오랜 어둠의 날 속에서 벙어리처럼 목놓아 울 수도 없는 아버지인 기성세대로 대비된다. 비극적 현실의 상황이 새로 비롯되는 내일이 있겠지만 그러나 먼 세월 후의 즐거운 이야기를 굳게 믿고 있다. 이러한 확신은 '꿀벌처럼 이야기를 물어나르고 물어내는'데서 구체성을 얻게 된다. '란'이로 표상되는 이러한 즐거운 날들을 위해 시적 자아는 절개의 푸른 대로 심장을 삼겠다는 굳은 의지를 보이고 있다. 절개의 표상인 대나무를 심장에 심은 시적 자아는 비극적 현실을 극복하려는 처절한 삶의

---

61) 허소라, "신석정론", 「한국 현대작가 연구」, (유림사, 1983), p.67

모습을 상징적으로 제시한다. 이러한 삶의 자세는 <대숲에 서서>에서도 엿보인다.

　　대숲으로 간다.
　　대숲으로 간다.
　　한사ㅎ고 성근 대숲으로 간다

　　자욱한 밤안개에 버레소리 젖어흐르고
　　버레소리에 푸른 달빛이 배여 흐르고

　　대숲이 좋드라
　　성그러 좋드라
　　한사ㅎ고 서러워 대숲은 좋드라

　　꽃가루 날리듯 홍건히 드는 달빛에
　　기척 없이 서서 나도 대같이 살거나
　　　　　　　　　　　－<대숲에 서서> 전문

　대가 상징하는 절개와 지조를 암담한 현실을 극복하려는 의식의 내면에 간직하고 있다. 이러한 삶의 자세는 '달빛에 기척 없이 서서'가 암시하듯 소란스럽지 않고 조용하기 이를데 없지만 그러나 '나도 대같이 살거나'에서 보여주듯 대처럼 굽히지 않는 강인한 의지를 더욱 부각시켜 준다.
　이러한 절개의 표상인 대나무는 한국 현대사에 있어 오직 신석정에게만 독보적으로 존재하며, 신석정 시에 대나무가 나오는 배경을 신석정만이 고향에 뿌리를 박았기 때문으로 보고 있다. 때문에 신석정은 "한국근대시사에서 단 하나의 뿌리의 시인"[62]으로 불려진다.
 그러면 시란, 일부 고답이니 순수니 하는 사람들이 말하듯이 '이 것들과는 하등 관계가 없는가'할 때 그것은 아니다. 왜? 윤리·도덕·철학·종교 내지 정치·경제라는 배양토에 깊이 뿌리박고 발아·성장해야 좋은 개화와 결실을 약속할 수 있는 식물-草本이건 木本이건-임에 틀림없는 까닭이다. 그렇기에 이 배양토는 한가하고 비옥해야 된다는 것은 일찍이 문화사가 증명해준 것이며, 일제가 우리 민족의 성격을 유지하고 있는 우리 문학 예술을 말살하기 전에, 먼저 우리 국어 사용을 금지한 것은 일거양득의 가장 악한 정책으로써 국어 말살에서 우리 문학의 자연 소멸을 꾀했던 것이다. 언제나 그 민족과 더불어 운명을 같이 하는 것이 언어이기 때문에, 한 언어의 성장 과정은 그대로 그 민족의 역사일 것이며, 그 언어가 제 민족을 떠난다는 것은 언어의 상실에만 그치는 것이 아니라, 그 민족 자체가 다른 어족에 동화된다는 것은 더 말할 나위도 없을 것이다.
 그러므로 위에서 말한 배양토가 확보되지 않는 한, 우리 독특한 사상과 감정을 무엇으로써 정할 수 있겠는가. 꾀꼬리에게 까마귀의 노래를 강요하는 것이나 다름없을 것이다. 한때 우리 시단의 모더니스트 片石村이 그가 청춘시절에 우리들의 시를 청중없는 음악회라고 흔히 써오던 것을 나는 기억한다.
 그것이 20여년 전 일인데, 이제도 역시 우리들의 시는 청중없는 음악회의 꼴을 벗어나지 못하고 있는 것을 어찌하는가? 아직도 시는 우리들의 생활 필수품 목록의 한 자리를 차지하기에는 요원한

---

62) 김윤식, "댓이파리, 바람소리, 슬픈 초승달의 표상 - 신석정론", 「詩文學」 97호, (1979. 8), p.124

시일이 필요하다고 본다. 인간 생활에 있어 의식주와 자동차와 일상 생활 필수품도 필요하지만, 인간의 아름다운 의식의 내용과 형식에서 빚어나오는 표현인 시 예술도 필요한 것이다.

≪촛불≫의 '난초'가 보여주는 '얌전하게 뽑아올린 갸륵한 잎새', '건드러지게 처진 청수한 잎새'에서 곧고 강한 대나무로의 시정신의 변모가 드러난다. 첫시집 ≪촛불≫에 실린 <난초>와 비교해보자.

> 난초는
> 얌전하게 뽑아올린듯 갸륵한 잎새가 어여쁘다
>
> 난초는
> 건드러지게 처진 청수한 잎새가 더 어여쁘다
>
> 난초는
> 바위틈에서 자랐는지 그윽한 돌냄새가 난다
>
> 난초는
> 산에서 살든 놈이라 아모래도 산냄새가 난다
>
> 난초는
> 예운림(猊雲林)보다도 고결한 성품을 지니었다
>
> 난초는
> 도연명(陶淵明)보다도 청담한 풍모를 갖추었다
>
> 그러기에
> 사철 난초를 보고 살고싶다

그러기에
　　　사철 난초와 같이 살고싶다
　　　　　　　　　　　　　－<蘭草> 전문

　난초의 완만한 곡선의 잎새가 주는 이미지와 대의 곧은 직선이 주는 이미지가 실로 대조적이다. 신석정의 객관적인 현실의 바라봄과 치열한 현실인식이 그로 하여금 '난초'에서 '대'로의 시정신의 전환을 가져오게 하였을 것이다. 여기에서 비교해서 살펴볼 <水仙花>를 보자

　　　수선화는
　　　어린 연잎처럼 오므라진 흰 수반에 있다

　　　수선화는
　　　암닭 모양하고 흰 수반이 안고 있다.

　　　수선화는
　　　솜병아리 주둥이같이 연약한 움이 자라난다

　　　수선화는
　　　아직 햇볕과 은하수를 구경한적이 없다

　　　수선화는
　　　돌과 물에서 자라도 그렇게 냉정한 식물이 아니다

　　　수선화는
　　　그러기에 파아란 혀끝으로 봄을 핥으랴고 애쓴다.
　　　　　　　　　　　　　－<水仙花> 전문

≪촛불≫에 실린 '난초'와 비교해 볼 때 이 시에서도 역시 '난초'의 경우처럼 '수선화'는 관찰의 대상이 되고 있으며, 시를 구성하고 있는 형식도 2행을 1연으로 하고 각 연마다 '난초잎은', '수선화는'으로 시작하는 등의 많은 유사성을 지니고 있다 그러나 '난초'가 대상의 관찰에 머문 반면에 '수선화'에서 움이 자라고, 마침내 파아란 혀끝으로 계절을 핥으려 애쓰는 것의 관찰은 남의 것이 아니라, 시인 자신의 애쓰는 모습이기도 한 것이어서 단순한 관찰의 세계가 아닌 것이다.63) 수선화를 통해 파아란 혀 끝으로 봄을 핥으려고 애쓰는 모습을 표현한 것은, 당시의 음울한 상황에서 그 고통을 참고 현실을 극복하려는 자아의 의지를 나타냈다고 볼 수 있다. 참담한 현실의 중압감이, 여리디 여린 수선화의 뾰족한 움을 통해서라도 작지만 푸른 희망을 기대해보고 현실 극복의 의지를 지닐 수 있게 만들었다고 생각할 수 있다.

<5월이 돌아오면>에서도 이러한 자아의 내면을 표현하고 있다.

오월이 돌아오면
내게서는 제법 식물내음새가 난다.

그대로 흙에다 내버리면
푸른 싹이 사지에서 금시 돋을법도 하고나

오월이 돌아오면
제발 식물성으로 변질을 하여라

---

63) 김윤식, "댓이파리, 바람소리, 슬픈 초승달의 표상",「詩文學」, (1987. 8), p.116

아무리 그늘이 음산하여도
모가지서 부터 푸른싹이 밝은 방향으로 해볕을 찾으리라

오월이 돌아오면
혈맥은 그대로 푸른 엽맥(葉脈)이 되어라

심장에는 홍근한 엽록소(葉綠素)를 지니고
하늘을 우러러 한그루 푸른 나무로 하고 살자
  　　　　　　　　　　　　－〈5월이 돌아오면〉 전문

 위의 시에서는 현실이 아무리 음산한 그늘을 드리워도 자연의 순리에 따라 햇볕이 눈부신 5월이 돌아오게 되어 있으니, 그때 푸른 싹이 돋아나듯 우리도 한그루 푸른 나무로 살아나고자 하는 시적 자아의 신념과 희망을 표현하고 있다. 이때에도 '푸른 나무'가 '하늘을 우러러' 서고자 하는 의지를 통해, 비극적인 현실을 인식하고 그것의 극복을 향한 삶의 자세를 상징적으로 나타낸 것이다.
 한그루 푸른 나무로 살아가고자 하는 시적 자아의 이러한 신념과 희망은 〈少年을 爲한 牧歌〉를 부르게 한다.

한때
우리 양들을 노리던 승냥이떼도 가고
시방 우리 목장과 산과 하늘은
태고보다 곱고 조용하고나

소년아
너는 백마를 타고

나는 구름같이 흰 양떼를 데불고
이 언덕길에 서서 웃으며 이야기하며 이야기하며 웃으며
황막한 그 우리 목장을 찾어
다시오는 봄을 기다리자

-<少年을 위한 牧歌>에서

   이 시에 등장하는 소년은 밝은 미래 세계의 목자이다. 순진무구의 표상인 소년은, 백마를 타고 흰 양떼를 몰고서 황막한 목장을 찾아오는 봄을 기다리는 우리 후손들이며 동시에 미래의 우리들 자신이기도 하다. 여기에서 시적 자아는 소년에 대한 自意識의 소유자인 동시에 父意識의 소유자로서 조국의 밝은 미래를 확신하고 소년을 위한 목가를 부른다. 다음 세대들에 대한 이러한 희망과 기대는 <꽃길을 찾어>가게 한다.

나리꽃 핀 새이로
월견초 핀 새이로
선아
너도 인젠 돌아 다니는 재주를 배워냈고나

홍근히 향기가 하늘처럼 벅차도 아무리 벅차도
향기에는 제발 우리 숨 막히지 말자

꽃가루가 무침ㅎ고
네 어깨에
네 머리칼에
소복이 쌓였고나

너도 기엎고 한 마리 흰 나비가 되어

오늘은 어여쁘디 어여쁜 나비가 되어
선아
나리꽃 새잇길로 푸른 하늘 아래로
다시 우리는 두날개 가즈런히 펴고
꽃길을 찾어 날아가야 하리라

-〈꽃길을 찾어〉에서

 여기에서 나오는 선이는 순진무구한 어린 세대로 이제 꽃 사이를 돌아다닐만큼 자랐다. 시적 자아는 이러한 어린 선이에게 꽃 향기에 절대 숨막히지 말고 기여코 한 마리 흰 나비가 되어 두 날개를 펴고 푸른 하늘 아래 꽃길을 찾아 날아가라고 당부한다. 이 때 꽃향기는 긍정적인 의미의 향기가 아니라 우리를 취하게 만드는 일종의 부정적인 의미를 담고 있는 것으로, 이 꽃가루가 사랑하는 어린 세대의 어깨와 가슴과 머리칼에 쌓여있는 현실의 비참함을 표현했다. 그러므로 '선'이에게 기어코 예쁜 흰 나비가 되어 희망의 꽃길을 찾아 날아갈 것을 기대하고 있다. '다시 우리는 두 날개 가즈런히 펴고'에서, 우리가 본래적으로 지니고 있던 자유와 의지를 회복하려는 마음을 읽을 수 있다.
 당시의 무참한 현실에서 '나비'와 '꽃길'을 노래하는 시인의 내면을, 만해 한용운의 〈알 수 없어요〉의 시세계를 해설하는 신석정의 글에서 읽어볼 수 있다.

 그것이 어디에 바탕을 두었든, 민족주의를 기조로 한 우리 신문학(新文學)의 출발은 일제의 압박 속에서 발아하였고 그 속에서 성장하였던 것이다. 신문학 60년의 역사 중 거의 반 이상을 차지하는 36년간을 질곡과 암흑 속에서 허덕였으니 제대로 성장

개화했을 리 만무하다. 그 야만적인 일제의 탄압 밑에서 우리 언어를 사수한 것만으로도 우리 나라 시인이 세운 공은 지고(至高)한 것이었다. 그 당시 쓰여진 모든 시인의 작품은 거의 비탄과 절망, 울분과 강개의 테두리를 벗어나지 못했으니, 그것은 모두 일제의 피압박 식민지적인 탄압 아래서 참을 수 없는 반발의식이 바탕이었던 것만은 사실이다. 오로지 반항의식에서 파생된 애국 애족의 절규에서 나오는 서정(抒情)이었다. <알 수 없어요>를 읽어 내려가면 너무나 잘 알고 있어 작자의 반어(反語)라는 것을 쉽사리 알 수 있다. "…입니까"로 시작된 설의법은 차라리 "…입니다."의 결정사에 불과하다고 볼 수 있는 것이다.[64]

비극적인 시대 상황에서 만들어진 ≪슬픈 牧歌≫를 일러 "일제 말기의 우리 문학인, 그리고 우리 겨레 모두의 생활이 얼마나 비참하였으며, 그것을 견디고 일어나려는 인고와 재생의 열의가 얼마나 강인했는가를 보여주는 시집이다. 서정성이 빈약하기 때문에 재생의 의지만이 앙상한 뼈대로 드러나기는 했지만, 일제에 대해서 저항한 대표적인 피의 기록이다."[65]라는 평가도 신석정 자신의 글과 맥락을 같이하고 있다.

<黑石고개로 보내는 詩>에는 '해와 하늘빛이 서럽'기만 했던 당시의 고통스러운 상황에 대한 시인의 저항적인 몸부림의 뒤척임을 살펴볼 수 있다.

    정주여

---

64) 辛夕汀, "시인으로서의 만해", 「난초잎에 어둠이 내리면」, (지식산업사, 1974)
65) 정태용, "신석정론", 「현대문학」 통권 147호, (1967. 3), p.267

>   나 또한 흰복사꽃 지듯 곱게 죽어갈수도 없거늘
>   이 어둔 하늘을 무릅쓴채
>   너와 가치 살으리라
>   나 또한 징글 징글하게 살어보리라
>
>   -<黑石 고개로 보내는 詩>에서

　비극적인 현실 앞에서 피해가지 않고 어둠을 극복하려는 시적 자아의 의지가 소름끼치도록 강하게 표상되어 있다.
　'악몽같으면서도 뼈에 저리도록 망각할 수 없는' 《슬픈 牧歌》 시절은 해방과 더불어 끝난다. 《슬픈 목가》의 후기66)에서 신석정의 다음 시를 예고할 수 있는 대목이 있다.

> 　벗이여
> 　어머니의 품에로 돌아가는 길이 다시 열리던 一九四五年 八月 一五日, 나는 목놓아 울었읍니다.
> 　거기서 오래오래 지니고 살아오던 나의 슬픔과 더부러 青春은 고소란히 門을 닫혔기 때문이였읍니다.
> 　"인젠 어디로 가겠느냐?"고요. 성한 피가 내 血管을 도는 限, "새벽"과 "아침"과 대담한 "대낮"을 찾어 끝끝내 한송이 해바라기로 다시 피어보리다.
> 　그것은 어느 가난한 마을 울 옆이래도 좋고 나지막한 山기슭이라도 좋겠읍니다.
>
> 　　　　　　　　　　　　一九四六年 四月 二日 밤
> 　　　　　　　　　　　　青丘園에서 著者

---

66) 《슬픈 牧歌》(1947)의 초판본은 부안 시골의 인쇄소에서 300부가 한정판으로 인쇄되어 구하기가 힘들다고 한다. 중판본에서 "나의 몇몇 詩友에게"라는 후기가 삭제되어 있기 때문이다. 본 논문에서는 허형석의 "신석정 연구"(경희대 박사논문, 1988)의 pp.95~96

한편, ≪슬픈 목가≫ 후반부에 실린 특정인에게 주는 9편의 獻詩는, 고난의 시대를 함께 사는 이웃들에게 바쳐진 시로 현실의 짙은 어둠을 함께 나누고자 하는 인간애를 담고 있다. 이러한 시정신은 신석정의 제3시집 ≪빙하≫에서 현실 사회의 넓은 공간으로 확장되어, 삭막한 현실의 모습과 이러한 현실에서 인간애를 추구하는 시적 자아의 모습으로 표상되어진다.

2. 中期 - 現實과 歷史意識 時代

1) ≪氷河≫

① 理念속에 몸부림치는 自我

1956년에 간행된 제3시집 ≪氷河≫는 해방 이후 6·25를 거쳐 1956년까지 쓰여진 작품들로 '正音社'에서 발행했으며 모두 64편의 시가 수록되어 있다.[67]

---

67) 詩集 ≪氷河≫에 수록된 시는 다음과 같다.
    <三代>, <꽃덤풀>, <비의 抒情詩>, <흰 石膏像>, <너를 두고>, <春秋>, <哀詞三章>, <濟州道>, <슬픈 평행선>, <望鄕의 노래>, <歸鄕詩抄>, <港口에서>, <抒情歌>, <다시 濟州道>, <늙은 비둘기>, <小曲>, <生存>, <邵陽江三章>, 1.사향의 밤, 2.입추(2.立秋), 3.강원도 드메 <菊軒님께>, <素空님께>, <胡民님께>, <小汀님께>, <一林이와 蘭이에게>, <영이에게>, <金山寺>, <續邵陽江斷章>, <戰線의 가을에 부쳐>, <秋夕>, <이야기>, <抒情小曲>, <發音>, <山山 山>, <篁>, <바다에게 주는 시>, <小曲六章>, 1.팽이, 2.생각하는 갈대, 3.計算, 4.Thorean의 散步路, 5.Tagore, 6.自然과 Russeau <幼年時代>, <코스모스>, <旅程>, <짐승>, <餘白>, <氷河>, <小曲>, <立秋>, <對話>, <隕石처럼>, <白木蓮을 꺾던 밤>, <NOSTALGIA>, <胡蝶賦>,

해방과 더불어 우리 민족에게 주어진 분단의 비극적 현실은, 문학사적 의미에 있어서는 새로운 민족문학의 수립이라는 진로를 모색[68]하게 했다. 뒤이어 밀려오는 6·25의 거센 탁류는 민족상잔의 비극을 낳았으며 전쟁의 소용돌이에서 문학은 시대의 갈등과 고뇌를 수용하고 승화시키는 과제를 안게 되었다. 이러한 문학적 과제 앞에서 신석정은 새로운 자기 세계를 찾아야 했기에, 현실 사회의 넓은 공간으로 시적 자장을 확대시켜 나갔다.

이 시기는 夕汀詩의 中期에 해당되는 시기로 現實과 歷史意識時代하고 할 수 있으며 시집 《氷河》의 세계를 '理念속에 몸부림 치는 自我'와 '빙하시대의 抒情'의 두 세계로 나누어 고찰해 보고자 한다.

시집 《氷河》의 시세계가 이룩된 점을 찬양하는 글은 《氷河》의 跋文을 쓴 "白陽村"의 글[69]에서 역력히 볼수 있다.

「그리운 벗! 악착같이 밀려오는 생활의 거센 노도가운데서도 毅然히 詩筆을 들고 계시는 그 존엄 앞에(좀 어색한 표현입니다마는) 우리는 未久에 氷河속에 까지도 흘러올 暖流를 의식하는 기쁨이 있읍니다. 이 《氷河》속에 담겨진 百篇 가까운 詩는 六·二五를 전후하여 최근까지의 것으로 거기 떠도는 夕汀님의 체온과 강렬히 풍기는 체취는 그대로 새로운 세계를 약속하는 鮮血이 임리한 님의 血書가 아닐 수 없고, 또한 높이 솟아오른 分身

<스켓취>, <校庭風景>, <教務室風景>, <나무들도>, <어린 양을 데불고>, <심장이 없는 세계>, <待春賦>, <나무 등걸에 앉아서>, <抒情小曲>, <오는 土曜日>, <靑山別曲>, <노을 속에 서서>, <피가 도는 돌이 되어>, <동녘굴의 詩 五章>, <역사>, <跋> (이상 총 64편)
68) 신용협, "민중문학 수립의 모색기", 『한국 현대문학사』, 「현대문학」, (1989), p.204
69) 白陽村, (본명은 辛 槿 : 시인), 《氷河》, (정음사, 1956), p.142

일 것입니다.」

위 글에서 6·25를 전후하여 떠도는 夕汀님의 체온과 체취는 그대로 새로운 세계를 약속하는 님의 혈서라고 말했듯이 시집 ≪氷河≫는 그대로 새로운 꽃덤불의 세계가 전개된 것이라고 할 수 있다.
그는 해방공간의 혼란 속에서 일제 35년간의 식민사를 <三代>로 詩化시켰다.

> 벼슬을 잃으신 할아버지는
> 벼슬과 나라를 고스란히 단념하면서
> 술과 친구와 글에 묻히어
> 말성 많은 세월을 잊은듯이 보내시더니…
>
> 나라를 잃으신 아버지는
> 육친도 벗도 고향도 단념하면서
> 어무찬 설움에 큰뜻을 세우시고
> 밤길로 밤길로 국경을 넘어가시더니…
>
> 에미도 애비도 잃어버린 자식은
> 한때 제 몸까지도 단념하면서
> 갈라진 하늘을 목메이게 호흡하더니
> 모조리 단념하기를 서로 맹세도 하였더니라
> (1945. 11. 10 밤)
>
> -<三代> 전문

이 시는 나라를 빼앗겼던 아픔을 할아버지, 아버지, 아들의 三代

로 엮어 점층적으로 전개한다. 신석정은 여기서 일제 식민치하를 살아온 민족의 비애를 '단념의 철학'으로 규정짓고 있다. 벼슬을 잃은 할아버지의 조국에 대한 단념, 나라를 잃은 아버지의 혈육과 고향에 대한 단념, 부모 잃은 자식의 자신에 대한 단념이라는 3대에 걸친 비극적인 삶의 양상을 나타내 보여준다. 정지용이나 김기림이 해방공간에서 즉각 시를 쓰지 못했다는 점과는 대조적으로 이 시는 1945년 11월에 씌여졌다. 그 까닭은 정지용이나 김기림이 친일지『국민문학』에 작품을 게재했고 신석정은 붓을 꺾고 지조를 지킨 차이도 있겠지만, 그보다는 앞의 두사람이 암담한 식민치하에서 감각을 연마할 때 신석정은 짐승같은 울음으로 슬픈 목가를 쓰고 있었기 때문으로 보고 있다.[70] 석정이 志操를 말한 대목을 보면 그의 사상을 더욱 선명하게 알 수 있다.

   지조를 상실한 인간이란 정신에 중상(重傷)을 입어도 남의 일
  처럼 시치밀 떼고 뻔뻔스럽게 고개를 쳐드는 것이 아닐까. 지조
  란 인격의 기둥임에 틀림없다. 기둥이 썪으면 집이 무너지듯, 지
  조가 문들어지면 그 인격은 말할 것도 없으리라.[71]

앞의 <三代>가 일제치하에서의 민족적 시련을 한 가족사를 통해 나타낼려고 했다면, 그 다음에 놓인 <꽃덤풀>은 이웃들간의 잃어버린 관계를 그리고 있다.

   태양을 의논하는 거룩한 이야기는
   항상 태양을 등진 곳에서만 비롯하였다.

---

70) 허소라, ≪임께서 부르시면≫, (유림사, 1986), p.94
71) 辛夕汀, 「난초잎에 어둠이 내리면」, (지식산업사, 1974), pp.303~304

달빛이 흡사 비오듯 쏟아지는 밤에도
우리는 헐어진 성터를 헤매이면서
언제 참으로 그 언제 우리 하늘에
오롯한 태양을 모시겠느냐고
가슴을 쥐어 뜯으며 이야기하며 이야기하며
가슴을 쥐어 뜯지 않았느냐?

그러는 동안에 영영 잃어버린 벗도 있다
그러는 동안에 멀리 떠나버린 벗도 있다
그러는 동안에 몸을 팔아버린 벗도 있다
그러는 동안에 맘을 팔아버린 벗도 있다.

그러는 동안에 드디어 서른 여섯해가 지내갔다.

다시 우러러 보는 이 하늘에
겨울밤 달이 아직도 차거니
오는 봄엔 분수처럼 쏟아지는 태양을 안고
그 어늬 언덕 꽃덤불에 아늑히 안겨 보리라
        -<꽃덤불> 전문

 이 시는 36년 동안에 겪어야 했던 나라 잃은 민족의 아픔과 비극을 '그러는 동안에'를 반복함으로써 점층적으로 그려내고 있다. 그러는 동안이 지루하게 반복되면서 관계를 잃게 되는 이웃들의 아픔도 늘어나고, 따라서 태양을 기다리는 마음 또한 간절해진다. 그러나 비록 해방이 되었으나 현실은 달이 차가운 겨울밤이다.
 여기서 시적 자아는 태양을 안고 꽃덤풀에 아늑히 안길 수 있는 진정한 새봄을 기다린다. 여기에는 헐어진 성터를 헤매면서 함께 태양을 기다리던 '우리'의 관계가 회복되기를 바라는 의지도 내포하고 있다. ≪슬픈 牧歌≫에서 '저문 들길에 서서 푸른 별을 바라보리라'던, '정정한 나무처럼 살아가오리라'던, '한그루 푸른 대로 심장을 삼으리라'던 외로운 자아는, 이제는 '꽃덤풀에 아늑히 안겨 보리라'고 말한다. 봄언덕 꽃들이 서로 엉키고 껴안은 꽃덤풀에, 달빛이 쏟아지는 밤의 흩어진 성터를 방황하던 우리가 함께 아늑히 안기기를 염원하고 있다. 여기서 '꽃덤풀'은 함께 어우러져 살아야 하는 '우리'를 상징적으로 표현한 것이라 할 수 있다. 이런 의미에서 위의 시 <꽃덤풀>은 신석정시의 전개과정에서 중요한 위치에 놓이게 된다.

 꽃덤풀에 아늑히 안겨보고 싶은 자아는 사람을 찾아나선다.

> 사뭇 푸른 하늘 아래
> 멀리 트인 푸른 벌판을
> 나는 누구를 찾아 이리 헤매이는 것일까?
>
> 끝없이 헤매이다 다달은
> 소나무 대수풀 다옥한
> 잦은 언덕아래 작은 마을은
> 혈맥이 정지한듯 고요한 마을이었다.
>
> 아무리 목놓아 불러보아도
> 마을에서는 아무 대답이 없고
> 멀리 흐르는 강물 소리
> 멀리 흐르는 푸른 강물 소리…
>
> 그 언제 한물이 지내갔는가?

죽은듯 고요한 이 마을은
엄청난 전란을 겪었는가?
죽은듯 고요한 이 마을은—

문득 어느집 층층계를 무심ㅎ고 오르다가
흰 장미처럼 발가벗은 여인이
해볕이 드시게 흐르는 창옆에
가로 누어 있는 것을 보고 나는 당황하였다.

꼬옥 담은 입술이랑 감은 눈이랑
아무 말이 없다.
고요하다.

어디서 비롯하여 어디로 끝나는
눈 덮인 산맥보다 희고 고은 곡선이여…
가슴을 파헤치고 머리를 묻어도
볼에 볼을 문질러도 말이 없다.

끝끝내 껴안은 채 흐느껴 흐느껴 목메이게 울다가
차디찬 石膏像에 소스라쳐 나는 꿈을 깨었다.

시방 나는 안개 자욱한 거리를 헤매이며
다시 붙잡고 목놓아 울어볼 사람을 찾노라
모두 움직이는 石膏像인 것을…
모두다 움직이는 石膏像 뿐인 것을…
　　　　　　　　　—〈흰 石膏像〉에서

　　시적 자아는 푸른 하늘 아래 푸른 벌판을 헤매면서 누군가를 찾아가고 있다. 그러나 이것은 꿈속이다. 꿈 속에서 목놓아 울어보아도 마을에서는 아무 대답이 없고 멀리서 흐르는 강물 소리만 들려온다. 그는 죽은 듯 고요한 마을에서 한 여인을 발견하지만 말이 없는 차디찬 석고상이다. 시적 자아는 이제 꿈속에서마저 사람을 만날 수 없다. 석고상에 놀라 꿈을 깬 그는 거리를 헤매며 같이 붙잡고 목놓아 울 사람을 찾지만 거리에는 안개만 자욱하다. 눈앞의 현실에서도 그는 사람을 만날 수 없다. 모두가 차디찬 석고상일 뿐 따뜻한 인정 넘치고 뜨거운 혈맥 도는 사람들은 어디에도 없는 현실이 당시의 사회적 분위기를 단적으로 보여주고 있다.

이러한 해방공간의 어수선한 사회적 분위기에서 순수한 '우리'를 찾으려는 심정은 시 <너를 두고>에서도 역력히 보여진다.

> 햇볕이 다냥한 창옆에
> 그 새빨간 동백꽃을 두고
> <에레나> 너를 두고 나 여기 있다.
>
> 분주히 쏘다니는 삭막한 거리에는
> 봄 머금은 나무도 없고 동백꽃도 없고
> 가는 곳마다 <에레나>는 많아도
> 아무데도 <에레나>는 없더라
>
> —<너를 두고>에서

이 시에서도 시적 자아는 삭막한 거리에서 어린 딸 <에레나>처럼 순수한 인간성을 그리워하지만, 아무데서도 <에레나>를 만나지 못하는 인간성 不在의 현실에 놓여있다. 현실이 삭막할수록, 겨울의 추위 속에서 꽃피는 새빨간 동백꽃 같은 어린 딸 <에레나>의 순수하고 천진무구한 心性이 향기롭게 느껴진다. 이 시는 동백꽃과

<에레나>의 대비와 가는 곳마다 <에레나>는 많아도 아무데도 <에레나>는 없더라는 역설을 통해, 삭막한 현실의 모습과 이러한 현실에서 인간애를 추구하는 시적 자아의 모습을 잘 드러내주고 있다.

그 당시 이념의 혼란과 인간성의 불신 등으로 어수선한 사회적 분위기에 편승되어 한때 신석정의 시에도 이념의 혼란상이 나타난다. <움직이는 네 肖像畵>[72]에는 봄을 기다리고 인간애를 갈구하던 시적 자아대신, '人民이 알아야할 詩', 詩나 그림보다 더 필요한 '한술의 밥' 등의 표현들을 사용하는 思想性에 기울어 詩의 美를 잃어버린 자아가 발견된다.

꽃덤풀에 아늑히 안겨보고 싶고, 안개 자욱한 거리를 헤매이여 다시 붙잡고 목놓아 울어볼 사람을 찾아 나선 자아는, 사회적 혼란 속에서 6·25를 맞게 된다. 신석정은 이때를 회고하는 글에서,

<분수처럼 쏟아지는 태양을 안고 그 어느 언덕 꽃덤불에 안겨보리라> 생각했던 해방을 소란한 세월 속에 한동안 실의를 안겨주더니, 뒤이어 민족 상잔의 6·25 동란으로 역사의 거센 탁류가 이 땅을 다시 휩쓸고 지나갔다. 《氷河》는 동란이 지난뒤 엮은 나의 제3시집이었다. 《촛불》의 목가적 세계에서 다시 인고와 저항의 《슬픈 牧歌》를 거쳐 생활 속으로 깊숙히 파고 들었으니 그때 나는 쓰라린 생활과 부조리한 사회와 더불어 불행한 민족의 가슴에 부딪치게 되었다.[73]

라고 하면서 6·25의 상흔을 들려주고 있다. 그는 현실의 생활 속에

---

72) 「新天地」 2권 2호, (1947. 2), p.11 (시집미수록작품)
73) 「한국현대시요람」 (박영사 1974), p.356 참조.

깊게 자리잡은 생활인으로서 처절한 證言의 시인이 되어 현실의 참상을 시 속에 담아내게 된다.

> 봄 오고
> 난 늙어 가고
>
> 슬픈
> 평행선이여
>
> 조개 껍질을 스치고 돌아가는
> 거센 바람과 가쁜 숨결인데…
>
> 나귀 타고 저믄 날을
> 나는 가난한 고향길이 가고프고나!
>
> 봄 오고
> 난 늙어 가는데…
>
> —<슬픈 平行線> 전문

 이 시는, 고향에 가족들을 두고 그는 전주의 太白신문사에 다니던 때에 씌여졌다. 이 무렵은 청구원의 귀한 책들이 단돈 몇푼에 팔려 나가던 가난한 시절이었다. 힘든 생활에 지친 시적 자아는 만물이 소생하는 봄이 와도 늙고 초라한 모습으로 가난한 고향길이 그립고 아득하기만 하다. 영원히 만날 수 없는 평행선처럼 외롭고 소외된 인간의 근원적 슬픔이 거센 바람과 가쁜 숨결의 현실 앞에 드러난다.
 그 당시의 빈곤한 생활을 그의 회고록은 들려준다.

쑥대밭이 된 지 이미 오랜 내 서가를 구경하지 않은 그대는 행복하다. 나는 아주 책에 대해서는 이쯤 잔인해졌고 S보다는 썩 무자비한 편이다. 처음에는 손때가 쩌른 서가의 책을 몇 번이고 꽂았다 뺐다하고 망설여도 보았으나, 끝내는 그 어린 새끼들의 안스럽게도 까만 눈망울을 볼 때, 나는 흡사히 거미줄에 걸려 몸 부림치는 예쁜 나비를 엉금엉금 기어나와서 무참히도 창창 감아 재끼는 거미처럼 아주 책에 대하여 잔인해지고 말았다. 그러나 S여! 웃지 말아다오. 생활은 책도곤 아름다운 것을 어찌하리요. 나도 처음엔 채곡채곡 꽂아놓은 책을 뽑아 종이장수가 저울에 달아서는 새끼로 꽁꽁 묶어가지고 나갈 때, 오래 오래 두고 길러오던 짐승을 올가미에 목을 걸어 내놓는 것만 같아 엉엉 사뭇 울고 싶었다오.[74]

다음에 인용하는 시는 6·25를 겪은 이웃들의 생활고를 사실적으로 그려내고 있다.

　　1.
　　껌도 양과자도 쌀밥도 모르고 살아가는 마을 아이들은 날만 새면 띠뿌리와 칡뿌리를 직씬 깨물어서 이빨이 사뭇 누렇고 몸에 젖인 띠뿌리랑 칡뿌리 냄새를 물씬 풍기면서 쏘다니는 것이 퍽은 귀엽고도 안쓰러워 죽겠읍데다.

　　2.
　　머우 상치 쑥갓이 소담하게 놓인 食卓에는 파란 너물죽을 놓고 둘어 앉아서 별보다도 드물게 오다 가다 섞인 하얀 쌀알을 건지면서

---

74) 신석정, "貧陋記", 앞의 책, pp.176~178

<언제자 난리가 끝나느냐?>
　　　고 자꾸만 묻습데다

　　　3.
　　　껍질은 베낄 소나무도 없는 매마른 고장이 되어서 마을에서는
　　할머니와 손주딸들이 들로 나와서 쑥을 뜯고 紫雲英순이며 독새
　　기며 까지봉통이 너물을 마구 뜯으면서 보리고개를 어떻게 넘겨
　　야겠느냐고서 山茱萸꽃 같이 노란 얼둘들을 서로 바래보고 서서
　　젂어 합데다.

　　　4.
　　　술회사 앞에는 마을 아낙네들이 수대며 자배기를 들고 나와서
　　쇠자라기와 술찌경이를 얻어가야 하기에 부세부세한 얼굴들을
　　서로 쳐다보면서 차표 사듯 늘어서서 꼭 잠겨있는 술회사문이
　　열리기를 천당같이 기두리고 있읍데다.

　　　5.
　　　장에 가면 혼선만전한 생선이 듬북 쌓여있고 쌀가게에는 옥같
　　이 하얀 쌀이 모대기 모대기 있는데도 어찌 어머니와 할머니들
　　은 쌀겨와 쑤시겨 전을 찌웃찌웃 굽어 보며 개미같이 옹개 옹개
　　모여서야 하는 것입니까? 쌀겨에는 쑥을 넣는게 제일 좋다고 수
　　군수군 주고 받는 이야기가 목놓고 우는 소리보다 더 가엾게 들
　　리드구만요
　　　　　　　　　　　　　　　　－<歸鄕時秒>에서

　　이처럼 그 당시 이웃들의 처참한 생활을 보여주는 작품들에서는,
초시기에서 목가적인 이상향과 忍苦를 통한 현실극복을 추구하던
시적 자아의 발걸음이 사람들이 오고 가는 거리로 옮겨와, 그들의

아픔과 참상에 애정어린 시선을 주고 있다. 개인적 차원에 머물러 있던 시선이 시대나 사회로 확대되어, 이웃과 민족이 처한 가난의 실상을 구체적으로 표현하고 있는 현실수용의 태도는 그의 시적 정직성을 말해주는 것이라 하겠다. 다음에 인용하는 시편들에서도 우리 민족에 대한 아픔과 그리움이 짙게 배여 있다.

> 가대기의 뒤를 따라다니는 발 벗은 아이들은
> 求護糧穀의 가마니에서 쑤시알맹이가 빠지면
> 병아리처럼 주어서는 차대기에 넣는 港口
> 　　　　　　　　　　　　－<港口에서>에서

　　옥같은 서리쌀밥에 저리지를 감아 한 사발만 먹고프다던 '돌쇠' 엄마는 해산한 뒤 여드랠 꼽박 감저순만 먹다가 그예 세상을 떠나고 말았다. 또한 다음의 시편들은 당시의 궁핍한 생활을 겪는 어린 자식들에 대한 사랑과 연민의 정을 보여준다.

> 보리 꼽쌀미와 밀주일 죽도 달가운 것은
> 풀잎파리 죽으로 끼니를 이던 봄을 살아 그렇지
>
> 공일날 눈이 빠지게 기두리던 아버지는
> 텅 빈 가방을 들고 찾아 가야 하거늘,
>
> 두주를 자조 굽어 봐야하는 너이들이기에
> 보리가 한 가마만 있어서 한숨을 내쉬겠지?
> 　　　　　　　　　－<(一林이와(蘭)이에게>에서

> 안쓰럽게도 여윈 네가 百日咳를 앓는데

오리요·마이싱도곤 차라리 쌀밥이 약이리라.

빈 찬장을 하루에도 몇번씩 뒤지다간 지쳐 자는
네 얼굴 들여다 보다 입맞춰 본다.
　　　　　　　　　　　　　－＜영이에게＞에서

　이같은 눈물겨운 가난은 ≪촛불≫과 ≪슬픈 牧歌≫의 版權을 쌀 두 가마니 값에 넘기게 했다.75) 실로 숨가쁜 '生存'일 수밖에 없었다.

體溫도 스며 들지 않는
서글픈 악수에 지친 住民이기에
나는 문득
먼 하늘을 바라 보았다.

그래도 숨이 가뻐
자꾸만 숨이 가뻐
어항도곤 좁은 지구를
뛰어 나가고 싶었다.
　　　　　　　　　　　　　－＜生存＞ 전문

　이처럼 숨가쁜 生存의 현장에 뛰어든 신석정의 詩觀을 다음의 인용문은 보여 주고 있다.

　　갖고 싶어하는 내일, 가져야 할 내일의 세계, 이것은 좀 더 양
　　심있는 인간과 더불어 우수한 오늘의 시민들의 과제인 것이며,

---

75) 白陽村, ≪氷河≫ 跋 (정음사, 1956), pp.139~140

또한 향수인 것이다. 그러므로 시는 들에 피는 꽃의 세계에서 이
미 타는 가슴과 뛰는 심장으로 그 배양토를 옮겨온지 오래다. 이
리하여 시의 감흥은 우연히 하늘에서 내려온 선녀도 아니요. 항
상 우리 뜨거운 가슴에서 살고 부단히 움직이는 역사와 더불어
성장하고 응결하여 탄생된다는 것을 잊어서는 안될 것이다.
 이 암담한 탁류 속에서 불안을 불안대로 받아 쓰기에도 시는
몸부림을 쳐야 할 지경이어늘, 이 불안을 초극하는 치열한 정신
을 가진 시를 쓰기에는 그 얼마나 무서운 정신의 소유가 요구될
것인가 말이다.76)

 이처럼 그의 시의 배양토를 목가적인 전원세계에서 우리들 타는
가슴과 심장으로 옮겨온 신석정의 시세계에서, 현실에 관한 깊은
관여나 리얼성을 긍정한다고 할 때 우선 눈에 띄는 것은 시의 형
상화 과정에 있어 내용이 형식보다 훨씬 비대하다는 점이다. 이것
은 시의 認識論的인 입장보다 사회적 기능면을 더 중요시하려는
그의 詩觀의 변모이며 이후의 작품들이 이를 뒷받침하고 있다.77)
 암담한 탁류 속에서 불안을 불안대로 받아 시를 쓰기에도 몸부
림치게 힘든 일이지만 이를 이겨내고 불안을 초극하는 치열한 정
신을 가진 시를 쓰기 위해 신석정은 무섭게 정신을 단련시키고
'發音'할 봄을 기다린다.

  살아보니
  地球는
  몹시도 좁은 고장이더군요.

---

76) 辛夕汀, "나는 詩를 이렇게 생각한다." 앞의 책, pp.212~213
77) 허소라, "신석정론", 「한국현대작가연구」, (유림사, 1983), p.76

　　　　아무리
　　　　한 億萬年쯤
　　　　太陽을 따라 다녔기로서니
　　　　이렇게도 呼吸이 가쁠 수야 있읍니까?

　　　　그래도 낡은 청춘을
　　　　숨가빠하는 地球에게 매달려 가면서
　　　　오늘은 가슴속으로 리듬이 없는
　　　　눈물을 흘려도 보았읍니다.

　　　　그렇지만
　　　　여보!
　　　　안심 하십시요.
　　　　오는 봄엔
　　　　나도 저 나무랑 풀과 더불어
　　　　지줄대는 새같이
　　　　발음하겠읍니다.

　　　　　　　　　　　　　　―〈發音〉에서

　이 시에서는 당시의 궁핍한 생활은 좁고 숨가쁜 현실에서 시적 자아로 하여금 통곡보다 진한 눈물을 가슴으로 흘리게 만들었지만, 오는 봄엔 지즐대는 새같이 자유롭게 발음하겠다는 시적 자아의 의지와 기대를 나타내고 있다. '여보! 안심하십시요'는 차라리 방황하는 자기 자신을 스스로 바로잡고 다독거리려는 의지의 표상으로 들린다.
　시를 쓴다는 것은 생에 대한 불타오르는 시인의 창조적 정신에서 결실되는 것이니, 대상하는 인생을 보다 아름답게 영위하려고 의욕하고 그것을 추구 갈망하는 데서 제작된다면 그 시인의 한 분신이 아닐 수 없다.

　이 분신이야말로 그 시인의 탐구한 미(美)와 진실에서 이루어진 인간 정서의 순수한 표현이 아니면 안될 것이다.그렇다고 해서 이 분신의 고향인 '창조' 정신을 신성 불가침의 지역이나 되는듯이 여겨서 마치 시를 들에서 피어나오는 꽃이나 되는 것처럼 생각하고, 일부 선발된 몇몇 사람만이 가꿀 수 있는 특수한 재산으로 여기는 것은 귀족적 고답파(高踏派)들이 범한 과오가 아니면 이미 무덤이 된 지 오랜 귀족 문학에서 볼 수 있는 가장 치사스러운 일이 아닐 수 없다.

　그러므로 이 등속의 시인은 막연한 환상이나 동경에서 빚어 나오는 가장 헐값의 정서를 시의 모태(母胎)나 되는 것처럼 여길 뿐 아니라, 이 값싼 정서를 배설(排泄)하는 것을 가장 자연스러운 '창조 정신'의 생리인 듯 가장하는 것을 우리들의 주변 에서 종종 볼 수 있다는 것은 불행한 일이 아닐 수 없다.[78]

　이러한 현실 극복의 의지와 미래에의 신념은, 좁고 숨가쁜 지구를 떠나 이상향을 쫓아 먼 나라로 더 이상 날아오르지 않고 역사성에 눈을 돌리게 된다.

　　　　아예 이 허망한 진단서에서
　　　　너의 청춘과 애정과
　　　　빛나는
　　　　設計와 드높이 찬양할 죄와 벌의 기록일랑 찾지말라!

　　　　이렇게 비좁은 지구데도
　　　　저 너그러운 태양이 포기한 지역이 있어

---

78) 신석정,「난초잎에 어둠이 내리면」, (지식산업사, 1974), p.211

그 어둔 風土에서 마련되는 풍속을
도시 역사는 기록하지 않는
여백이 있는 것이다.
　　　　　　　　　　　－<餘白>에서

　이웃들의 슬프고 서글픈 이야기가 퍼져 가는 한 지구는 영원히 아름다운 별일 수 없다며, 슬픈 역사가 마련하는 이야기를 듣고 있던 시적 자아는, 위의 시에서는 '현란한 태양', '원시적 표정과 포효', '투쟁', '사망 진단서', '찬양할 죄와 벌' 등의 현실저항적인 시어와 구절들을 사용하며, 어둔 풍토의 풍속을 기록하지 않는 역사를 비판하고 있다. 이러한 어둔 풍토야말로 우리가 포기할 수 없는 소중한 것이며, 어둔 풍토에서 마련되는 풍속 또한 우리가 지키고 가꾸어야 할 중요한 것임을 역설적으로 말해주고 있다.
　역사에 대한 이러한 비판 의식은 ≪氷河≫에도 잘 나타나 있다.

생활이 주고 간 火傷쯤이야
아예 서럽진 않아도
치밀어 오는 뜨거운 가슴도 식고
한가닥 남은 청춘마저 떠난다면
동백꽃 지듯 소리없이 떠난다면
차라리 心腸도 氷河되어
남은 피 한 천년 녹아
철 철 철 흘리고 싶다
　　　　　　　　　　　－<氷河>에서

　이 시는 붉은 동백꽃이 뚝뚝 떨어지는 형상과 빙하처럼 차갑게 얼어붙은 심장이 한 천년 녹아 내리는 형상을 대비시킴으로써 절실한 감동을 준다. 가고 오는 빛날 역사란 모두 우리들의 상처입은 옷자락을 갈갈이 스쳐갈 바람결이라 말하며, 뜨거운 가슴과 남은 청춘이 동백꽃 지듯 떠난다면 차라리 거대한 빙하로 얼어붙어 한 천년 피흘리며 녹아 내리고 싶다는 극한적인 인고와 저항의 시정신을 표출시키고 있다.
<歷史>에서는,

2.
　　바윗돌처럼 꽁꽁 얼어붙었던 天地를 뚫고 솟아오른, 저 애잔한 달래꽃의 긴긴 歷史라거나, 그 막아낼 수 없는 偉大한 힘이라거나, 이것들이 빚어내는 아름다운 모 든것을 내가 찬양하는 것도, 오래 오래 우리 마음에 걸친 거치장스러운 푸른 囚衣를 작작나무 허울 벗듯 훌훌 벗고 싶은 달래꽃 같이 偉大한 歷史와 힘을 가졌기에, 이렇게 살아가는 것이요. 살아가야 하는 것이다.
　　　　　　　　　　　　　　　　　　　－<歷史>에서

얼어붙은 대지를 뚫고 피어나는 애잔한 달래꽃의 긴긴 역사처럼 작고 힘없고 여린 것들의 막아낼 수 없는 힘과 또 이런 것들이 빚어내는 아름다운 모든 것들을 사랑하는 마음이 엿보인다. 하잘것 없는 한 송이의 달래꽃을 통해 가난한 서민들의 위대한 역사를 밝혀주고자 한다.

② 氷河時代의 抒情
한편, 사회현실과 역사성에로 그의 시의 토양을 옮겼다고 할지라도 시집 《氷河》에는 자연친화적인 서정시가 여전히 많은 부분을 점유하고 있다. 이점은 신석정에게 있어 '자연'은 그의 시의 고

향이며 모태로서 존재함을 의미한다.

> 自然으로 돌아가라구요?
> 아름다운 自然이 어디 있기에
> 말씀입니까?
>
> 바라보면
> 솔포기 하난 없는 붉은 山
> 소쩍새 한마리 깃드릴 곳이 없다고
> <가람>은 슬퍼하드군요.
> <룻소>!
> 의지할 하늘인들 어디 있습니까
> 그래서 당신도 自然으로
> 돌아가지 못하고
> 懺悔錄을 쓰지 않었읍니까?
> 　　　　　-<小曲六章, 6, 自然과 Rousseau>에서

 쓰라린 생활과 부조리한 사회 속에서 의지할 하늘은 없다고 말하고, 자연으로 돌아가라던 루소에서 '당신도 자연으로 돌아가지 못하고 참회록을 쓰지 않었읍니까?'라고 반문하지만, 현실의 고통 속에서 아름다운 자연이 없다는 것은, 암담한 현실에서 돌아갈 수 있는 자연에의 동경이 더욱더 간절함을 역설적으로 말해주고 있다. 이러한 자연친화의 정서는 그가 현실에 깊이 관여할 때에도 그의 내면에 함께 흘러 왔음을, ≪氷河≫에 실린 자연친화적인 서정시들을 통해 접해볼 수 있다.

　　산이여

그 무슨 그리움에 복받쳐
지구와 더불어 탄생한 이후
푸른 하늘을 우러러 보느뇨

산이여
나 또한 진정 그리운 것 있어
발 돋움하고 우러러 보아도
나의 하늘은 너무 아득하고나!

-〈小曲〉 전문

이 때의 산은 《촛불》시대의 이상향의 먼 나라에 있는 산이 아니라, 《슬픈 牧歌》시대의 〈들ㅅ 길에 서서〉에 나오는 산이다. 그러나 이 산을 바라보는 시적 자아의 시선은 조금 다르다. 〈들ㅅ 길에 서서〉에 나오는 산은 든든하게 지구를 디디고 울창한 삼림 위에 구름을 지닌 활기차고 푸른 산이다. 그러므로 하늘을 향해 서 있는 것이 숭고하고 기쁜 일이었으며, 시적 자아 또한 그 푸른 산처럼 든든히 서서 푸른 별을 바라보려는 의욕적이며 현실 초극적인 모습으로 나타난다. 그러나 여기에서의 산은 그리움에 사무친 산으로 좁고 숨가쁜 지구와 더불어 탄생한 이후 언제나 푸른 하늘을 우러러보는 고달픈 모습으로 그려져 있다. 마찬가지로 시적 자아 또한 산과 나는 동격으로, 비참한 현실에서의 고통스러운 생활을 산을 매개로 하여 그려 내고 있다.

별빛이 비마냥 쏟아지던 밤에도
木蓮꽃은 뚝뚝 떨어집데다.

太陽의 눈부신 噴水 속에서도

木蓮 꽃잎파리는 날립데다.

바람도 없이 낮달이 흐르는데
木蓮 꽃잎파리는 날립데다.

슬픈 歷史가 마련하는 이야기
낡은 청춘에도 접어 둡내다.

-<抒情小曲>에서

　별빛이 쏟아지는 밤에도 태양이 눈부신 대낮에도 뚝뚝 떨어지는 목련 꽃잎파리는, 참담한 현실에서 고통받고 좌절하는 시적 자아의 다른 모습이다. 그의 청춘에는 목련꽃이 지는 슬픈 역사가 젖어들어 청춘은 이미 낡아버린 청춘이 되었다. <發音>에서도 '그래도 낡은 청춘을/숨가빠하는 地球에게 매달려 가면서/오늘은 가슴속으로 리듬이 없는/눈물을 흘려도 보았읍니다.'라는 구절이 나온다.
　비극적 현실은 <코스모스>에도 스며들어 있다.

바다가 보이는
고개를 넘어 가면
네 무덤엔
코스모스가 두 송이

彈痕같은
빨간 코스모스에
나는
네 體溫을 찾는다.

-<코스모스>에서

무덤 위에 핀 코스모스 두 송이는 빨간 색이다. 시적 자아는 이 빨간 두 송이의 코스모스에서 총탄의 흔적을 본다. 그리고 지금은 무덤 속에 있는 너의 체온을 찾고 있다. 이 시는 무덤 위에 핀 빨간 두 송이의 코스모스를 통해 전쟁이 뿌리고 간 슬픈 역사를 암시하고 있다. 어떻게 보고 어떻게 듣고 어떻게 감각했느냐에 의해서 시 예술은 창조될 것이다. 시 예술은 표현임에 틀림없다. 나아가서 행위의 실재(實在)일 것이다. 시가 현상에 그치지 않고 실재일 때, 시는 한 세계일 수도 있다.79) 어쩌면 夕汀은 타고난 시인으로 한 시대를 이끌고 간 선각자적인 시인이었다고 볼 수 있다.

    대피리 소리도곤
    슬픈 초승달이 떴다.
    떴다.

    높은 담장 안에선
    帝王도 詩人도 도둑도 모르는
    때거위 울고

    바라보면
    머언 북녘 하늘
    지긋이 돌아가는
    北斗七星과
    아득한 銀河 파도소리에도
    나는
    지쳐!

---

79) 신석정,「난초잎에 어둠이 내리면」, (지식산업사, 1974), p.225

>   어디
> 잔디 깔린 언덕이나 있더냐?
> 외로운 외로운
> 짐승인데...
>
> 　　　　　　　　　　－<짐승>에서

　여기에서 시적 자아는 외로운 짐승으로 표상되어 있다. 시집 ≪슬픈 牧歌≫에 나오는 순하디 순한 작은 짐승은 '란'이와 느티나무 아래에 말없이 앉아서 바다를 바라보는 것이 '좋'고 '기쁜 일'이었지만, 여기서의 시적 자아는 생활에 지쳐도 앉아 쉴 수 있는 잔디 깔린 언덕도 가지지 못한 외롭고 지친 모습으로 형상화되어 있다. 지속적이고 극한적인 암담한 현실에서 중압감에 지친 외로운 자아는, 한그루 푸른 대로 심장을 삼으려는 강인한 의지를 잃어버린 자아다. 북녘 하늘에 지긋이 돌아가는 북두칠성도 아득한 銀河 파도 소리도 더 이상 위안을 주지 못하고 자아를 지치게 한다. 현실이 고통스러울수록 돌아가 쉴 수 있는 자연을 더욱 그리워하는 자아의 외로움이 슬픈 초승달로 떠 있는 밤이다. 또한 외롭고 소외된 자아는 '외로운 밤에는 자꾸만 별을 보'고 '더 외로운 밤에는 찬란한 유성이 되'어 '낭지하게 타다간 네 심장 가까운 곳에 隕石처럼 묻히고 싶'어 한다.

　<對話>에서는 기다리던 봄이 오자마자 가버리는 '경칩이 먼 지역의 주민'들의 대화가 나온다. 시대의 우울과 환난이 쓸쓸한 대화 속에 내비치는 경칩이 먼 지역의 주민들은, '눈에는 하늘이 없'고 '귀에는 바다가 없'고 그러기에 '심장이 없는 세계의 住民이 아니냐?'고 반문한다.

　이처럼 참담한 역사적 현실 앞에 놓인 개인과 민족의 좌절과 체

넘이 자연을 매개로 하여 표상되고 있다.

> 하늘이사 제대로 억만년 짙푸른데
> 비바람 부는 속에 꽃도 지는 세월을…
>
> 날아 갓단 그리움에 다시 오는가,
> 흰나비 노랑나비 엉기 덩기 나는 속에
> 나두야 이대로 살아 갈란다.
>
> ―<胡蝶賦>에서

이상에서 살펴본 것처럼 여기에서 매개된 자연물들은 대체로, 그리움에 사무치는 산, 떨어지는 목련, 탄흔같은 코스모스, 슬픈 초승달, 외로운 짐승, 지는 산수유꽃, 그리움에 오는 나비 등 비극적이고 절망적인 이미지들이다. 이 자연물들은 고통스럽고 힘든 현실에서 살아가는 자아와 동격인 존재로, 돌아가 안기고 싶지만 돌아갈 자연이 없는 현실의 참담함을, 신석정 본래의 자연친화의 정서에 의해 표상시켰다고 볼 수 있다.

한편, 신석정은 자연을 매개로 하여 자연의 순수함과 아름다움을 표현하고 자연을 통해 현실극복의 의지를 담아내고 있다.

> **地球엔**
> 돋아 난
> 山이 아름다웁다.
>
> 山은 한삻고
> 높아서 아름다웁다.

山에는
아무 죄없는 짐승과
<에레나>보다 어여쁜 꽃들이
모여서 살기에 더 아름다웁다.

언제나
나도 山이 되어 보나 하고
麒麟같이 목을 길게 느리고 서서
멀리 바라보는
山
山
山

-<山山山> 전문

　산의 아름다움과 꿋꿋함과 순수함과 조화로움을 통해 인간 사회의 부조리를 역설적으로 나타낸 시다. 산의 아름다움을 동경하고 山이 상징하는 덕목들을 추구하려는 자아의 모습에서, 山을 통한 신석정의 시정신을 만나볼 수 있다.
　백철의 「韓國新文學 發達史」에는,

　　본질적으로는 석정은 처음부터 뒤에까지 일관하여 자연과 친근하여 그것을 등장 師事하는 가운데 詩想을 발전시키고 다듬어 온 전형의 자연시인이다. 여기 그의 초기 詩句에 싹터있던 詩心과 그 뒤 작품의 구절 속에 담긴 詩境에는 연연하게 이어지고 시화된 자연숭배의 사상이 들어 있다. 자연 가운데도 석정이 특히 즐겨서 대상한 것은 산인데, 말하자면 이 시인은 산을 抒情한 데 그치지 않고 산에 師事하고 산을 철학한 속에서 컸다고 할 수 있다.80)

라고 신석정 시에 나오는 산의 의미를 강조하고 있다.

>난 밋밋한 대와
>나란히 서서
>쏟아지는 太陽의 파란 噴水를
>어린 금붕어 새끼처럼 뻐금 뻐금
>마시는 것이
>좋다.
>
>나는
>갑자기 대가 되어 버린다.
>
>파란 대에 섞인
>나를 나는 잊어 버린채
>대
>대랑 산다.
>
>— <篁>에서

위의 시에서는 파란 대에 섞여 자신을 잊어버린 채 대로 동화된 시적 자아의 모습이 보인다. 참담한 현실 속에서 잠시 현실을 잊어버리고 자연에 동화된 순수한 자아의 모습을, 대를 통해 형상화시켜 놓았다. 이 대의 상징성은 산과 더불어 신석정 시의 정신을 이루고 있다 하겠다.

신석정에게 있어서 자연은 현실을 지탱해 주는 휴식처였을 것이다. 그래서 그는 시대의 우울과 가난을 견디며 '서럽지 않은 날을/

---

80) 백철, 「韓國新文學 發達史」, (박영사, 1965), pp.223~224

기다리면서/다시 삼백 예순 날을 살아가다리다'(小曲에서)라는 결의도 해볼 수 있고, '山茱萸꽃 봉오리/꽃갈 훌훌 벗고 터질/雨水무렵까지래도/아예/우리 서럽지 않게/살아 가자.'(立春에서)고 다짐도 해본다.

<어린 羊을 데불고>에서는 자연과 현실이 조화를 이룬 새로운 풍토가 설정되어져 있다.

    어린 羊을 데불고 내가 사는 곳은
    湖畔의 성근 숲길을 거쳐
    다냥한 햇볕이 噴水로 쏟아지는
    푸른 언덕 근처라고 생각해도 좋습니다.

    구름이 지나가는 발자취 소리랑
    싹트는 푸른 소리 들려오는 곳입니다.

    어린 羊을 데불고 내가 사는 곳은
    저녁 노을 붉은 속에
    日月을 두고 사랑을 맹세하는 청춘들이
    자조 오고 가는 강기슭이라고 생각해도 좋습니다.

    푸르른 강물소리 새소리 젖어 흐르고
    꽃 피고 지는 소리 들려오는 곳입니다.

    어린 羊을 데불고 내가 사는 곳은
    별들이 나직이 옛이야기 하는 곳
    피묻은 역사도 罪되 罰도 없는 곳
    그러한 새로운 風土라고 생각해도 좋습니다.

그러나 짙푸른 하늘에 매달린 地球에서
　아주 머언 緯度라고는 아예 생각하지 않아도 좋습니다.
　　　　　　　　－<어린 羊을 데불고> 전문

　이 시의 분위기는 마치 ≪촛불≫에서 어머니를 부르고 먼 나라로 날아오르고자 하던 때와 흡사하다. 이 시에서 느낄 수 있는 유장한 내재율이나 존칭 종결어미의 사용과 목가적인 전원의 설정 등이 ≪氷河≫시대의 다른 시편들과 상당히 이질감을 느끼게 하는 점으로 지적될 수 있다. 그러나 이 시를 살펴보면, 어린 양을 데불고 내가 사는 평화롭고 자유로운 공간은, 아무도 살지 않는 그 먼 나라는 더 이상 아니다. 그곳은 사랑을 맹세하는 청춘들이 자주 오고 가는 곳이며 동시에 피 묻은 역사도 죄도 벌도 없는 새로운 풍토다. 그러나 그 새로운 땅은 지구에서 아주 멀리 떠나있는 곳이라고는 아예 생각하지 않아도 좋을 우리 사는 지구 안에 들어와 있는 이상향이다. 시적 자아는 자연과 현실이 조화롭게 공존하는 새 풍토를 지향하고 있는 것이다. 이 시는 1.3.5연의 시각적 이미지와 2.4연의 청각적 이미지를 배합하여, 어린 양을 데불고 사는 이상적인 공간을 새로운 수법으로 구체적으로 묘사하고 있어, 자연과 현실의 조화로운 새 풍토가 아름답게 전개된다. 피묻은 역사도 죄도 벌도 없는 새로운 풍토를 설정한 이면에는, 피비린내 나는 역사와 참담한 현실의 제조건들에서 비롯된 죄와 벌이 있다. 이 시에는 이러한 현실의 제모습들이 밑바닥에 깔려 있다. 그러므로 어린 양을 데불고 내가 사는 곳은 이러한 현실을 극복한 새로운 풍토여야 한다. 여기가 바로 시적 자아의 자연친화의 서정과 현실 극복의지가 만나는 곳이라 하겠다.

'어린 양을 데불고 내가 사는 곳'은 차거운 계절의 현실에서 그 토록 인내하고 기다리는 봄 속에 있다. ≪氷河≫시대에 이르러 역사와 현실을 직시하는 시선은, 동시에 그의 본래적인 자연친화의 정서라는 또 다른 흐름과 만나게 된다. 여기에서 '새로운 풍토'인 '봄'을 기다리는 그의 방법론이 모색되어진다고 하겠다. 이제까지 소극적으로 봄을 기다리며, 경칩이 먼 지역의 주민들이 기다리다 지치면 '산 같은 침묵'을 하고 스스로 '심장이 없는 세계의 주민이 아니냐?'고 쓸쓸하게 반문하면서 '서럽지 않은 날을 기다리면서 살아 가리라'던 시적 자아는, '우리'와 뜨겁게 손을 잡는다. ≪待春賦≫에는 이러한 자아의 모습이 나타난다.

우수도
경칩도
머언 날씨에
그렇게 차거운 계절인데도
봄은 우리 고은 핏줄을 타고 오기에
호흡은 가빠도 이토록 뜨거운가?

손에 손을 쥐고
볼에 볼을 문지르고
의지한 채 체온을 길이 간직하고픈 것은
꽃피는 봄을 기다리는 탓이리라.

산은
산대로 첩첩 쌓이고
물은
물대로 모여 가듯이

나무는 나무끼리
짐승은 짐승끼리
우리도 우리끼리
봄을 기다리며 살아가는 것이다.

-<大春賦> 전문

  이 시에는 암울한 시대와 궁핍한 현실에서 '우리'에 대한 애정을 심화하고 확대시켜 나가는 시적 자아의 모습이 잘 나타나 있다. 눈 앞의 현실은 추운 계절이지만 이러한 현실 공간을 살아가는 서민들의 봄을 기다리는 열정은 그들의 핏줄 속에 뜨겁게 흐르고 있다. 참담한 현실을 견디고 꽃피는 봄을 기다릴 수 있는 그 힘은 어디에서 나와 그들의 핏줄 속에 뜨겁게 흐르고 있는가에 대해 이 시는 구체적인 모습을 제시해 주고 있다. 우수도 경칩도 머언 추운 날씨를 '손에 손을 쥐고/볼에 볼을 문지르고/의지한 채 체온을 길이 간직하'는 우리에 대한 의식의 확장이다. 이처럼 우리가 서로 의지하여 살아가는 민족공동체 의식을, '산은/산대로 첩첩 쌓이고/물은 물대로 모여 가듯이'라는 표현에서 알 수 있듯이 자연물을 통해 드러내 보인다. 여기에서 '우리도 우리끼리' 봄을 기다리며 살아가는 적극적이고 긍정적인 삶의 자세를 확립하고 있다. 이러한 이웃에 대한 애정과 민족에 대한 공동체 의식은, 신석정의 후기 시편들에 연결되어 나타난다.

3. 後期 – 安定과 自然觀照時代

辛夕汀 詩의 後期시대는 60년대에서 70년대까지의 詩를 말한다. 즉 시집으로는 ≪山의 序曲≫과 ≪대바람 소리≫시대라고 할 수 있다. 後期는 安定과 自然觀照時代로 일컬어지는데 夕汀의 말년의 총결산이라고 할 수 있다.

그러나 내용면에서는 ≪山의 序曲≫의 二元的 세계를 거쳐 다시 초기적인 자연관조의 세계로 돌아감을 볼 수 있다. 즉 夕汀에게 있어서는 세계로 돌아감을 볼 수 있다. 즉 夕汀에게 있어서는 자연을 읊조리든지 현실 참여적인 詩를 쓰든지 그를 일생동안 자연을 품에 안고 살아온 시인이라고 할 수 밖에 없다. 그의 후기시를 ≪山의 序曲≫시대와 ≪대바람 소리≫시대로 나누어 정리해 보고자 한다.

1) ≪山의 序曲≫시대

신석정 제4집 ≪山의 序曲≫은 1967년 嘉林出版社에서 출판되었으며 모두 59편의 시가 실려 있다.[81]

---

81) ≪山의 序曲≫에 수록되어 있는 시는 다음과 같다.
<푸른 SYMPHONY>, <智異山>, <祝祭>, <山은 알고있다>, <山 1>, <山 2>, <輓歌二章>, <작은 風景>, <山中問答>, <山莊에서>, <자작나무 숲을 가리던 少年을 위한 詩>, <山房日記>, <산나비랑 앉아서>, <山은>, <登慘>, <봄이 올 때까지>, <故園에 보내는 詩>, <네 눈망울에서는>, <三月이 오면>, <抒情小曲>, <내가슴 속에는>, <나의 노래는>, <窓>, <離俗의 章>, <街路燈>, <溫室>, <한줄기 햇살로>, <꽃보라 속에 서서>, <落葉잎을 밟고 가는>, <하도 햇볕이 다냥해서>, <紅海지는 속에>, <어머니 記憶>, <창가

《山의 序曲》을 두고 일부 평자들은 역사의식과 사회참여의 정신이 절정을 이룬, 시집으로 평가82)하고 있다. 이러한 평가 뒤에는 박두진이, "신석정의 시는 명상의 새새끼를 쫓는 안일로부터 더 거칠고 통곡스런 조국과 시대와 역사의 지구적인 현실에 직면하면서 그것을 응시하며 고발하며 나아가 무책임한 시의 정신적인 邪道와 고질을 一擲警戒하면서 의연하고 건장한 자세로 시의 꾸준한 正道를 전진하고 있다."83)라고 한 글이 크게 작용하고 있는 듯 하다.

閔丙起는 후기시를 1960년~1974년까지로 보고 "후기의 시들은 《山의 序曲》과 《대바람 소리》에 대부분 수록되어 있다. 이들 시편들은 크게 세 부류로 계열화시켜 구분할 수 있다. 그 첫째가 자연을 노래한 산수시요, 둘째가 인생의 애환과 허무를 노래한 비애시 계열이고, 세째가 사회적 관심을 표현한 참여시 계열이다. 이 중에서 후기시의 주류를 이루는 것은 참여시 계열이라고 볼 수 있다."84)라고 말하고 있다.

이에 반해 《山의 序曲》을 자연친화의 노래로 보고, 《氷河》 시절에 내비치던 암울한 분위기나 저항의식이 안으로 가라앉고 《촛불》무렵의 자연귀의적 사상이 더욱 심화되어 자연에 대한 경건

에 서서>, <오는 八月에도>, <푸른 門밖에 서서>, <斷腸小曲>, <初雪>, <밤의 노래>, <나에게 어둠을 달라>, <靈柩車의 歷史>, <東方半明>, <전아사>, <地球가 廻轉하는 대로>, <壁의 노래>, <쥐구멍에도 햇볕을 보내는 民主主義노래>, <薔薇꽃 입술로>, <弔歌三章>, <哀歌>, <슬픈 抒情>, <異國같은 거리에서>, <地獄>, <穀倉의 神話>, <한줄기 불빛을>, <耳·目·口·鼻>, <石窟庵大佛頌>, <나무는 죄가 없다>, <耽羅風物詩>, <耽羅植物詩>, <南海抒情詩抄> (이상 총 59편)
82) 이한용, "신석정 연구", 「한국언어문학」 제31집, (한국언어문학회, 1993), p.456
83) 박두진, 「한국현대시론」, (일조각, 1970), p.284 참조.
84) 閔丙起, "국어국문학 95호", 1986.

한 신앙의 경지마저 보이고 있는 데에서 또 다른 詩 세계에 안주하고 있다.85)는 평가를 내리고 있다. 이러한 평가 뒤에는 《山의 序曲》의 서문에 실린 조지훈의 글이 영향력있게 작용하고 있는 듯하다.

> 爾來 40簡星霜 가까운 세월을 夕汀詞伯은 詩와 더불어 살아왔고 詩壇의 現役에 서 물러난 적이 없다. 때로는 돌과 난초에서 枯淡과 幽玄을 觀照하기도 하고 깨어진 꿈의 엘레지로서 《슬픈 牧歌》를 부르기도 하고 祖國의 慘憺한 現實앞에 입술을 깨물기도 하였으나 그러나 詩人 辛夕汀은 끝내 詩人일 수 밖에 없었고 詩人중에서도 고요하고 다정한 詩人이어서 《촛불》을 쓰던 그 시절의 마음 바탕이 그대로 詩의 基調를 이루고 있다. 바닷가에서 자랐으면서도 山의 詩를 더 많이 쓴 것이라든지 가슴에 불을 지녔으되 겉으로는 항상 서느롭고 마음에 깊은 恨을 안았으면서도 결코 넋두리하며 울지를 않는 그 詩의 姿勢는 바로 이러한 人品에서 유래하는 것이 아니던가….86)

그러나 《山의 序曲》을 두고 이렇게 상반된 견해를 취하는 것은 그만큼 이 시집에 실린 작품들의 세계가 二元的임을 말해준다. 한편으로는 《山의 序曲》의 전작품을 대상으로 하지 않고 논지에 부합하는 일부의 작품들만을 선정하여 빚어진 결과임을 말해준다.

이러한 二元的인 시세계는 관점에 따라서는 모순으로 보여질 수도 있다. 신석정 스스로도 이점에 대하여 고심하기도 하였다.87) 그러나 신석정 시의 고향은 자연이며, 그의 자연친화적인 서정은, 현

---

85) 송미화, "신석정 연구", 「우석어문」1집, (1983.12), p.160
86) 조지훈, 《山의 序曲》 序
87) 허소라, 앞의 논문, p.150

실에 깊은 관심을 보이며 참여의식과 역사의식이 투철한 시세계를
전개할 때에도 그의 내면에 여전히 바탕을 이루고 있음이 확인되
어질 때, 이와 같은 二元的 시세계에 대해 공감할 수 있을 것이다.
그의 제4시집 ≪山의 序曲≫에는 자연친화의 서정과 현실 참여의
시세계가 二元的으로 공존하며, 이러한 두 세계를 조화롭게 접목시
키고자 하는 의도를 엿볼 수 있는 몇몇 작품88)들도 발견되어 진다.

① 얼룩진 역사 안으로
 "≪山의 序曲≫은 초·중기를 거쳐온 석정시의 여정의 험람함과
그 여정을 통해 다져진 사상의 골격과 깊이를 한눈에 보여주는 석
정시의 결산"89)이라고 평한 것처럼, ≪山의 序曲≫에 나오는 山은,
일제의 식민지시대와 해방 공간의 혼란기를 거쳐 6·25의 탁류에
휩쓸리며 다시 4·19의 진통을 겪은 역사를 알고 있는 산이다.

　　　　山頂에는 찢어진 하늘의 펄럭이는 푸른
　　　　旗폭 속에, 우리들의 가쁜 숨결이 숨어 있고,
　　　　稜線을 타고 내려오면 戰爭이 뿌리고 간 고운
　　　　피를 머금은 파란 도라지꽃들의 會話가 잦은데,
　　　　파도처럼 달려드는 바람소리 말을 달려 간
　　　　골짜구니마다 하얀 촉루가 洞窟같은 눈언저리에 눈부신
　　　　太陽을 받아들이곤 이슬같이 수떨이도 있다.

　　　　祝祭도 끝났다.
　　　　假面舞蹈會도 끝났다.

---

88) <山莊에서>, <抒情小曲>, <내 가슴 속에는> 등.
89) 허소라, "신석정론", 「한국현대작가 연구」, p.82

인젠 모두 우리들의 때묻은 검은 夜會服을
벗어 던져도 좋다.

이렇게 촉루와 도라지꽃이 爛漫한 山을 데불고
꽃잎같은 時間을 맞이하고 지우고 지우고 맞이하는 동안
슬픈 강물엔 우리들의 歷史도 띄워 보냈다.
                          -<祝祭>에서

 역사와 더불어 온갖 험란을 겪어온 산은, 초기시에서 시적 자아가 꿈꾸고 동경하던 명상의 山도 아니고, 의연하게 삶의 자세를 표상하던 안식의 산90)도 아닌, 한 시대의 피묻은 삶의 현장이다.
 '능선을 타고 내려오면 전쟁이 뿌리고 간 고운 피를 머금은 파란 도라지꽃들의 회화가 잦은' 산이 되어 버린 것이다. 이처럼 역사와 현실에 깊게 파고든 산은 역사의 증인이 되어 우리를 부르고 있다.

　　山은 어찌보면 雲霧와 더불어 항상 저 아득한 하늘을 戀慕하는 것 같지만
　　오래오래 겪어온 피묻은 歷史의 그 生生한 記錄을 잘 알고 있다.

　　山은 알고 있다. 하늘과 땅이 처음 열리고 그 기나긴 세월에 묻어간 모든
　　서럽고 빛나는 이야기를 너그러운 가슴에서 철철이 피고 지는 꽃들의 갸날픈
　　이야기보다도 더 역력히 알고 있다.

---

90) 이숭원, "한국근대시의 자연표상 연구", (서울대 대학원, 1986), p.91

山은 가슴 언저리에 그 어깨 언저리에 스며들던 더운 피와 그
피가 남기고
　　간 이야기와 그 이야기가 마련하는 歷史와 그 歷史가 이룩할
줄기찬 合唱소리도 알고 있다. 山은 역력히 알고 있는 것이다.
　　　　　　　　　　　　　　　　　　-<山은 알고있다>에서

　민족의 숱한 애환을 너무나도 잘 알고 있는 산은 역사의 증인으로서 생생한 기록자의 역할을 맡고 있을 뿐만 아니라, 앞으로 '역사가 이룩할 줄기찬 합창소리'도 알고있는 그런 산이다. '우리들이 내일을 믿고 살아가듯 언제나 머언 하늘을 바라보고 가슴을 벌린 채', '우리들을 부르고 있는' 희망의 산이기도 하다. 그러므로 '山은 영영 벙어리로 默한 悲劇이라 행여 생각지 말라'고 하면서 山의 영원한 침묵 속에 자신을 맡기고 있다.
　있는 대상의 파편을 창조의 因子로 변혁시켜야만 현실에 참여하여 대결과 저항으로써 창조 작업을 수행할 수 있을 것이다.91)라고 말했다. 현실에 참여하고 대결하고 저항하는 그의 시정신은 자연 사물인 山을 바라볼 때도 삶의 현장에 머무른다. '산이여 통곡하라'고 울부짖으며 '욕된 세월', '무수한 절망과 자살과 지옥' 등의 거친 단어들을 토로하거나, '혁명보다 뜨거운 노한 불길을 또다시 토하리라'고 하는 등, 감정을 절제하지 않고 그대로 드러내는 식의 진술에 빠진다. 이것은 외형적인 詩美를 도외시한 채 현실적 상황에만 시선을 집중했기 때문이라 생각된다.
　<봄이 올 때까지>에 나오는 山의 모습은 통곡에 지쳐 울음마저

---

91) 신석정, "한국의 현대시",「자유문학」, (1960. 5), p.192

잊고 있다.

> 퇴색한 세월의 가쁜 숨소리 낡은 커튼에 흐느끼고, 바람도 흐르다간 앙상한 나무에 石像처럼 정지하는날.
> 인젠 山도 통곡에 지쳐 凍結된 沈默속에 號泣도 忘却하고,
> 　　　　　　　　　　　－<봄이 올 때까지>에서

이 시는 통곡에 지쳐 동결된 산의 모습을 통해 4·19 전야의 어둡고 숨막히는 암담한 현실 상황을 드러내고 있다. 그러나 이러한 현실 속에서도 시적 자아는 겨울을 거부하고 어두운 지층에서 發芽의 의지를 키우며 새로운 봄을 대비하고 있다.

시적 자아의 기다림의 의지는 <푸른 門 밖에 서서>에도 나타나 있다.

> 花冠을/씌우던 <五月祭>는 옛이야기./언젠가는/
> 退院할 民主主義를/五月이여/너도 기다리기에/지쳤지?

라고 하면서도 혼란스러운 어둠의 상황에서 민주주의를 열망하는 시적 자아는 굳게 닫힌 문 앞에 서서 푸른 문이 열리기를 기다리고 있다.

> 추위 지친 하늘
> 서럽도록 짙푸르다.
>
> 물소리 잦아 시린 속에
> 해 지고
> 너는 가고,

종소리
노을에 젖어
목메어 은은한데,

원수도 없는 날을
살고파 타는 가슴

빈 주먹 쥐고 펴다
하루 해를 또 보냈다.
 －＜斷腸小曲＞ 전문

이 시는 4·19 직전에 발표한 작품이다. 현실의 숨막히는 어둠 속에 '몹시 슬퍼서 창자가 끊어지는 듯한'심정으로 부른 노래이다. '하늘'·'물소리'·'해'·'노을' 등 서정의 세계를 읊던 자연물을 詩語로 채택했으나, 이것은 현실과 갈등의 관계에 있는 시적 자아의 마스크에 불과하다. 은은한 종소리의 분위기와 삭막한 현실을 대비시켜 시대적 상황을 암시하고 있다. 석정의 현실참여 정신을 잘 나타내 주는 글로 그의 "젊은 시인에게 보내는 편지"가 있다.

 일찌기 샤르트르는 '작가는 굶주리고 있는 20억 인간편에 서지 않으면 안된다'고 말했지만 우리 문학도는 먼저 불행한 우리 겨레의 편에서 붓을 들어야 하겠읍니다.
 한 편의 시는 불행한 겨레의 멍든 마음을 되찾아 주는 따뜻한 손길이 되어 줘야 하고, 같이 울어 줄 수 있는 데까지 시인은 찾아가야 할 인고와 용기가 있어야 할 것입니다. 부조리한 현실에 눈감고 현실을 외면하는 것만을 능사로 삼을 수는 없읍니다. 부조리와 현실에 대한 인간의 성실한 저항이 누구에게 보다도 시인에게 요구되는 것을 잊어서는 안될 것입니다.

이러한 어두운 시대 상황에서도 시적 자아는 <밤의 노래>를 듣는다.

> 몸서리나는 어둔 밤을 비바람 미치게 몰려드는데,
> 번갯불 사이사이 천둥소리 들려오고,
> 머언 먼 천둥소리 산을 넘어 들려오고,
> 새벽을 잉태하는 뼈저린 신음소리,
> 우리 가슴에 밀려드는 파도소리…
> ―<밤의 노래>에서92)

절박한 현실을 상징하는 어둔 밤이 비바람과 천둥 번개를 동반하고 미친 듯이 몰려들어와도, 시적 자아는 그 속에서 새벽을 잉태하는 힘겨운 신음소리를 듣는다. 그리고 그러한 새벽이 잉태되는 소리는 우리 가슴에 파도소리되어 밀려오고, 이것은 우리가 진정으로 듣고 싶어하는 소리이기 때문에 '귀에 젖은 노랫소리'가 될 수 있는 것이다.

<나에게 어둠을 달라>에서는, 숨막히는 시대 상황에서도 어둠을 노래할 수 있는 것은 서럽도록 즐거운 일이라고 하면서 '나에게 어둠을 달라!/어둠의 大膽한 意志를 달라'고 역설적으로 부르짖기도 한다.

> 강물같은 밤을
> 孕胎한 촛불 아래

---

92) 辛夕汀, 『蘭草잎에 어둠이 내리면』, (知識産業社, 1974), pp.257~258

楚香이 끝난
다음,

靈柩車는 다락 같은 말에 이끌려
천천히 움직이기 시작했다.

그때 나는
흰 薔薇꽃으로 뒤덮인
관을 붙들고
놋날같은 눈물을 흘리며
목메여 우는 少女를 보았다.

능금빛 노을이 삭은 하늘 아래
아라라한 山들도
입을 다물고 서 있는
黃昏이었다.

靈柩車를 이끄는 白馬의 갈기가
바람에 나부끼는 것이
역력한 어둠발 속에
그 아리잠직한 少女의 白腦같은 손아귀에 잡힌
靈柩車의 흰 薔薇꽃은 뚜욱 뚝 떨어졌다.

아득한 어둠 속으로
저승보다 아득한 어둠 속으로
靈柩車를 이끄는 말발굽 소리와
그 靈柩車에 매달려 끝내 흐느끼는 少女의 울움소리에
나는 그만 소스라쳐 깨었다.

촛불을 켜놓고,
나는 시방 그 어둠 속에 사라지던
靈柩車와 靈柩車에 매달려 흐느끼던
少女를 생각한다.

<그것은 아버지의 靈柩車도 아니었다>

<그것은 어머니의 靈柩車도 아니었다>

<그것은 이웃들의 靈柩車도 아니었다>

이 地獄같은 어둠이 범람하는 <地球>라는 몹쓸 별에
내가 아직 숨을 타기도 전에
그러니까 아주 오랜 옛날
그 어느 별을 지나갔을 나의 외로운 靈柩車이었는지도 모른다.
촛불이 흔들리는 강물같은 밤에…

―<靈柩車의 歷史> 전문

  이 시는 신석정이 비극적으로 포착하고 있는 역사의식을 선험적인 수법으로 표현한 작품으로서, 초기 목가시를 쓸 때부터 지구를 어둡고 좁은 곳으로 보아온[93] 그의 특유한 지구관의 한 맥락이라 할 수 있다.[94] 이러한 신석정의 지구관은 그가살아온 시대의 비극성을 잘 나타내주고 있다.

---

93) 꽃 한송이 피어낼 지구도 없고(슬픈 구도), 이 몹쓸 지구에 서서(봄을 부르는 자는 누구냐), 지구는 몹씨도 좁은 고장이더군요(발음), 이렇게 비좁은 지군데도(여백) 등 지구에 대해 부정적인 입장을 취하고 있는 것을 볼 수 있다.
94) 허소라, 앞의 논문, p.96

이 시에서는 '지옥같은 어둠'이 범람하는 속으로 '영구차의 역사'가 말발굽 소리를 달리게 함으로써, 우리가 살고있는 지구의 비극성을 극적으로 표현해 준다.

이 시에서는 미시적인 관점과 동시에 거시적인 관점으로 영구차를 표현하고 있다. 즉 이 시의 전반부를 꿈으로 대체시키고 그 꿈에서 본 영구차는 우리들 주변에서 흔히 볼 수 있는 하나의 영구차로 등장시킨다. 그러나 그의 상상력에서 표상된 영구차는 그 모두의 죽음, 달리 표현하면 우리들의 죽음을 '나의 외로운 영구차'로 수렴하고 있다. 또한 나의 외로운 영구차는 지구의 주검을 싣고 간 영구차이기도 하다. 이처럼 단순하게 죽음을 상징하는 영구차라는 주변적 사실에서 출발하여 지구의 종말에 이르기까지 확대시켜 시를 전개해 나갔다. 이러한 시적 전개는 윌리암 블레이크(William Blake 1757~1877)의 "모래알 한 알에 우주를 생각하고, 손바닥을 젖히면서 영원을 생각한다."95)는 말에서 볼 수 있는 우주적 관심의 표명이라 하겠다.

영구차를 끄는 백마의 갈기가 바람에 나부끼는 가운데 소녀의 손에서 떨어지는 흰 장미꽃잎의 표상은, 거칠고 외로운 시대를 견디는 시적 자아의 고통을 부각시켜 주고 있다. 불행한 현대에 대한 輓歌96)라 할 수 있는 이시는 후기 신석정시의 다각적인 면을 한 곳에 집약시킨 우수작이며, "소녀의 영구차"와 "우주적인 영구차"를 연상시키는 공시적 표현으로 현실의 모순에 대해 자각을 일깨워주는 표현의 기교를 보여주고 있다.

≪山의 序曲≫에 실린 60편의 작품 중에서 가장 신석정다운 사

---

95) 문덕수(편), (성문각, 1975), p.941
96) 허형석, "신석정 연구", (경희대 대학원, 1988), p.96

상의 골격과 깊이를 느끼게 하는 시로 박두진이 주목한 <전아사>
가 있다.

   抱擁할 꽃 한 송이 없는 세월을
   얼룩진 歷史의 찢긴 자락에 매달려
   그대로 소스라쳐 痛器하기에는 머언 먼 가슴 아래 깊은 段階
에
   도사린 나의 젊음이 스스로워 멈춰 선다.

   座標 없는 대낮이 밤보다 어둔속을 어디서 音樂같은 가녀린
소리
   철그른 가을비가 스쳐가며 흐느끼는 소리
   祖國의 아득한 햇무리를 타고 오는 소리
   또는 목마르게 그리운 너의 목소리
   그런 메아리 속에 나를 묻어도 보지만,

   연이어 달려오는 인자한 얼굴들이 있어
   너그럽고 부드러운 웃음을 머금고
   두손 벌려 차거운 가슴을 어루만지다간
   핏발 선 노한 눈망울로 하여
   다시 나를 叱責함은
   아아 어인 知慧의 빛나심이뇨!

   당신의 거룩한 목소리가
   내 귓전에 있는 限,
   귓전에서 波濤처럼 멀리 부서지는 限,
   이웃할 별도 가고, 소리도 없이 가고,
   어둠이 黃河처럼 氾濫할지라도 좋다.

얼룩진 歷史에 輓歌를 보내고 참한 노래와 새벽을 孕胎한 喊
聲으로
    다시 億萬 별을 불러 Satan의 가슴에 槍을 겨누리라.
    새벽鐘이 울 때까지 槍을 겨누리라.
-<전아사> 전문

<전아사>란 보내고 맞이하는 노래란 뜻으로 1961년 「三南日報」의 1월 1일자 신년시로 발표한 작품이다. 박두진은 이 작품에 대해서 "그는 이제 단순한 꿈과 동경, 명상의 새새끼를 좇는 달콤한 안일에만 머무를 순 없다. 더 거칠고 어둡고 통곡스러운 조국과 시대와 역사의 지구적인 현실에 직면하여, 그것을 응시하고 고발하면서 그 Satan의 가슴을 뚫기 위한 창을 겨누면서 새벽종이 울 때까지 함성하고 있다"[97]라고 높이 평했다. 이어서 시의 사상적 깊이와 진폭에 있어서는 만해, 지용, 영랑을 능가해 가고 있다고 극찬했다.

이 시에서도 역시 '꽃 한 송이 없는 세월'의 시대 상황에서 '좌표없는 대낮'이 밤보다 더 어두운 현실에도 좌절하거나 굴복하지 않는 시적 자아의 모습을 제시해 준다. 이웃할 '별'이 가버린 짙은 어둠의 현실에서 새벽종을 기다리며 사탄의 가슴에 창을 겨누는, 시적 자아를 통해 기다림의 의지를 적극적으로 표출시키고 있다. 한편, 신석정이 초기시에서 보여준 아름다운 목가세계를 구축하던 詩語나 詩調가 위의 인용시에서 보여진다.

    적어도 한편의 시는 현실의 파편은 아니다. 현실의 내부 깊이
파들어가서 새로운 현실을 구성하는데 시의 의의는 있을 것이다.
이를 구성하기 위해서 시인이 포착하는 불행한 현실과 대결하고

---

97) 박두진, "시의 자세와 생의 자세", 「한국현대시인론」, (일조각, 1970), p.291

저항하는 것은 바로 우리들 자신의 불행을 구원하는 길이기 때문이다.98)

위의 인용에서 처럼 참여시에 대한 신석정의 시론은, "한 시인이 자기의 시정신에 충실하기 위해서는 이를 저해하는 모든 현실상황과 대결하고 이를 제거하는데 적극적으로 참여해야한다"99)는 입장을 취하고 있다.

우리가 공상하는 세계란 언제나 현실을 떠나서는 성립할 수 없는 것이다. 주어진 현실의 상황 속에 발붙이고 현실에 대한 불만과 같고 싶어하는 현실을 공상의 세계에 설정해 보는 것이다. 낙동강 유역의 보릿고개를 시인은 시로써 노래하면 된다. 그 유역의 주민을 위해서 구호양곡을 보내주는 실제적 행동은 정치와 경제가 맡아서 할 일이다.100)

그는 참여시에 대한 그의 時論을 뒷받침하는 例詩로써 <惡寒>을 제시해 놓고 있다.

어둔
벌판에서는
늑대 떼가 울고 있었다.

사뭇 하늘이 누렇게 고여드는
눈 망울 저 속 깊이
아직은 파랗게 남은
한 조각 하늘을 데불고

---

98) 신석정, "자유문학" (1960, 5월호), p.195
99) 신석정, "시정신과 참여의 방향", 앞의 책, pp.248~252
100) 신석정, 앞의 책, pp.251~252

肥滿한 어둠에 몰려 간
싸늘하게 식어가는 대낮을
아아 그 눈망울만은
말할 수 있는 自由가 있다.

허덕이면서
거꾸러지면서
되쳐 일어나면서
屍體된 대낮의 엉뚱하게 높은
그 언덕을 넘어가면서
으시시 오는 惡寒을
우린 자랑하면서 살아도 좋다.

그러기에
한번도 외롭다고 말한 적이 없다.

—〈惡寒〉에서

　이 시에 나오는 어둔 벌판에서 울어대는 잔인한 늑대 떼의 울음소리는, 시정신에 충실한 시인이 대결하고 제거해야될 시대적 상황이다. 이 상황은 屍體된 대낮의 언덕을 오르면서 느끼는 惡寒의 현실이다. 그러나 눈망울 속 깊이 남아있는 파란 하늘은, 현실의 고통과 시련 속에서도 결코 포기할 수 없는 신념의 공간으로서, '惡寒'을 견뎌내는 자아의 의지를 표상한 것이다.
　夕汀은 「詩정신과 참여의 방향」에서 그의 참여에 대한 태도를 말해주고 있다.

　　예술가의 행동이란 바로 작품활동이면 족하다. 그렇다고 실제

행동에 나가서는 절대 안된다고 금족령을 내리자는 것은 아니다. 시 정신이란 결국 사물의 배후에서, 혹은 그 중심에 파고들어 실상을 파악하고 나아가 파이척결하는 정신이고 보면, 에즈라 파운드식 참여는 전진하는 역사의 치자를 붙들고 늘어져 엉뚱한 방향을 끌고 나아가, 새로운 역사 창조의 저력이 될 수 있는 길은 아닐 것이다. 어찌 속정에 국척하여 참여의 방향을 그릇되게 설정할 수야 있겠는가? 인간의 기구하고 의욕하는 것을 꿈으로 승화시킬 수도 있다. 그러나 그 꿈의 저변에는 항상 현실의 부조리에 대한 증오가 깔려야 할 것임은 더 말할 것 없다. 이것이 예술가의 소중한 양심으로 통하는 길이기 때문이다.101)

신석정은 앞에서 인용한 「시정신과 참여의 방향」의 마지막 부분에서 "인간의 기구(祈求)하고 의욕하는 것을 꿈으로 승화시킬 수도 있다. 그러나 그 꿈의 저변에는 항상 현실의 부조리에 대한 증오가 깔려야 할 것임은 더 말할 것 없다. 이것이 예술가의 양심으로 통하는 길이기 때문이다."라고 말했다. 이러한 그의 시론처럼 인용시 <惡寒>에도 '파란 하늘'의 저변에는 '늑대 떼가 우는 잔인한 들판'이 깔려있다.

> 할닥이는 숨결로 이 치사스런 生命과 詩를 다스리며, 더러는 슬기로운 戰爭으로 불장난을 하고, 더러는 삶과 죽음의 건널목에서 毒를 머금은 혓바닥으로 꿈과 생시를 의논하며, 녹이 슬었을 極惡을 意慾하지만, <地球>라는 地獄에서 허덕이는 限, 그것은 地球가 廻轉하는 대로 累積되는 검은 歷史의 한 자락을 스쳐가는 꽃가루였다.
> <그러나 그것은 뜨거운 필 머금은 꽃가루다>
> —<地球가 廻轉하는 대로>에서

---

101) 辛夕汀, 『蘭草잎에 어둠이 내리면』, (知識産業社, 1974), p.252

이 시에서는 지구라는 지옥에서 허덕이는 현실의 삶 속에서는 '녹이 슬었을 극락을 의욕'하는 것이 '검은 역사의 한 자락을 스쳐가는 꽃가루'로 설정되어져 있다. 지구가 회전하는 대로 검은 역사가 누적되는 시대 상황에서, 극락은 녹이 슬었으며 극락을 의욕하는 것은 어둠이 누적된 역사의 한 부분을 스쳐가는 바람결이거나 포말이거나 꽃가루에 지나지 않는 것이다.

그렇지만 여기에서는 이러한 스쳐가는 것들이, 자취를 감출 수 없고 영영 스러질 수 없는, 뜨거운 피를 머금은 시적 자아의 강인한 의지임을 강조하고 있다. 앞의 시에 나오는 '잔인한 들판'이나 이 시에 나오는 '검은 역사'는 다같이 현실의 상황을 비유적으로 제시한 것이며, '파란 하늘'이나 '뜨거운 피를 머금은 꽃가루'를 대비시켜 시적 자아의 기다림의 의지를 표출하고 있다.

<壁의 노래>에서는 '壁'의 상징을 통해 현실 인식을 나타낸다.

> 이웃과 이웃을 遮斷하고,
> 겨레와 겨레를 遮斷하고,
> 나라와 나라를 遮斷하고,
>
> 인젠 하늘도 질려
> 파랗게 끊어진 絶頂
>
> 끝내는
> 서성대는
> 나와 나를 遮斷하는
> 壁.
> ―<壁의 노래>에서

너와 나 사이에 가로놓인 벽은 이웃과 겨레와 나라를 서로 막아

놓고 결국에는 나마저 분리시키는 무서운 벽이 된다. 그러므로 이 무섭고 어두운 벽을 넘어야만 우리들의 밝은 내일이 도래함을 강조하고 있다.

그의 치열한 시 의식은 평소에 그가 쓴 글에도 잘 나타나 있다.

갖고 싶어하는 내일, 가져야 할 내일의 세계, 이것은 좀 더 양심있는 인간과 더불어 우수한 오늘의 시인들의 과제인 것이며, 또한 향수(鄕愁)인 것이다. 그러므로 시는 들에 피는 꽃의 세계에서 이미 타는 가슴과 뛰는 심장으로 그 배양토(培養土)를 옮겨온지 오래다. 이리하여 시의 감흥은 우연히 하늘에서 내려온 선녀도 아니요, 항상 우리 뜨거운 가슴에서 살고 부단히 움직이는 역사와 더불어 성장하고 응결하여 탄생된다는 것을 잊어서는 안될 것이다.

이런 역사성을 망각하고 시를 자연발생적인 것처럼 사유하기 때문에, 시의 목적의식(目的意識)을 부정한다는 이보다는 두려워하고, 또 회피하는 것을 그들은 시에 대한 유일한 예의로 여기고 있다는 것은 얼마나 부질없는 잠꼬대이랴?102)

한 詩人이 있어
<딱터·李>의 肖像畵로 밑씻개를 하라 외쳤다 하여
그렇게 자랑일 순 없다.
어찌 그 치사한 休紙가 우리들의 성한
肉體에까지 犯하는 것을 참고 견디겠느냐!

그러기에
最後에 벅찬 呼吸으로 다스릴
욕되지 않을 握手는

---

102) 辛夕汀, 『蘭草잎에 어둠이 내리면』, (지식산업사, 1974) p.212

아마 地球가 몇 바퀴 돌아간 뒤라야
우리 廣場에서 이루어질 것이다.

嚴肅한 歷史의 宣告도 凍結된 地區에서
그렇게도 우리가 목마르게 待望하는 것은
결국
헤아릴 수 없는 쥐구멍에
햇볕을 보내는 民主主義의 作業을 떠나선 意味가 없다.
　　-<쥐구멍에 햇볕을 보내는 民主主義의 노래>에서

이 시는 1961년 전북일보의 신년시로 쓰여졌다. '어제는 모조리 원수에게 주어라!', '오늘만은 아예 양보할 수 없다!' '내일은 더구나 빼앗길 수 없다!' 등의 직설적인 구호의 남발과 '사자같이 노한 4月이 주고 간 얼굴' 등에서 말해주듯 4·19와 그에 따르는 현실의 상황을 격앙된 어조로 노래했다. '또다시 앞을 가로막는 검은 밤이 올지라도'라는 표현에서, 4·19가 완성이 아니라 멍든 역사를 질주해 온 주름잡힌 얼굴의 우리가 계속 실천해 나가야 할 미완의 미래지향적 과제임을 주시하는 태도를 보여준다. 그러므로 헤아릴 수 없는 쥐구멍에 햇볕을 보내는 민주주의의 작업을 노래하고 있는 것이다. 이 시에 나오는 '한 시인'은, 미성숙한 우리 사회를 직시하는 것을 시인의 정직성과 책임으로 인식[103]하고 우리 사회의 변화를 겨냥하여 비속어·악담·야유·요설·선언·非詩的 일상언어 등을 자유롭게 구사한 김수영을 가리킨다.

신석정의 현실 참여의 시정신은 장미꽃을 소재로 한 <薔薇꽃 입

---

103) 김준오, "순수·참여와 다극화시대",『한국현대문학사』, (현대문학사, 1989), p.314

술로>에서의 현실 인식이 강한 표현에서도 드러난다.

> 어린 손주처럼 예쁘디 예쁜
> 장미꽃의 티 없는 웃음 속엔
> 陰謀도 密語도 원수도 데모도 없다.
>
> 더구나
> 우리들이 마음 죄이는 눈물겨운 가난과
> 毒感처럼 蔓延하는 絶糧農家가 없어서 좋다.
>
> 참한 봉오리마다 깃들인
> 햇볕과 이슬과 별들의 이야기 속에는
> 五月밤을 이슥히 울고 간
> 歸蜀道 소릴 머금고,
>
> 때때로 잉잉대는 어린 꿀벌들의
> 향기적은 젖은 室內樂 소리와
> 꽃이파리에 연신 사운대는 바람소리가
> 진정 서럽도록 서럽도록 고와라
>
> 나의 사람아
>
> 날로 식어가는 우리들의 가슴일랑
> 저 진한 장미꽃 입술로
> 오늘은 한번만 뜨겁게 문지르자.
>
> ―<薔薇꽃 입술로>에서

이 시에서 시적 자아는 궁극적으로 '장미꽃의 티없는 웃음' 속에 머물고 싶어한다. 그러나 돌아가고 싶고 머물고 싶은 시의 고향을 잃은 현실의 어두운 상황에서 그는 현실과 대결해야만 한다.
　여기에서는 자연 친화적인 정서를 자아내는 자연물과 시대 상황을 직시하는 현실인식의 대상이 함께 시적 제재로 채택되어 그의 시정신을 반영하고 있다. 이렇게 구성된 다른 작품들을 인용해 보자.

　　　　언젠가 한 번은 지나갔을
　　　　배추밭같은 바다여
　　　　그 초록빛 이랑이 출렁이는 바다여
　　　　오늘은
　　　　너희들의 무수한 屍體가 떠내려가야하는
　　　　이 욕된 <文明>을 자랑할 순 없다.
　　　　　-<弔歌三章, 제 1장 나비의 꽃밭은 바다가 아니다>에서

　　　　이우는 꽃이파리에
　　　　매달렸던 때묻은 시간이
　　　　총총히 길을 떠난다.

　　　　나는 문득
　　　　街路樹에 사운대는 바람소리 속에
　　　　술회사 문 앞에 줄지어 서 있는
　　　　아낙네의 술재강일 받아드는 기침 소릴 들었다.
　　　　　　　　　　　　　　　　-<地獄>에서

　　　　장미는 자꾸만 물방울로
　　　　잎을 씻고 어깨 씻고
　　　　끝내는 뿌리로 보내는 것은

> 내가
> 머언 날을 생각하고 궁리하듯
> 다시 꽃 피울 太陽을 생각하는 까닭이다.
>
> 문득
> 밤에 내리는 비의 즐거운 음악 소리 저편에, 쭈구리고 앉은 밤과, 그 밤의 무서운 혓바닥과,
> 그 혓바닥에 앗여간 안쓰러운 것들과,
> 그 안쓰러운 것들을 외면하는 歷史를 생각한다.
> 　　　　　　　　　　-<한줄기 불빛을>에서

신석정의 시정신을 반영하는 위의 작품들에서, 서정시로써 현실참여의 가능성을 발견할 수 있다104)는 평가도 이루어지고 있다.
신석정은 '안쓰러운 것들을 외면하는 역사'를 결코 외면하지 않고 <穀倉의 神話>를 노래한다.

> 바다도곤 넓은 金萬頃들을
> 눈이 모자라 못 보겠다 노래하신
> 당신과 우리들의 이 기름진 땅을
>
> 아득한 옛날엔
> 양반과 벼슬아치와
> <조병갑>이와 아전떼들의 북새 속에서
>
> 그 뒤엔
> <乙巳條約>에 따라붙은 <洞拓會社>와

---
104) 이가반, "신석정의 제재", 「한국언어문학」, 제17·18집, (1979), p.82

<가와노상>과 <노구찌상>과 <中樞院參議>와
왜놈의 통변들의 등쌀에 묻혀

격양가도 잊어버린 벙어리가 되어
할아버지와
아버지와
아들과
손주들이 代代로 이어 살아왔더란다.

서러운 옛 이야기 지줄대며
東津江 굽이굽이 흐르는 들을
그 무서운 惡夢이 떠난지 스무해가
되었다 하여

우리 할아버지들의 피맺힌
옛 이야기를 잊지 말아라.

太平洋을 건너왔을
智異山을 넘어왔을
母岳山을 지나왔을
다냥한 햇볕이 흘러간다 하여

우리 할아버지들의 땀이 배어든
이 몽근 흙을 잊지 말아라.

그 언젠가는 이 기름진 땅에
우리 눈물겨운 小作人의 後裔로 하여
드높은 격양가로 매마른 山河를 울리고,

미국보리와 풀뿌리로 연명하던
그 서럽고 안쓰러운 이야기는
東津江 푸른 물줄기에 실려
아득한 아득한 神話로 남겨두자.
-<穀倉의 神話> 전문

그는 <곡창의 신화>를 노래함으로써 '서럽고 안쓰러운 이야기'를 비로소 푸른 강줄기에 실어 보내고 '안쓰러운 것들을 외면하는 역사'를 신화로 남겨두고자 한다. 이러한 역사 의식의 바탕에는 가난한 이웃들에 대한 연민과 사랑이 깔려있기 때문에 우리 할아버지들의 피맺힌 옛 이야기와 땀이 배어든 흙을 잊지 말라고 당부하고 있다.

내가/장미를 열심히 剪枝하는 동안에도/장미를 저 햇볕과 水分을/열심히 빨아 올리고 있는 것은/내가 장미를 다스리듯/장미도 저를 다스리는 까닭이다./내가/저 즐거운 비의 음악 소리를/열심히 듣고 있는 동안에도/그 이두운 속에서 장미는 시시/물방울을 열심히 받아선/장미를 자꾸만 물방울로/ 잎을 씻고 어깰 씻고/끝내는 뿌리로 보내는 것은/내가/머언 날을 생각하고 궁리하듯/다시 꽃 피울 太陽을 생각하는 까닭이다./문득/밤에 내리는 비의 즐거운 음악 소리/저편에, 쭈구리고 앉은 밤과, 그 밤의 무서운 혓바닥과,/그 혓바닥에 앗여간 안쓰러운 것들과,/그 안쓰러운 것들을 외면하는 歷史를 생각한다./어디서/百合 향기가 들려오고 있었다./그러나/밤은 어두었다./하거늘/물 내음새가 물씬 나는/저 시리우스 빛갈의/螢光燈이라도 좋다./한 줄기 불빛을/그 불빛을 보여 달라.
-<한줄기 불빛을> 전문

이 시에서는 장미를 의인화시킴으로써 시적 자아가 바라보는 장미를 통해 어둠의 현실을 감내하는 의지를 표출하고 있다. 수분·비·물방울이라는 물을 나타내는 시어들이 태양이라는 빛의 시어와 더불어 장미를 피게하고, 머언 날을 결의하는 원동력이 되고 있다. 따라서 장미가 밤에 내리는 비의 물방울을 받아서 적극적으로 뿌리까지 보내는 행위는, 시적 자아가 희망의 먼 날을 궁리하듯이 다시 꽃 피울 태양을 생각하는 까닭이므로, 밤에 내리는 비는 시적 자아에게는 '즐거운 음악 소리'로 들리는 것이다. 그러나 즐거운 음악 소리 저편에 깔려 있는 밤은 그 무서운 혓바닥으로 안쓰러운 것들을 삼켜갔고 역사는 그들을 외면하고 있다.

어디서 백합 향기가 들려오고 있는 기대와 희망 속에서도 여전히 어두운 밤의 현실에서 시적 자아는 어두운 밤을 헤쳐나갈 한 줄기 불빛을 간절히 기다리고 있다. 앞에 인용한 현실 인식이 강한 작품에서는 사회적 기능으로서의 성취욕이 강조된 나머지 언어 예술이 지닌 미의식의 미흡함을 볼 수 있다. 또한 《山의 序曲》에서만도 '역사'라는 시어가 20번이나 등장하고 있는데, 이처럼 그의 깊은 역사의식이 문학적으로 어떻게 객관성을 획득하느냐 하는 문제점을 안고 있다.

이 시는 이러한 점을 극복하고 자연 친화적인 서정과 현실에 대한 참여 의식이 조화적으로 만나는 새로운 시적 공간을 창출해주고 있다는 점에서 주목된다.

② 山을 향한 圓熟한 演奏

《山의 序曲》이 현실참여의 방향으로 전개되었지만, 다른 한면에는 서정성이 짙은 작품들이 여전히 신석정의 시세계를 지키고 있음을 주목해야 한다.

≪山의 序曲≫에 실린 첫 작품 <푸른 SYMPHONY>를 살펴보자:

1. 山.
   <파아랗다>
2. 넌즈시 뻗어나간 저어 山脈을 보아라.
   <햇볕이 강물처럼 흐른다>
3. 아슬 아슬한 저어 봉우리를 보아라.
   <휘휘 칭칭 구름이 감았다>
4. 말 없이 얼싸안은 山峽과 山峽을 보아라.
   <퍽은 다정도 하이…>
5. 어깨와 어깨를 맞대고 껴앉은 山
   <따스한 體溫이 돈다>
6. 볼과 볼을 문지르고 있는 山
   <연거푸 주고 받는 뜨거운 kiss>
7. 이윽고
   頂上
   <頂上에 나는 서 있다.>
8. 연두빛 봉우리
   용담빛 봉우리
   은옥색 봉우리
9. 멀리 가까이 솟아 오른 봉우리
   봉우리.
   봉우리.
   봉우리.
10. 아스므라한 봉우리
    뵐락 말락한 봉우리
    하늘에 숨은 봉우리
11. 가까이 오렴.
    <나의 사랑이여!>

12. 우리도 저어 山 모양 하고
    시방 무수한 봉우리들이 演奏하는
    푸른 Symphony를 듣자.
13. 죽음 보다 멀고 또 고요한
    저어 Symphony를 듣자.
14. 永遠한 靑春과 滅하지 않는 生命과
    뚜벅 뚜벅 걸어오는 줄기찬 來日의 旋律을 듣자.
    <莊嚴하지 않으냐?>
15. 오늘도 우리들은
    저 거창한 山의 푸른 Symphony 속에서
    벅차는 숨을 쉬고 있는 것이다.
                    -<푸른 SYMPHONY>에서

 이 시는 산에서 듣는 푸른 Symphony라는 공감각적 이미지와, 산의 의인화에 의한 인간과의 융합된 이미지를 통해 청춘과 멸하지 않는 생명과 내일에의 굳은 의지를 표출해내고 있다. 산의 푸른 Symphony가 들려오는 가운데 벅찬 숨을 쉬는 인간의 모습이 자연 친화의 서정을 자아내게 한다.
 ≪山의 序曲≫의 두번째 작품인 <智異山>에는 많은 식물이 등장한다.

    1
    六月에 꽃이 한창이었다는 "진달래" "石楠" 떼지어 사는 골짝. 그 간드라운 가지 바람에 구길 때마다 새포름한 물결 사운대는 숲바달 헤쳐나오면, "물푸레" "가래" "전나무" 아름드리 벅차도록 밋밋한 능선에 담상담상 서 있는 "자작나무" 그 하이얀 "자작나무" 초록빛 그늘에, "射干" "나리" 모두들 철그른 꽃을 달고 갸웃 고갤 들었다.

2

씩씩거리며 올라채는 가파른 斷崖. 다리가 휘청휘청 떨리도록 아슬한 산골에 산나비 나는 싸늘한 그늘 "桔梗"이 서럽도록 푸르고 선뜻 돌 타고 굴러오는 돌을 굴러오는 물소리 새소리 갓 나온 매미소리 온 산을 뒤덮어 우람한 바닷속에 잠긴 듯하여라

3

"더덕" "으름" "칡" 서리고 얽힌 넌출 휘휘 감긴 바위서리, 그저 얼씬만 스쳐도 물씬 풍기는 향기, 키보담 높게 솟은 "고사리" "고비" "관중" 群落에 "마타리" 끼리 어깰 겨누는 덤불, 짐승들 쉬어간 폭싹한 자릴 지날 때마다 무침ㅎ고 나도 딩굴고 싶은 산골엔 헐벗고 굶주린 자취가 없다.

4

발 아래 구름이 구름을 데불고 우뤌 몰고 간 골짝엔 어느덧 빗발이 선하게 누비는데, "전나무" 앙상한 가지에 유난히도 눈자위가 하이얀 "동박새" 외롭게 우는 소릴 구름 위에 位置하고 듣는 斜陽도 향그러운 길섶, 늙어 쓰러진 나무를 나무가 한가히 베고 누워 산바람 속에 숨이 가쁘다.

신석정의 시에 나타나는 식물의 종류는 다양해서 ≪山의 序曲≫에 실린 60편의 시에서만도 100종을 헤아리게 된다.105) 위의 시 <智異山>에는 22종의 식물들이 등장한다. 이는 산을 사랑하고 산의 품에서 자라나는 식물들을 사랑하는 시인의 마음을 표현한 것이라 하겠다. 더불어 그 산에서 뛰노는 짐승들과 산에서 들리는 새소리, 귀또리 소리는 자연을 더욱 풍요롭게 해주며, 시적 자아로

---

105) 석정문학회 엮음, ≪임께서 부르시면≫, p.129

하여금 그 산의 품에 안겨 뒹굴고 싶게 만든다. '짤달막한 나무들이 남쪽으로 다정한 손을 흔들며 사'는 산에서, 보내야할 얼룩진 오늘과 탄생하는 내일의 생명을 구가할 꿈을 의논하는 삶은 산처럼 풍요롭고 여유있어 보인다.

<작은 風景>에서는,

>먼 山은 흰눈을 이고
>흰눈을 이고 있는 山 너머로
>푸른 하늘이 흘러간다.
>
>푸른 하늘 흘러가는 太古한 속에
>나는 오늘도 목메이게 너를 부른다.
>   -<작은 風景>에서

산을 애타게 부르는 시적 자아에게서 산에 귀의하고자 하는 구도자적인 자세를 엿볼 수 있다.

<山中問答> 第二章에서는,

><山에는 누가 사나?>
><골에서 자고 이는 구름이 산다데요>
>
><구름 속엔 누가 사나?>
><멧새 우는 속에 꽃이랑 산다데요>
>
><꽃 속엔 누가 사나?>
><벌나비 향기에 젖어 말 없이 산다데요>
>에라!

나도 山에나 갈까보다.

꽃 속에 묻히는
벌나비랑 살까보다.

이 시에는 산에서 사는 구름·꽃·벌나비와 함께 산에서 살고
싶어하는 시적 자아의 산에 대한 무한한 동경심이 나타나 있다.
 이처럼 산에 대한 친화적인 서정은 <山房日記>에서도 역력히 보
여진다.

봉우리 넘어오는 구름
추녀를 스쳐가고

골엔
꾀꼬리 和答하는 소리
山이 울린다

방을 둘러가는
山나비 지친 나래소리-

그저
해만 설핏하면
소쩍새 울고,

山도 을씨년스러워
하늘만 바라보는데,

밤 들기 전
풀벌레 사운대는 속에

나긋나긋 잠이 온다.
                    -<山房日記> 전문

　꾀꼬리 화답하는 소리가 산을 울리는 가운데 산나비의 나래 소리마저 들리는 고요하고 적적한 산중 풍경이다. 해만 설핏하면 우는 소쩍새 울음 속에서 풀벌레 사운대는 소리에 밤도 듣기 전에 잠이 오는 지극히 평화로운 공간이다. 자연의 품에 안겨 어느덧 자연에 스스럼없이 동화되어가는 시적 자아의 모습에서 자연친화적인 詩心이 울려퍼지는 듯 하다.
　이러한 서정성은 <山나비랑 앉아서>에 오면

　　　골골이 타고 오는
　　　바람소리
　　　물소리
　　　물소리 바람소리
　　　잘잘 멋이 흐르는
　　　거문고의 散調

　　　새가
　　　날아 간 뒤
　　　다람쥐도 지내갔을 바위 언저리
　　　山나비랑 나란히 앉아서
　　　멀리 돌아가는 蟾津江을
　　　숲 새로 바라보다
　　　문득
　　　나는
　　　杜甫의 <春望>을 외워 본다.
                    -<山나비랑 앉아서>에서

이 시에서는 '노고단' 가는 길에서 만난 산의 풍경 속에 산나비
랑 함께 앉아 멀리 돌아가는 섬진강을 숲 사이로 바라보다 문득
쓸쓸함을 느끼는 시적 자아의 모습을 그리고 있다. 자연친화적인
서정이 배경을 이룬 가운데 고향을 그리워하는 외로움이 배여 있
다.

≪山의 序曲≫ 跋文에서, '그동안 역사의 흙탕물 줄기가 무참하
게도 내 정신세계를 여러번 감싸주고 있었음'을 다음의 작품들에
서 대할 수 있다.

   厚朴남기와 라일락을 잘 가꾸어 머지 않은
   뒷날에는 탐스러운 꽃들이 피어,
   푸르고 연연한 향기를 좁은 뜨락에 가득 채우도록하고,
   뒤란에 심은 찔레꽃도 잘 보살펴서 울타리를 삼고,
   石榴남기와 대추남기도 올들어 꽃이 무척 피었으니,
   가을엔 어린놈들의 군입정이 그리 모자라지는 않겠구나.
           -<故園에 보내는 詩>에서

   네 눈망울에서는
   새벽을 알리는
   아득한 鐘소리가 들린다.

   네 눈망울에는
   머언 먼 뒷날
   만나야 할 뜨거운 손들이 보인다.

   네 눈망울에는

손잡고 이야기할
즐거운 나날이 오고 있다.
―<네 눈망울에서는>에서

　푸르디 푸른 것, 모두 빨가장이 아셔가는 가을 푸른 하늘에 또 롯이도 주렁주렁 달려있는 山茱萸 구슬구슬 빨간 열매를
　　白薔薇같이 하얗고도 부드럽게 늙으신 아버지가 눈을 찔끔 감으시면서 씨발라내던 그 죄 없는 이야기 간직한 채
　함박눈 퍼얼 펄 내리는 속에 山茱萸는 서서 求禮·山東 가시내들의 흥어리던 이야기도 노래도 부르고 우리 아버지도 부르고….
―<三月이 오면>에서

　다시금 꽃을 매만지시고, 쓰다듬고 하시는 양이 어쩌면 어린 손주 다루시듯 邪念이 없사오시니, 당신의 숨결이 또한 꽃 속에 스며 열매와 같이 成熟하는 것을 당신은 무심히 아시올 것입니다.

　그러기에 꽃가루와 꽃가루가 부딪쳐, 고 까아만 씨앗이 영그는 속에 간직한 어린 나비와 나랫소리와, 꿀벌들의 室內樂 같은 音樂소리와 간간이 꽃이파리 옆에 사운대다 떠나는 가는 바람소리에 뒤섞인 당신의 가벼운 기침소리와, 그 맑은 음성 또한 씨앗 속에 간직된 이것들과 무엇이 다르오리까?
―<雜俗의 章>에서

芭蕉잎을 밟고 가는
내 어린 꿈 속에 겨울은 서서

―저렇게 하이얀 눈을 날리는고나.
―<芭蕉잎을 밟고 가는>에서

이처럼 서정에 바탕을 둔 따뜻한 마음은 지나간 시절과 그리운 사람에 대한 애절한 기억을 떠올린다.

　　자욱하니 흐린 눈망울에 산수유꽃이 들어왔다. 산수유꽃 봉오리에서 노오란 꽃가루가 묻어 떨어지는 빗방울을 본 나는 그예 눈물이 펑펑 쏟아지고 말았다.
　　보리가 무두룩히 올라오는 언덕길에 비는 멎지 않았다. 문득 靑麥죽을 훌훌 마시던 어머니 생각이 났다. 그것은 <琴山理>란 마을에서 가파른 보리 고갤 넘던 소년 시절의 일이었다.
　　　　　　　　　　　　　　　　-<어머니의 記憶>에서

　　나는 여전히 빗발이 흐느끼는 유리창에 붙어 서 있었다. 유리창에 붙어서서 빗발속에 묻혀 있을 산협을 바라보고 있었다. 산협을 굽이굽이 돌아가는 강물이 보였고, 강물을 따라 머언 바다를, 바다가 바라다 보이는 언덕에 자리 잡고 있는 어머니의 무덤을 생각하고 있었다.
　　　　　　　　　　　　　　　　-<窓가에 서서>에서

　　문득
　　할아버지의 그 부싯돌이 생각나서
　　돌아오는 省墓길에
　　바다가 보이는 언덕에 앉아서
　　그 쌉쌀한 풋담배를
　　피어 물고 보는 하늘은
　　유달리 푸르렀다.
　　　　　　　　　　　　　-<오는 八月에도>에서

이팝나무 꽃이 뒤덮인
그 白雪같은 숲길을
少年과 少女는 걸어가고 있었다.
한참을 걷다 보면
나는 바로 少女의 손을 이끌고
걸어가는 손이 뜨거운 少年이었다.

—<初雪>에서

    바다가 보이는 고향의 언덕을 생각하며 꽃이 뒤덮인 어린 시절의 숲길을 떠올리며, 이제는 곁에 없는 어머니와 할아버지와 그 옛날의 소녀를 추억한다. 지난 시절의 꿈을 회상하는 시적 자아의 외로움과 다정다감한 인간미가 짙게 흐르고 있다.
    "꽃나무 중에서도 제일 좋아하신 것은 태산목(泰山木)이 아니었던가 싶다. 정원에 선 큰 태산목의 꽃철이면, '화기(花期)가 길어 좋고, 향기가 짙어 좋고, 상록이어서 좋고, 나무랄 데 없는 나무'라는 말씀을 자주 하셨고, 사위들의 집에도 이 태산목을 사서 옮겨 심어 주시는가 하면, 돌아가시기 전 병상에서도, '내 무덤에는 차가운 돌비(碑)보다도 태산목을 한 두 그루 심어 달라'는 말씀을 하시기도 하였다."[106]
    <耽羅植物誌>에서는 제주도의 식물을 제재로 하여 9편의 시를 만들었다.

겨울도 봄인양
부푸는 바다를 닮아

---

106) 최승범, "가슴에 떨어지는 낙화소리",「바람과 별도 잊을 수 없는 사람들, 서정주 편저」, (풀빛사, 1979. 5), p.256

네 가슴도 뜨거운 탓이지…
—<夾竹桃>에서

까칠하게 여윈 어깨에
줄등 켜 달듯 꽃을 달고
—<石斛>에서

밤낮 보는 바다에 지쳐
부채같이 넓은 손을
그저 자꾸만 흔드는게지…
—<棕櫚>에서

故國이 그리워도
니그로처럼 望鄕歌도 잊어
차마 울음도 터뜨릴 수 없는
헛바닥엔 가시가 돋았나 보다
—<龍舌蘭>에서

입을 다물고 사는 네가
어쩌면 이리도 안쓰러울까.
—<蘇鐵>에서

여기에서는 제주도에 분포하는 식물을 대상으로 하여 감정이입을 통한 의인법의 사용으로 표현의 효과를 높이고 있다. 의인법은 대상에 대한 심도있는 애정에서 출발하게 된다.[107] 대상에게 인간의 속성이나 감정들을 부여하는 것은 대상을 사랑으로 대하는 것

---

107) 정한모,「현대시론」, (보성문화사, 1979), p.38

이며, 이러한 사랑은 인간애로 발전되어 가는 것이다.

≪山의 序曲≫의 마지막에 실린 작품은 <南海抒情詩抄>이다. 제목에서도 알 수 있듯이 남해에서 받은 인상을 서정적으로 읊고 있다. 신석정은 이 시에 다음과 같은 주석을 달아 놓았다. "오동도 동백꽃이 피었다는 소식을 듣고 이미 남해에 상륙작업을 시작한 봄을 만나고 싶어 一月九日 눈 속에 새벽차를 잡아 타고 훌쩍 여수로 내려갔다. 여기 다섯 편의 동백꽃을 읊은 시는 이 짧은 여행에서 얻어 온 것이다."라고 하였으니, 이는 낭만과 서정이 넘치는 시인의 마음을 충분히 읽을 수 있는 글이다.

    몸부림치고프도록 아름다워라.
    동백꽃 빨가장이 아름다워라.

    아짜지 못하게 아름다워라.
    꽃웃음, 새소리 아름다워라.

    나도 동백나무랑 살다가
    한번은 저렇게 가슴을 태우고 싶어라.
          -<Ⅲ 나도 동백나무랑> 전문

신석정은 ≪山의 序曲≫의 책머리에 "沈默은 산의 얼굴이니라. 崇高는 산의 마음이니라. 나 또한 산을 닮아보리라"고 기록해두었다. 그의 자연귀의적인 사상이 더욱 심화되어 자연에 대한 경건한 신앙의 경지마저 보이고[108] 있다고 하는 지적처럼, 이 시집에서 보여주는 서정시들은 자연친화와 자연과의 합일 정신을 표출해주고

---

108) 송미화, "신석정 연구" 「우석어문」 1집, (1983.12), p.160

있다.

2) ≪대바람 소리≫시대

≪대바람 소리≫는 1970년에 간행된 신석정의 제5시집으로「한국시인협회」간행으로 모두 24편이 수록되어 있다.109) "≪대바람 소리≫에 이르러 다시 그다운 본인의 서정의 세계에 회귀하게 된다"110)거나, "自然親和의 노래가 한결 구체적인 상황과 차분하고 고요한 觀照로 짜여져 있는 儒家的 은둔의 노래"111)라는 평가가 이루어지고 있다. 또한 모든 사회참여의 시가 그러하듯 그의 시도 의욕이 너무 앞선 나머지 설명과 진술에 빠지고 있다.

"신석정은 결국 자기의 체질에 따라 옛날과 같은 목가적인 세계로 귀환하고 만다."112)라고 해석되어지기도 한다. 이러한 지적은 ≪山의 序曲≫과 ≪대바람 소리≫의 시세계의 거리감에서 비롯된 단정으로 보여진다.113) 한편으로, 신석정은 '대표작 自選自評'이라는 글에서 다음과 같이 진술하고 있다.

---

109) ≪대바람 소리≫에 수록된 시는 다음과 같다. <立秋>, <好鳥一聲>, <皺夜長古調>, <대바람 소리>, <白鹿潭>, <漢拏山은 서서>, <漢拏山 短章>, <梧桐島엘 가서>, <九千洞>, <파초와 이웃하고>, <눈맞춤>, <春愁>, <서울 一九六九年 五月 어느날>, <그 마음에는>, <귀>, <은방울 꽃>, <나랑 함께>, <波濤>, <서울은>, <悲歌>, <저 無等같이>, <春香傳序詩> ……
110) 이한용, "신석정 연구",「한국언어문학」제31집, (1993), p.456
111) 송미화, "신석정 연구"「우석어문」1집, (1983.12), p.161
112) 조용란, "신석정론",「한국현대시인론」, (형설출판사, 1979), pp.239~240
113) "≪대바람 소리≫이후 작고시까지의 4년 사이의 작품을 주목해 보면 이러한 단정은 재고를 요하게 된다"고 허형석은 앞의 논문 p.133에서 밝히고 있다.

드디어 ≪山의 序曲≫(제4시집)과 ≪대바람 소리≫(제5시집)에 정착하면서 잃어버린 청춘을 되찾아 의연한 자세로 거칠고 어지러운 현실을 응시하면서 시의 꾸준한 정도를 위하여 사물의 중심에 깊이 파고 들어 그 실상을 바로 파악하고 나아가 爬羅剔抉로써 새로운 역사창조에 저력이 될 수 있는 길을 모색하고 개척하자는 데는 예나 지금이나 추호도 다름이 없다.114)

이 인용에서 볼 수 있듯이 그는 ≪山의 序曲≫과 ≪대바람 소리≫ 두 시집의 바탕에 흐르는 시정신을 같은 맥락으로 보고 있다. ≪대바람 소리≫가 앞의 시집 ≪山의 序曲≫에 비해 역사와 현실에 대한 대응력과 현장감이 뒤떨어질지라도, 俗化되지 않는 선비의 지조를 지켜온 그의 정신사를 반영한 발언으로 여겨진다. 그의 좌우명에서도 '지조있는 선비 정신'을 거듭 일깨우고 있다.

<志在高山流水>- 속물이 되기 쉬운 것도 인간이요, 지조를 헌신짝처럼 버리기 쉬운 것도 인간이다. 그러므로, 뜻을 항상 저 高山과 流水에 두는 날, 명경지수 같은 마음으로 정신의 기둥인 지조를 끝내 지닐 수 있으리라 믿어 <志在高山流水>를 좌우명으로 삼고 있다.115)

① 시나대숲의 노래

"초기시의 基調로 되돌아 간 듯 하면서도, 한결 더 차분하고 고요한 관조와 대바람 소리와 같은 밝은 격조"116)를 보여주고 있다

---

114) 신석정, "상처입은 작은 역정의 회고", p.181
115) 최승범, "석정 시인의 성품과 사상", (전북대학신문, 1973.8.10) 참조
116) 최승범, "신석정의 생애와 시", ≪슬픈 牧歌≫, (辛夕汀 詩選), (삼중당,

는 해석처럼, 삶을 관조적 자세로 바라보면서 자연적 서정을 노래하고 있다.

> 엇그제
> 마파람엔
> 능금도 바람이 들겠다.
>
> 저
> 노곤한 햇볕에
> 등이 근지러운 곤충처럼
> 나도
> 맨발로 토방 아랠
> 살그머니 내려가고 싶다.
>
> —<立春>에서

여기에서는 입춘을 소재로 하여, 계절상의 봄을 어떠한 상징적인 의미를 담지 않고 일상적으로 그려내고 있다. 겨우내 웅크리고 있던 마음이 따뜻한 햇볕 아래 녹아드는 서정을 맑게 표현했다. 그러나 뒷부분에서 고찰할 이 시집에 나오는 <立春前後>에는 같은 입춘을 소재로 하면서도 현실에 깊이 개입한 시작 태도가 보여져 비교의 대상이 되고 있다. 李姓教는 「情緒표현의 방법」으로 다음과 같이 말하고 있다.

> 사람은 感覺的 動物이다. 날이 춥고 더운 것을 피부로 재빨리 느낄 수 있고, 눈앞에 벌어지는 風景을 통해서 美醜를 느낄 수 있으며, 울리는 소리를 듣고 快·不快를 느낄 수 있다. 이와 같

1981), p.245

이 어떤 대상에서 느끼는 感情을 對象感情이라 한다. 사람은 어떤 의미를 보면 이 對象感情에서 出發한다고 볼 수 있다. 이 對象感情을 어떻게 느끼고 表現하느냐에 따라 그 사람의 생활 반경이 달라진다.117)

<好鳥一聲>에서는 간결한 형식으로 한국적인 화폭을 그려내고 있다.

    어디서
    찾아든
    볼이 하이얀
    멧새

    진정
    그 목청
    서럽도록
    고아라.

    봄 오자
    산자락
    흔들리는
    아지랑이,
    아지랑이 속에
    青梅에
    멧새 오가듯
    살고 싶어라.

                  -<好鳥一聲>에서

---

117) 李姓敎, "한국현대시 연구", (과학정보사, 1985), p.113

청매 향기와 멧새의 노래소리에서 산을 연상하고, 늘 그리워하던 산에서 '청매에 멧새 오가듯' 그렇게 살고 싶은 자연친화의 서정을 짧은 문체에 담고 있다. 청매 향기에도 혈압이 오르는 시적 자아의 순수한 감정이 자연과 함께 살아가는 생활의 여유를 느끼게 해준다.

>梧桐에
>비낀 달
>가을은 치워라
>
>성근 가지
>영창에 거지었고,
>
>철새 나는
>하늘을
>무서리 나려
>
>풀벌레 사운대는
>밤은
>정작 고요도 한저이고
>
>어디서
>대피리 소리
>마디 마디 가삼이 시리다.
>시나대숲에
>바람이 머물어
>촛불도 눈물짓는 기인 긴

이 밤
나는
唐詩를 펴들고
아득한 아득한 잠을 부른다.

-<秋夜長 古調> 전문

　고풍스런 가락에 실린 늦가을의 정황이 靜的인 이미지로 표현된 가운데 풀벌레 소리와 대피리 소리가 정적을 더해주는 효과음을 내고 있다. 현실적 긴장이 완전히 배제된 고요한 내면의 세계에서 당시를 읽으며 아득한 잠을 청하는, 시적 자아의 자연을 대하는 정감이 섬세하게 표현되어 있다. 이 시에서는 시집 ≪대바람 소리≫의 정신을 이루고 있는 시나대가 등장한다. 바람마저 시나대 숲에 잠들어 정적에 정적을 더해주는 긴 밤을 지나고 ≪대바람 소리≫를 노래한다.

대바람 소리
들리더니
簫簫한 대바람 소리
창을 흔들더니
小雪 지낸 하늘을
눈 머금은 구름이 가고오는지
미닫이에 가끔
그늘이 진다.

국화 향기 흔들리는
좁은 書室을
무료히 거닐다

앉았다, 누웠다
잠들다 깨어 보면
그저 그런 날을
눈에 들어 오는
屛風의 「樂志論」을
읽어도 보고…

그렇다!
아무리 쪼들리고
웅숭그릴지언정
　　　　　－＜어찌 帝王의 門에 듦을 부러워하랴＞

대바람 타고
들려오는
머언 거문고소리…
　　　　　　　　　　－＜대바람 소리＞ 전문

　대나무의 곧은 기상과 굳은 절개를 시정신의 바탕으로 삼고 있다. 대를 흔드는 바람과 댓잎이 서로 부딪치는 소리를 들으며 망중한을 즐기는, 세속을 초월한 듯한 선비의 기질이 '어찌 제왕의 문에 듦을 부러워하랴'라는 넉넉한 자세에서 엿보인다. "석정은 적극적으로 현실을 개조하려는 志士로서의 기질은 아니었을지라도 멍든 역사와 얼룩진 현실을 거부하려는 선비적 기질을 가진 시인이었다"[118]는 평가처럼, 이 시에서도 역사의 현장에서 뒤로 물러선 조용하고 차분한 관조적 자세를 보여주고 있다.
　그 누구였는지 이름은 잊었으나 시(詩)는 거대한 수목과 같다고

---

118) 채수영,「한국 현대시의 색채의식 연구」, (집문당, 1987), p.216

말했다. 오랜 세월을 두고 그 수목에는 헤아릴 수 없을 만큼 무수한 새들이 날아와선 노래하고 노래하다가는 날아가는데 그 새 속엔 부엉이도 꾀꼬리도 카나리아도 앵무 내지 까마귀도 있다고 한다.

 우리들, 시에 종사하고 있는 사람이나, 시를 공부해서 장차 시에 종사해 보겠다는 사람들도 확실히 이 거목에서 노래하는 한 마리의 새임에는 틀림없다. 그 누가 과연 꾀꼬리나 카나리아가 될 수 있고, 또 앵무나 까마귀가 될 수 있느냐의 문제는 이 뒤에 말해 줄 역사에게 송두리째 맡겨 두기로 하고, 여기서 말하고 싶은 것은 시는 관찰이나 실험이나 기술과 설명에서 얻을 수 없는 다시 말하면 과학적으로 구명 완성 시킬 수 없는 하나의 천품(千稟)에 속하는 것이라는 것이다.

 자연과학의 대상처럼 과학적으로 따지는 세계가 아니라는 것이다. 한 개의 작은 솔씨(松種)에서도 정정한 소나무를 생각할 수 있고, 한낱 까만 꽃씨 속에서도 능히 그 아담한 꽃 잎파리와 더불어 진한 향기로 인한 벌나비까지 생각할 수 있는 것은 바로 시의 세계에서만 허용되는 詩想일 것이다. 꽃씨 속에는 파아란 잎이 하늘거린다. 꽃씨 속에는 빠알가니 꽃도 피어 있고, 꽃씨 속에는 노오란 나비떼가 숨어 있다. 그러기에 꾀꼬리는 까마귀가 될 수 없고, 까마귀는 꾀꼬리가 될 수 없지 않겠는가? 그것은 천부적으로 꾀꼬리는 꾀꼬리의, 까마귀는 까마귀의 내용과 형식을 갖추었기 때문인 것이다.[119]

 이러한 시작 태도는 다음의 시편들에도 그대로 이어져 자연 속에서 자연을 관조하며 자연에 동화되는 시적 자아를 만날 수 있다.

---

119) 辛夕汀, 「난초잎에 어둠이 내리면」, (지식산업사, 1974), pp.224~225

일렁이는 바다로
노을 비낀 속에
동백꽃 떨어지는
소릴 들을거나!

梧桐島엘
가서
동백꽃 보다
진하게 피맺힌
가슴을 열어볼거나!

　　　　　　　　　　　－〈梧桐島엘 가서〉에서

꽃으로
가슴을 치레하고 보니
불현듯
少女의 손이라도
이끌고 싶다.

도둑이
득실대는
시시한 세상이사
까마득
九千洞에선 잊어버리자.

　　　　　　　　　　　－〈九千洞〉에서

　파초는 가끔 그 넓은 손으로 나의 창문을 흔든다.
　휘영청 달밤에도 파초는 혼자 밤을 새우는 게 멋적은지 일쑤 나를 불러내곤 한다.

어쩐지 나도 외로와서 뛰쳐나가선
　　파초와 나란히 서서 달을 본다.
　　　　　　　　　　－<파초와 이웃하고>에서

　여기에서는 자연을 찾아가 시끄러운 세상 일을 잊어버리고 자연에 동화되고자 하며, 자연의 부름에 따라 자연과 함께 외로움을 나누고자 하는 자연친화적인 시적 자아의 모습이 그려져 있다.
　<눈맞춤>에서는 감동적인 인간애를 만나게 된다.

　　문득
　　떠난지 오랜 <生活>을 찾던 나의 눈은
　　아내의 눈을 붙잡았다.
　　아내의 눈도 나의 눈을 붙잡고 있었다.

　　불현듯 마주친
　　아내와 나의 눈마춤 속에
　　어쩜 그토록 긴 세월이 흘러갈 수 있을 것인가…
　　나는 몰랐다.

　　齒列 한 모서리가 무너진 아내는
　　이내 遠雷처럼 조용히 웃고 있었다.
　　조용한 우리들의 눈맞춤 속에
　　우
　　　루
　　　　루
　　　　　루
　　遠雷가 아스라히 또 들려오고 있었다.
　　　　　　　　　　　－<눈맞춤>에서

먼 데서 우뢰 소리 들려오는 창 밖에 갓 핀 동백꽃과 시나대숲의 댓이파리가 흔들리는 배경 속에서, 시적 자아는 잊고 있던 생활에 눈을 뜨게 된다. 비에 갇혀 있는 나의 눈과 아내의 눈이 불현듯 마주쳐 서로를 붙잡아 주고 있는 부부의 지극한 사랑의 깨달음이 순수한 감동으로 전해진다. 이러한 사랑의 깨달음은 우뢰 소리마저 웃음으로 바꾸어 놓는다. 치열 한 모서리가 무너진 아내의 조용한 웃음으로 긴 세월의 회환을 모두 녹여주는 시적 효과를 놀랍게도 발휘하고 있다.

이러한 사랑의 마음은 <그 마음에는> 無慾의 세계를 지향하고 있다.

    그 사사스러운 일로
    정히 닦아 온 마음에
    얼룩진 그림자를 보내지 말라.

    그 마음에는
    한 그루 나무를 심어
    꽃을 피게 할 일이요

    한 마리
    학으로 하여
    노래를 부르게 할 일이다.

    대숲에
    자취 없이
    바람이 쉬어 가고

구름도
혼적 없이
하늘을 지나 가듯

어둡고
흐린 날에도
흔들리지 않도록 받들어

그 마음에는
한 마리 작은 나비도
너그럽게 쉬어 가게 하라.
-<그 마음에는>에서

　이 시에서는 마음이 하나의 정원으로 비유되고 있다. 마음의 정원에 나무를 심고 꽃을 가꾸며 학이 노래 부르도록 정히 가꾸고 닦아, 어둡고 흐린 날이 오더라도 흔들리지 않고, 힘 없는 한마리 나비에게도 너그러운 마음을 나누어 주고자 한다. 자취도 없고 혼적도 없는 무욕·무소유의 세계를 지향하는 마음 닦음에서 종교적인 경건함마저 느끼게 한다.
　<은방울꽃>과 <나랑 함께>에서는 자연친화적인 서정 속에서 인간적인 면모와 내일에의 꿈을 찾는 모습을 볼 수 있다.

어쩜
혼자 우는 「동박새」는
나도곤 데 외로웠는지 모른다.

숲길에선
　　　은방울꽃 내음이 솔곳이
　　　바람결에 풍겨오고 있었다.

　　　너희들의
　　　그 맑은 눈망울을
　　　은방울꽃 속에서 난
　　　역력히 보았다.

　　　그것은
　　　나의 꿈이었는지도 모른다.
　　　너희 가슴속에 핀 꽃이었는지도 모른다.
　　　　　　　　　　　　　　－〈은방울꽃〉에서

　　　빛나는 너희 눈망울이야
　　　그대로 한 개 별빛이거늘,
　　　흘러간 지난날이사
　　　돌아볼 거들도 없다.

　　　너희들 내다보는 앞날을
　　　나랑 함께 걷게 하여라.
　　　　　　　　　　　　　　－〈나랑 함께〉에서

　빛나는 눈망울에서 앞날의 밝은 꿈을 보는 시적 자아의 애정어린 눈은, 〈波濤〉에서는 '안쓰럽도록/어진 것과/어질지 않은 것을 남겨 놓고' 눈 감을 수 없어, 파도 밖에 트여 올 한줄기 빛을 바라보고 있다.

② 어듬의 悲歌

역사와 현실에 깊이 관여한 신석정의 시정신은 ≪대바람 소리≫ 시대에도 그대로 이어져 온다. <立春前後>는 입춘을 소재로 하면서도, 앞 장에서 살펴본 '立春'의 일상적이고 서정성 짙은 시작 태도와 비교해 볼 때 판이하게 다르다.

    봄이 걸이 오고 있었다.
    오동도 갓 핀 동백꽃 입술에
    묻어 오는 바람을 거느리고
    봄은 걸어 오고 있었다.

    홍콩 毒感에 맥이 풀린
    숨가쁜 地球를 보다 못해
    怒한 <러셀>卿의 얼굴을 밟고
    그 얼굴의 잔주름 속에서
    봄은 부시시 눈을 뜨고 있었다.

    저 프라하의 어둔 하늘을
    <얀·팔라치>君이 焚身으로 올린
    抗拒하는 한 줄기 검은 연기를 타고
    봄은 저렇게 걸어 오고 있었다.

    아무리 너희들이 歷史를 외면한채
    녹슬어가는 갑옷을 떨쳐 입고
    시시덕거리는 이순간에도
    달걀 속에 병아리가 자라듯이
    봄은 또 그렇게 걸어오고 있었다.
                    -<立春前後> 전문

이 시에서 등장하는 봄은, 동백꽃 입술에 묻어오는 바람을 거느리고 오는 계절상의 봄이면서 동시에 '역사를 외면한' 것으로부터 되찾아와야 할 희망과 자유를 상징하는 봄을 의미하고 있다. 앞에서 살펴본 '立春'이 동양적인 서정을 바탕으로 하고 있는데 비해, 여기에서는 감각적 기법과 언어구사를 통해 현실감과 건강미를 획득하고 있다. 병들고 숨가쁜 지구에서도 녹슨 갑옷에 저항하면서, 준엄한 역사의 진실은 봄을 잉태하고 있음을 시적 자아는 깨닫고 있다. <서울 一九六九年 五月 어느날>은 신석정이 이 시집에서 가장 아낀 작품이다.120)

눈물이 피잉 돌았다.
햇빛이 너무도 눈부신 五月 어느날, 南山을 내려 오던 내 視野에는 그 숱한 高層建物 보이지 않았다. 荒凉한 벌판만 같아 보였다. 내 恒常 사랑하던 漢江 물줄기도, 白雲臺 산자락도 보이질 않았다.

다만
그 짙푸른 나무잎새와 나무잎새마다 부서지는 햇빛이 내 흐린 눈망울을 스쳐 가고, 그 햇빛 속에서 셈없이 울어예는 휘파람새 소리가 흡사 꿈같이 들려오고 있었다. 나는 꼬옥 漢拏山 어느 내리막 기슭인 것만 같은 그런 錯覺속에 南山을 내려오고 있었다.

끝내
피잉 돌던 눈물은 사뭇 철 철 철 가슴벽을 타고 흘러가고 있었다. 갑자기 가슴이 뜨거워 오고 있는 것을 나는 느꼈다.

---

120) 허형석, "신석정 연구", (경희대 대학원, 1988), p.138

문득 나는
　　지금 쯤 故鄕에서 泰山木 꽃을 무심ㅎ고 바라보던 아내의 눈
에서도 어쩌면 눈물이 피잉 돌았을는지 모른다고 생각했다. 그리
고, 서러울 것도, 기쁠 것도 없는 나날의 無事를 祝願하는 아내
의 서투른 念佛이 시작되었을 무렵, 우리들은 明洞 어느 茶房에
서 커피잔을 기울이고 있었다.

　　그것은
　　一九六九年 五月 어느 날, 午後의 일이었다.
　　　　　　　　　-<서울 一九六九年 五月 어느날> 전문

　이 시는 제목처럼 1969년 5월 어느 날, 신석정 시인이 남산에 있는 모 기관에 불려갔다가 특별한 사실이 없어 사흘만에 풀려나 언덕을 내려오면서 쓴 것이다.[121] 그러므로 첫 행에 나오는 눈물로 인해 시야에는 아무 것도 보이지 않고 황량한 벌판만이 앞에 놓이게 된다. '내 항상 사랑하던 한강 물줄기'와 '백운대 산자락'도 보이지 않았다는 진술 속에서 조국과 민족에 대한 그의 애정을 느끼게 한다. 어떠한 역사적 시련 속에서도 사랑으로 지켜왔던 내 땅과 내 민족이 보이지 않는 순간의 아픔은 끝내 가슴벽을 타고 흘러내려오고, 그 가슴은 고향에 있는 아내의 눈물과 아내의 염불로 이어진다. 이러한 시적 흐름은 기교에 앞서 진한 감동을 자아낸다.

　앞 장에서 살펴본 <눈맞춤>에서의 감동과 그 맥을 같이하고 있으면서도, 이 시에서는 역사와 현실에 대한 비판 의식을 바닥에 깔고 있음을 볼 수 있다. 그러나 이때에도 이미지의 전개나 시어의

---

121) 석정문학회 엮음, 앞의 책, p.205

선택, 주제의 창출에 있어서 생경하거나 구호적인 시작 태도에서 벗어나 관조적인 자세를 보여주고 있다.

  이러한 자세는 안쓰러운 것들에 대한 연민의 정을 느끼게 된다.

      그 어느날
      쓰러진 어파트가
      하도 안쓰러워서
      매연을 뒤집어 쓴채
      이웃 어파트들이 질린 얼굴로
      엉 엉 울고 있는 것을 보고
      서울은 눈시울이 뜨거웠다.

      이내
      개나리꽃이 요란스레 웃어대고
      목련도 수줍어 젖가슴을 돌린 뒤
      北漢山 기슭을 마냥 편 진달래가
      아무리 낯을 붉힐지언정
      아아 四月은
      역시 殘忍한 달이어서
      끝내 서울은 눈물이 쏟아졌다.

      아파트처럼
      안쓰러운 서울의
      殘忍한 四月을 안고
      쏘다니던 나는
      문득
      구름 밖 고향에 두고온

파아란 보리밭을 생각한다.
　　　　　　　　　－＜서울은＞에서

저 검은 까마귀떼가 地球 밖에서
하늘을 뒤덮는 건
차라리 견딜 수 있는 일이지만,

안쓰러운 것들이
눈에 걸리는데
자꾸만 자꾸만
눈에 걸리는데,

그저
소라껍질을
스쳐가는 바람결처럼
차마 눈감을 수도 없거늘,

아아
하늘이여
피가 돌 양이면

저어
야물딱진
민들레꽃을 피워내듯이
어서 숨을 돌리게 하라
　　　　　　　　　－＜悲歌＞에서

여기에서는 안쓰러운 것들에 대한 안타까움과 생명의 소중함이

현실에 눈을 돌리게 하고 있다. 그러나 이때에도 앞에서 말했듯이
≪山의 序曲≫에서 보여주던 첨예한 현실 인식의 태도와는 사뭇
다름을 보게 된다.

> 설사 나라가 南北으로
> 갈라졌다 하기로
> 같은 하늘을 머리 위에 이고
> 살아 가고 있는 限,
> 이 부끄럽고 욕된 세월을
> 子孫萬代에 차마 전할 수야 있겠는가?
>
> 日月
> 星辰이 運行을
> 停止한 적이 없기에
> 저 빛나는 시리우스를 뒤에 두고
> 前進을 斷念한 歷史가 있어
> 齒車를 뒤로 돌렸다는
> 그런 슬픈 神話는 아직 들은 적도 없거늘
>
> 腐敗한
> 文明이 문드러지다 지쳐
> 지쳐서 남기고 간
> 戰爭같은 이야기라거나
> 그 무성한 상채기가 남긴 이야기는 새는 날에 앞서
>
> 이내 終幕을 내려야지!
>
> —<저 無等같은>에서

이 시에서는 분단된 조국을 우리 후손들에게 전할 수 없는 역사적 당위성을 강조하면서, 아무리 비정한 현실에서도 꿈과 설계를 간직하고 사는 삶의 건강한 자세를 일깨우고 있다. 뭇짐승을 품에 기르고 꽃과 열매를 키우는 너그러운 무등산을 바라보며 무등같이 살고자 하는 의지를 표출한다.

역사와 현실에 대한 이와 같은 인식은 <春香傳 序詩>에서는 전통적인 정신을 바탕으로 형상화되어 있다.

> 벼슬아치 土豪들의 苛斂誅求 속에
> 시달린 百姓들의 뜨거운 가슴인데
> 貞節은 兩班놈의 독차지는 아니어
> 月梅 딸 春香이가 찾아낸 값진 權利.
>
> 千人血로 金樽에 美酒를 담지 말라
> 萬姓膏로 玉盤에 佳肴도 놓지말라
> 다시는 燭淚지는 속에 民淚를 지게 말라.
> 노랫 소리 높은 곳에 怨聲을 못듣느냐?
>
> 獄門을 열고 나오는 무고한 백성들은
> 바로 빛나야할 우리들의 내일이거늘
> 큰 칼 벗은 저 아리잠직한 春香이를
> 우리들 오늘은 뜨거운 拍手로 맞아 오자.
>   -<春香傳 序詩>에서

이 시에서는 우리의 고전 문학인 춘향전의 정신을 통해 역사와 현실을 고발하고 비판하고 있다. 이러한 시정신은, 의연한 자세로 거칠고 어지러운 현실을 응시하며, 새로운 역사창조에 저력이 될

수 있는 길을 모색했다는 신석정의 술해처럼, 대나무 정신과 더불어 그의 시세계를 확대시켜왔다고 볼 수 있다. 평소 석정의 정이 많은 생활 태도에 대해 최승범은 이렇게 술회하고 있다.

> 붓글씨를 갖고 싶어하는 제자나 후배에겐 '붓을 들기란 무슨 죄나 저지르는 것만 같다'고 하시면서도, 당신의 붓글씨를 가지고 싶다는 그 정을 물리치지 못하시어, 곧잘 붓을 들곤 하시었다. 편지도 자주 향토산 태지(苔紙)에 붓으로 쓰셨고 서울·광주·전주에서 가지신 세 차례의 시화전에도 각각 40여점씩이나 되는 작품들을 모두 자필하셨었다.
> 붓글씨를 쓰실 때도 그러셨지만 방안에서 홀로 독서나 집필을 하실 때는 으례 향을 피우시길 좋아하셨다. 그리하여 책상머리엔 언제나 향과 향로가 준비되어 있기 마련이었다.
> 병상에 계시는 동안에도 하루에 몇 차례씩 향을 피우라고 말씀하셨다. 이 병상에 계실 때의 향은 석정시인의 정갈성과도 관계가 있겠지만 평소에도 독서나 집필에는 언제나 먼저 心氣를 淨히 맑히시는 일이 앞섰다고 본다.122)

≪대바람 소리≫ 이후, 발표한 시 한 편을 인용하여 보자.

> 눈은
> 천지를 뒤덮었다.
> 기인 긴 겨울이었다.
> 새 소리도 들려오지 않았다.
>
> 희부연 밤을

---

122) 최승범, "가슴에 떨어지는 낙화소리", 「바람과 별도 잊을 수 없는 사람들, 서정주 편저」 (풀빛사, 1979. 5) p.256

승냥이떼가 울고 있었다.
기인 긴 겨울밤을 울고 있었다.

눈에 갇혀
기인 긴 밤에 갇혀
승냥이떼의 울음에 갇혀
한동안 잊고 살던 세월이었는데,

그 어느 날
눈 언덕 아래
돋아 오르는 싹이 보이더니,

삽시간에
눈은 간 데 없고
누우런 水仙花가 피더니
무더기로 피어 그 벌판을 덮더니,

끝내
水仙花는
네 얼굴보다 커다랗게
달려오고 있었다.

그렇게
봄은 오는 것이었다.

―<水仙花가 피더니>[123] 전문

이 시는 신석정이 ≪촛불≫시대에서부터 비극적인 현실을 감내

---

123) 신석정, "풀과 별", (1973, 4월호), pp.71~75

하면서 끝까지 기다리고자 하던, 그 '봄'을 여전히 기다리는 시적 자아의 의지를 표출하고 있다. 그만큼 그가 살아온 시대의 어둠을 말해주고 있기도 하다. 눈에 갇힌 긴 겨울밤과 승냥이떼의 울음이 가져오는 암담한 시대적 배경 속에서도, 파아란 싹과 무더기로 핀 수선화가 가져오는 희망과 자유에의 봄을 예견하는 시적 자아의 모습은, 현실을 극복하고 자기 동일성을 추구하려는 신석정시의 본질에 그대로 닿아 있다. 이 시는 어두운 시대 현실에 대응하려는 후기시의 전형을 보여준다.

끝으로 신석정이 마지막 남긴 작품 중에서 <가슴에 지는 落花 소리>를 인용해 본다.

    白木蓮 햇볕에 묻혀 눈이 부시어 못 보겠다.
    희다 지친 木蓮꽃에 비낀 4월 하늘이 더 푸르다.
    이맘때면 친굴 불러 잔을 기울이던 꽃철인데
    문병왔다 돌아서는 친구 뒷모습 볼 때마다
    가슴에 무더기로 떨어지는 白木蓮 落花 소리……
                -<가슴에 지는 落花 소리>[124] 전문

죽음을 앞둔 순간에 바라보는 희다 지친 백목련은 바로 시인 자신의 모습이다. 그러므로 그 목련 꽃에 비낀 하늘은 더 푸르다. 눈부시게 핀 목련꽃이 피다 지치면 무참히도 뚝뚝 떨어져버리는 냉혹한 현실이 예감되는 공간의 설정이다. 그는 마지막 호흡을 자연과 더불어 시와 더불어 하고 있음을 볼 수 있다. 가슴에 무더기로 쏟아지는 백목련 낙화 소리는 말없음표로 이어져 언제까지나 들려

---

124) 신석정, 《임께서 부르시면》, (석정문학회엮음), p.26

오는 듯 하다. 그의 생애 마지막 부분이라 할 수 있는 병상에서의 생활과 업적에 대한 절절한 회상을 그의 사위이며 시인인 최승범은 이렇게 술회하고 있다.

> 생불여사(生不如死)라는 말씀을 가끔 하시리만치 괴로운 병사의 1백 92일간에도, 조금만 의식이 맑으신 날이면 시를 쓰고자 애를 쓰시며 시를 불러 주시고 시를 얘기하셨다. 의사들은 시를 생각지 말라는 데도 당신은 병마보다도 오히려 시마(詩魔)와 더불어 싸우셨다.
> 내 병실은/내 병실은/너무 희더라/너무 희더라/
> 천정도 벽도/간호원의 얼굴도/침대도 희더라

만 1개월의 예수병원 병실을 떠나 댁으로 퇴원하여 요양 중이시던 지난 봄의 어느 날, 메모지에 낙서하시듯 적으시고 "풍경화"라 제목을 붙이시기도 하였다.

이렇듯 당신의 병실마저도 한 폭의 풍경화처럼 바라보시며 시를 생각하시던 그 병상을 끝내 떨쳐 일어나시질 못하고 석정시인은 가시고 말았다.

열 일곱, 여덟부터 시를 쓰기 시작하셨다니 실로 그의 시작생활 50년, 남기신 시작품만도 천오백여 편에 이르고 있다. 그동안 그 흔한 외국여행 한 번 없으셨고, 당신의 향토를 떠나신 일이란 불교전문 강원에 들어가 石顚 朴漢永 스님의 문하에서 佛典을 공부하기 위하여 1930년초 2년간의 서울 유학이 있었을 뿐이셨다. 이렇듯 한 생을 오직 전북이라는 향토, 전원에서 세속적인 영예를 떠나 살다 가신 분이었다.

그러나 석정시인이 겪어온 역정이나 우리의 시문학에 헌신한 그

불굴의 정신은 길이 우리의 정신사를 빛내 줄 것이라 생각한다.125)
 생애의 마지막 부분에서, 그의 시의 고향이며 삶의 지향점인 영원한 자연에 비추어진 유한한 인간의 모습이 선연하다.

---

125) 최승범, "가슴에 떨어지는 낙화소리", 「바람과 별도 잊을 수 없는 사람들」 서정주 편저」 (풀빛사, 1979. 5) p.252

V. 夕汀詩에 對한 照明과 詩史的 位置

　辛夕汀은 20年代 詩人 金素月, 韓龍雲, 李相和, 30年代 詩人 鄭芝溶, 金永郎, 徐廷柱, 柳致環과 더불어 우리 詩史에서 크게 脚光을 받고 있는 詩人이다. 辛夕汀은 30年代 ≪촛불≫, ≪슬픈 牧歌≫의 시집으로 그 누구도 범하지 못할 독특한 시세계를 구축하여 우리 시사에 빛나고 있다.
　한국 현대 시문학사를 일별해 볼때 한국의 역사적 상황에서 이들이 각기 제나름대로 詩의 꽃을 피웠다는 사실은 참으로 눈물겨운 일이다. 이런 독특한 詩의 창조는 그 시대를 산 굳건한 시정신이 아니고는 불가능한 일이다. 이런 세월 속에서 남다른 고초로 독특한 詩의 꽃을 피워온 사람들이다. 그들은 암흑시대가 물러가고난 다음에는 더욱 보석같이 빛나는 존재가 될 수 밖에 없다. 우리의 詩史中 80年代史를 볼 때 위에서 들은 몇몇 뛰어난 詩人들로 말미암아 그 시인이 존재했던 당시의 생활과 시정신을 알 수 있다. 이렇게 보면 시인은 시대의 증인이라 할 수 있다. 조국광복 이전의 어두운 상황만 하더라도 몇 우수한 시인들은 자기만의 독특한 세계를 구축했다. 20년대만 두고 보더라도 뚜렷이 알 수 있다. 金素月詩에 나타난 한의 미학, 韓龍雲詩에 나타난 '임'을 향한 사모감 - 등이 그 좋은 예다. 辛夕汀의 경우도 劃期的인 詩 창조를 했으며, 어두운 시대를 刻苦하는 방법으로 自然 속에서 새로운 人生을 찾으려 했다. 소위 이것이 곧 自然觀照의 태도였다. 夕汀은 일찌기 少年期부터 동양사상, 그 가운데서도 노장사상과 도연명시에 관심을 갖고 세상을 보기 시작했다. 특히 夕汀은 결혼 이후 上京하여 朴漢永 禪師門下에서 佛典을 공부하면서도 生의 의미탐구가 더욱 컸었다. 이러한 정신으로 詩를 쓴 것이 자연친근의식에 의한 牧歌的인 세계였다.

위의 項目에서도 말했지만 夕汀의 詩활동 40年 전체를 통해서 이때가 絶頂期였던 것이다. 특히 당시 어두운 상황에서 疑縮된 表現의 技巧面으로도 그렇게 말할 수 있다.

해방후는 주로 초기과정에서 구축한 세계를 토대로 하여 현실공간 속에서 역사의식을 가미한 詩세계를 확대해 나갔다. 詩集「氷河」時期를 지나서 시집 《山의 序曲》, 《대바람 소리》에 와서는 다시 옛날로 복귀하려는 自然觀照의 세계를 보였다. 이렇게 놓고 볼때 辛夕汀은 한국현대시문학사상 독특한 詩세계를 구축한 詩人으로서 한국현대시사에 중요한 위치를 점한 詩人이라고 단정할 수 있다. 그것은 그가 作故한 70年代 이후 그를 整理하기 위한 논문이 수없이 쏟아진 것으로도 잘 알 수 있다. 이것은 위의 硏究史 部門에서 언급했기 때문에 略한다.

이 以外 별도로 夕汀詩의 조명을 위하여 夕汀詩에 대한 評說, 詩選集, 그리고 중고등학교 국어교과서에 수록되어 있는 詩 등을

V. 夕汀詩에 對한 照明과 詩史的 位置 277

여기에 소개하고자 한다.

첫째로 많이 알려진 評說은 鄭漢模・金載弘 編著「韓國代表詩評說」(문학세계사, 1983)에 수록되어 있는 崔勝範의 評說 <그 먼나라를 알으십니까>와「현대시의 이해」(문학과 비평사, 1990)에 수록되어 있는 李基班의 評說「그 먼나라를 알으십니까」를 들 수 있고, 둘째로 많이 알려진 시선집으로는 1950년 정음사판「현대시집」2권에 시24편이 수록되어 있고, 1959년 신구문화사판「韓國詩人全集」전 5권 중 제5권에 시74편이 수록되어 있으며 1975년 三中堂編 辛夕汀詩選集 ≪슬픈 牧歌≫102편, 1986년 夕汀문학회편「辛夕汀代表詩評說」에 95편이 수록되어 있으며, 셋째로 중고등학교 국어교과서에 수록되어 있는 詩로는 8・15광복 후 중고등학교 국어교과서에 <들길에서>, <山水圖> 등이 오랫동안 실려 있었고 近者[1])에도 <추석>, <봄을 기다리는 마음>, <소년을 위한 목가>, <그 먼나라를 알으십니까>, <아직 촛불을 켤때가 아닙니다>등이 학생들에게 교과 학습되고 있다.

끝으로 夕汀詩의 객관적인 평가를 위하여 一線 中高等學校 국어 교사들을 상대로 하여 그에 대한 설문지 조사를 해 보았다.

첫째, 설문에서 교사들이 읽은 시기는 중학교때 둘째, 읽은 곳은 교과서 셋째, 많이 읽은 시집은 ≪슬픈 牧歌≫ 넷째, 시에서 감명 받은 곳은 자연의 아름다움 다섯째, 그의 詩의 특질은 牧歌的인 傾向에 여섯째, 제일 많이 읽히고 있는 작품은 <그 먼나라를 알으십

---

1) <추석>(1975년판 중학국어1-2, p.38), <봄을 기다리는 마음>(1974년판 중학국어2-1, p.4), <소년을 위한 목가>(1984년판 중학국어2-1, p.3), <그 먼나라를 알으십니까>(1990년판 고등국어2, p.4)이상 국정 교과서에 수록. <들길에서>(문학・동아출판사, p.162), <아직 촛불을 켤때가 아닙니다>(문학1990년 지학사, p.233)

니까> <임께서 부르시면> <슬픈 구도>로 의견을 모아 주었다.2)

지금까지 신석정 시의 변모 양상을 시대적 흐름에 따른 현실 인식에 근거하여 살펴 보았다. 시력 50년 동안 석정은 하나의 시세계를 고집하지 않고 시대의 정신을 반영하면서, 자연친화의 서정과 현실참여라는 두 세계를 작품 속에 담았다.

초기시에서 보여주는 이상향에 대한 동경은 흔히 말해지는 시대적 도덕적 상실성이 결여된 안이한 세계로의 도피라기 보다는 절망적 현실의 대치물이며, 그 이면에는 현실의 절망적 상황을 정시하고 그 절망을 극복하는 하나의 수단으로써 자연을 통해 초극에의 의지를 확립하고자 하는 것이었다. 신석정의 시에 나타나는 자연은 의도된 자연이며, 만들어진 자연이다.

그는 자연친화의 서정성에 바탕을 두고 현실의 모순을 강조하고 있다. 그는 당대의 시문학파 시인들과는 달리 단순히 언어 감각이나 이미지스트적인 수법만을 염두에 두지 않고 자기의 내면을 함

---

2) 1993년 5월부터 12월까지 신석정시에 대한 관심도를 광주지역 42개교 중고등학교 국어교사 212명을 상대로 설문 조사한 결과 다음과 같이 나타났다.
첫째 설문 : 신석정의 시를 언제 읽었느냐는 중학교 때가 116명(54.7%)
둘째 설문 : 어디에서 읽었느냐는 교과서가 188명(88.7%)
셋째 설문 : 어느 시집을 좋아하느냐는 두번째 시집 《슬픈 牧歌》가 124명(58.5%)
넷째 설문 : 어떤 점이 뛰어났느냐는 초기의 경향인 때묻지 않은 자연이 108명(52.8%)
다섯째 설문 : 앞으로 그의 시가 어느 점에서 났느냐는 자연을 소재로 한 서정시인이 108명(51%)
여섯째 설문 : 많은 시작품에서 감동깊은 세 작품을 드는데는 <그 먼나라를 알으십니까>가 176명(27.7%), <임께서 부르시면>이 128명(20.1%), <슬픈 구도>가 64명(10%)
일곱째 설문 : 석정시 평가에 대해서는 많은 응답자들이 그는 한국시사에서 좋은 시인으로 영원히 남는다고 답해 주었다.

께 승화시키고자 하는 시정신을 정립했던 것이다. 신석정의 이러한 시정신은 상황에 대한 분명한 자각과 현실 초극에의 의지를 구현했으며, ≪氷河≫시대 이후에서는 역사와 현실에 대한 깊은 관심과 참여의식을 드러내게 된다.

신석정은 "순수 서정시를 쓰건 참여시를 쓰건 그것은 그 시인의 가장 구체화된 행동"이므로 참여시의 영역과 서정시의 전연 별개의 대립개념으로 보아서는 안된다는 시론을 펼친 바 있다. 이러한 그의 시론을 바탕으로 하여 ≪氷河≫시대 이후에도 시대 상황에 대응하는 작품들과 병행하여 자연친화적인 서정시를 함께 만들어 왔음을 볼 수 있다. 그는 초기시에서, 자아는 좁은 세계에서 일탈하여, 자신의 문제에서 출발하였으며 궁극적으로는 공동체의 삶의 문제로 의식의 영역을 확장해 나갔다. 그리하여 '우리'와 '민족'의 삶을 시적 윤리와 가치로 동일시하여 시대의식과 역사의식을 표현하고 있다. 따라서 신석정 시의 전개 과정은 자연친화적인 서정과 현실인식이라는 두 가지의 시적 세계를 동전의 양면처럼 유지한 채, 시적 대상을 대하는 시인의 의식 세계를 나로부터 우리와 민족에게도 넓혀간 것이다.

또한 그의 시세계의 바탕에는 자연합일・자연귀의를 지향하는 동양적 세계관이 놓여있다. 이러한 세계관은 그의 시 속에 난초와 산과 대나무 정신을 뿌리내리게 했다. 결국 신석정의 시는 자연과 현실이라는 시적 대상을 형상화시키는 과정에서 초기시에서 보여주는 자아의 좁은 세계에서 점차 의식의 영역을 넓혀가면서 우리와 민족의 삶으로 확장됨에 따라 그의 현실 인식도 첨예해지게 되었다고 볼 수 있다. 즉, ≪촛불≫시대에서 ≪슬픈 牧歌≫로 넘어오면서 치열해진 현실 인식은 ≪氷河≫시대에 이르러 비극적인 풍경과 눈물겨운 참상을 사실적으로 그려내고 ≪山의 序曲≫시대에서는 얼룩진 역사 안으로 깊이 들어와 역사와 현실을 고발한다. 그러나 ≪대바람 소리≫에 이르면 그의 원숙하고 관조적인 삶의 자세에 의해 역사와 현실에 대한 비판 정신은 바닥에 깔리게 된다.

이렇게 볼 때 신석정시는 그의 오랜 시과정에서 치열한 시정신으로 새로운 세계를 구축해 왔다. 첫 과정(초기)에서는 자연친화의 세계, 그 다음 과정(후기)은 역사와 현실의식의 흐름으로 이어왔다. 특히 끝 무렵에 와서는 위의 두 세계 곧 자연과 현실의식의 세계를 잘 조화하여 누구에게나 공감이 가는 큰 시세계를 남겼다. 이런 결과로 인해 석정의 시는 우리 문학사에서 중요한 위치를 차지하게 되었다.

VI. 結論

 이상으로 牧歌詩人 辛夕汀詩를 다각도로 살펴 보았다. 夕汀은 확실히 韓國現代詩文學史에서 독특한 詩世界로 중요한 위치를 차지하고 있다. 이와 같은 夕汀詩의 독특한 詩世界의 要諦를 하나 하나 들면 다음과 같다.

 첫째 夕汀은 少年期부터 祖父 밑에서 老莊哲學과 당시를 익히며 詩를 습작했다. 그리하여 18세때는 朝鮮日報에 첫 작품 <기우는 해>를 발표했다.

 둘째 夕汀은 웅대한 꿈을 안고 1930년(24세때) 上京하여 中央佛教專門講園 朴漢永 門下에서 佛典을 공부하는 한편 詩공부를 위하여 서울의 유명 시인들을 만났다. 그 중에도 韓龍雲·鄭芝溶과 교류한 의미가 컸다. 이것이 계기가 되어「詩文學」의 同人이 되고 1931년(25세때)「詩文學」志 3號에 <선물>을 발표하게 된다. 이 작품이 夕汀의 작품을 시단에 소개한 첫 작품이었다.

 셋째 夕汀은 이 무렵부터 그의 시의 중요한 特質인 自然詩를 쓰게 되었다. 특별히 夕汀이 落鄉하여 직접 농사를 지으면서부터 이

詩世界는 더욱 擴大되어 갔다. 시대적으로는 어두운 환경 속에서 현실을 초월하는 자연의 세계를 마음껏 노래하였다. 이것이 소위 夕汀詩의 요람인 靑丘園時代였다. 이 靑丘園의 소산이 곧 두 詩集 ≪촛불≫과 ≪슬픈 牧歌≫였다. 夕汀의 詩歷史로 봐서 이 시기가 初期時代였다.

넷째 이 두 詩集의 경향을 요약하면 다음과 같다.

㉠ ≪촛불≫의 세계는 시집 제목이 시사하고 있는 바와 같이 아주 瞑想的이다. 아름다운 자연 속에서 깊이 무엇을 찾으려 했다. 이것은 다분히 萬海 韓龍雲과 타골의 영향이 컸다. 즉 어둠을 밝음으로 유도해 내려는 光明意識이 크게 作用하고 있다. 이것이 그 당시의 夕汀의 큰 이상이었다. 그래서 이 시집의 세계는 작품 <아직 촛불을 켤 때가 아닙니다>와 같이 항상 여유를 두고 있다. 시집에 등장된 '먼 나라'가 그러한 이상의 세계였다. <꿈> <어머니>의 시어도 그런 차원에서 빛나는 것이다.

㉡ ≪슬픈 牧歌≫의 세계도 넓은 의미로는 첫 詩集 경향의 연장이다. 첫 시집과 굳이 다른 점을 찾는다면, 첫 시집의 세계가 조금 어두웠다면 이 시집에 와서는 조금 밝아졌다고 볼 수 있다. 첫 시집의 세계가 自然 속에 보다 더 많이 眈溺되었다면, 둘째 시집에서는 外的인 자연을 더 많이 그렸다. <들길에 서서> <山水圖> <登高> <少年을 위한 牧歌>같은 작품이 그것을 잘 말해주고 있다. 그러나 詩集 속에는 그 밝은 세계를 추구하면서도 항상 현실에서는 絶望을 느끼고 있었다. 그것은 막다른 시대의 어둠 때문이었다. 그렇다고 해서 그들 작품이 조금도 감상주의에 떨어지지 않고 끝까지 새로운 이상을 추구하고 있었다는 점이 특징이다. 그래서 ≪슬픈 牧歌≫에서는 제1시집보다 훨씬 審美的인 세계를 확대했다. 詩

形成에 있어서도 시어의 조탁미, 유장한 호흡, 참신한 이미지 驅使 등이 前詩集보다 뛰어났다. 말하자면 제2시집 ≪슬픈 牧歌≫는 夕汀詩의 특질을 제일 잘 드러내는 詩集이었다.

　다섯째 夕汀의 詩는 조국이 광복된 후에 와서 크게 변모된다. 그것은 제3시집 ≪氷河≫의 세계에서 잘 볼 수 있다. 이 때는 解放空間의 混亂期와 6·25를 前後한 민족분단의 비극이 가중되던 때다. 현실의식이 고조된 이 시기에도 夕汀은 또 다른 自然을 잊지 않았다. 그것은 어디까지나 현실과 맞닿았던 것이다. 그래서 夕汀은 窮乏한 생활과 현실의 부조리 속에서 고발의 시를 썼다. 여기에서도 항상 옛날을 그리워하는 望鄕의 노래를 잊지 않았다. 이 懷鄕意識에서도 自然美를 잊지 않았다. 대표적으로 <망향의 노래> <대춘부> <귀향시초>- 같은 것이 그것을 잘 말해주고 있다.

　여섯째 詩集 ≪山의 序曲≫ ≪대바람 소리≫에 와서도 또 다른 變貌現象을 볼 수 있다. 그것은 ≪氷河≫에서 보던 世界와는 달리 되도록 현실 속에서도 자연과 가까이 하려는 自然親近意識의 渴求였다. 말하자면 이 시기가 夕汀詩로서는 후기 곧 안정기라 할 수 있다. 이 두 시집의 세계를 갈라보면 다음과 같다.

　㉠ ≪山의 序曲≫은 詩集 제목이 암시하고 있듯이 人生의 의젓한 모습을 노래하고 있다. 여기에서의 '山'은 自然이다. 山 속에서 또 하나의 人生을 찾으려고 했다. 실제로 夕汀이 山을 많이 찾아다니며 노래한 時期다. <山房日記> <산나비랑 앉아서> <山은 알고 있다>등의 수작이 이 때에 쓰여지게 된 것이다. 이 詩集은 때 맞추어 回甲記念으로 上梓했다. 시집 속에 있는 '山'의 意味는 단순한 自然物이 아니라 움직이고 있는 山이다. 그 山에 굳건한 精神을 附與했다.

ⓛ 마지막 詩集 《대바람 소리》는 詩集 題目과 마찬가지로 東洋的인 情緖를 잘 나타낸 詩集이다. 이 시집에 와서는 詩集 《山의 序曲》에서보다 더 템포를 빨리하여 自然親近意識을 더 드러내고자 했다. 이 詩集에서는 人生의 悔恨과 더불어 다시 自然으로 돌아가려는 歸鄕意識이 짙게 나타났다. 그래서 詩가 《山의 序曲》에서보다는 더 純化되었고 흐름에 있어서도 哀愁같은 것도 끼여 있었다. 詩의 素材만 하더라도 더 自然的이고 傳統같은 것이 많았다. 대체적으로 詩集 《대바람 소리》에 와서 夕汀詩의 完熟美를 볼 수 있었다.

　이렇게 보아 辛夕汀은 韓國現代詩文學에서 영원히 남을 기념비적인 존재다. 출발기부터 마무리할 때까지 한 번도 자연에서 이탈함이 없이 生活이 달라지는 대로 자연과 조화하여 인생의 진실을 노래했다. 그는 우리 詩史에서 自然派 詩人으로 끝까지 남을 것이다. 위의 여러 객관적인 사실을 두고 보더라도 夕汀은 우리 文學史에 영원히 빛나는 詩人이다. 그가 남겨놓은 많은 시편들이 詩讀者의 가슴을 영원히 울려줄 것이다.

參 考 文 獻

1. 資料

〈詩集〉

辛夕汀, ≪촛불≫, 人文社, 1939.
────, ≪촛불≫, 大志社, 1952.
────, ≪슬픈 牧歌≫, 浪州文化社, 1952.
────, ≪氷河≫, 正音社, 1956.
────, ≪山의 序曲≫, 嘉林出版社, 1967.
────, ≪대바람 소리≫, 韓國詩人協會, 1970

〈隨筆集〉

辛夕汀, 『蘭草잎에 어둠이 내리면』, 知識産業社, 1974.

2. 著書

金起林, 「詩論」, 백양당, 1947.
金民星, 「신석정 대표시 평설」, 유림사, 1986.

金詩泰,「現代詩의 傳統」, 성문각, 1978.
김열규,「韓國의 神話」, 일조각, 1976.
김용성,「韓國現代文學社 探訪」, 현암사, 1984.
김용직,「韓國近代詩史」, 새문사, 1983.
김우창,「窮乏한 時代의 詩人」, 민음사, 1977.
金允植,「韓國近代文藝批評史 硏究」, 일지사, 1976.
金允植,「韓國近代詩論批判」, 일지사, 1976.
──── ,「韓國近代文學思想史」, 한길사, 1981.
金宗吉,「眞實과 言語」, 일지사, 1974.
김종철,「詩와 歷史的 想像力」, 문학과 지성사, 1985.
金埈五,「詩論」, 문장사, 1982.
──── ,「한국 현대문학사」, 현대문학사, 1989.
金海星,「現代韓國詩人硏究」, 대학문화사, 1985.
김 현,「文學社會學」, 민음사, 1983.
김현승,「韓國現代詩解說」, 관동출판사, 1972.
文德守,「韓國모더니즘 詩硏究」, 시문학사, 1981.
──── ,「現代詩의 解釋과 鑑賞」, 이우출판사, 1982.
──── ,「世界文藝大 辭典」, 성문각, 1975.
朴斗鎭,「한국현대시인론」, 일조각, 1970.
──── ,「韓國의 現代詩」, 일조각, 1971.
朴好泳,「한구구현대시문학의 비평적 연구」, 삼화원, 1985.
박철희,「韓國詩史 硏究」, 일조각, 1981.
白陽村, ≪氷河≫, 정음사, 1956
백 철,「한국신문학 발달사」, 박영사, 1965.
徐廷柱,「韓國의 現代詩」, 일지사, 1965.
송욱,「詩學評傳」, 일조각, 1963.
申東旭,「文學의 批判的解說」, 연세대학교 출판부.
신석정,「나의시 나의시론」.

오세영,「문학연구방법론」, 이우 출판사, 1988.
──── ,「韓國낭만주의사 硏究」, 일지사, 1980.
吳河根,「신석정 대표작 평설」, 서울 신흥출판사, 1960.
李基班,「한국현대시인 연구」, 창문각, 1981.
──── ,「현대시의 이해」, 문학과 비평사, 1990.
李健淸,「韓國田園詩硏究」, 문학세계사, 1986.
李姓敎,「韓國現代詩硏究」, 과학정보사, 1985.
이승훈,「詩論」, 고려원, 1979.
정양,「신석정 대표시 평설」, 유림사, 1986.
정지용,「정지용 全集」, 민음사, 1988.
정태용,「한국현대시인연구」, 어문각, 1976.
鄭漢模,「現代詩論」, 민중서관, 1973.
──── ,「現代詩論」, 보성문화사, 1979.
──── ,「韓國現代詩文學史」, 일지사, 1982.
조남익,「한국현대시 해설」, 미래문화사, 1993.
조연현,「韓國現代文學史」, 성문각, 1973.
조용란,「한국현대시인론」, 형설출판사, 1979.
조영만,「일제하 한국 신문화 운동사」, 서울 정음사, 1975.
채규판,「한국현대비교시인론」, 탐구당, 1983.
채수영,「한국현대시의 색채 의식 연구」, 집문당. 1987.
최동호,「現代詩의 精神史」, 열음사, 1985.
崔勝範,「夕汀의 生涯와 詩」, 詩選解說. 三中堂, 1975.
──── ,「蘭綠記」, 세운문화사, 1977.
──── ,「바람도 별도 잊을 수 없는 사람들, 서정주 편저」, 풀빛社, 1979.
한계전,「韓國現代詩論硏究」, 일지사, 1983.
한용운,「한국근대 사상가 선집」, 안병직편, 한길사, 1980.
──── ,「萬海詩選」, 고은選, 민음사, 1975.

허소라, 「한국현대작가 연구」, 유림사, 1983.
許素羅, 「신석정론」, 유림사, 1983.
홍문표, 「現代詩學」, 양문각, 1987.

3. 論文

金光秀, "辛夕汀 詩研究", 국민대 대학원, 1983.
金起林, "1933년의 詩壇의 回顧와 展望", 「조선 일보」, 1933.
―――, "모더니즘의 歷史的 位置", 「인문평론」, 창간호, 1939.
김상태, "Thorean와 夕汀의 對比的 考察", 전북대교양과정정부논문집 제2집, 1974.
金順玉, "辛夕汀 研究", 숙명여대 대학원, 1984.
김용직, "어두운 時代와 詩人의 十字架", 「詩와 詩論」, 한국시문학회, 1986.7.
―――, "서정·실험·제 목소리 담기", 「現代文學」 407호. 1988.11.
金允植, "댓이파리, 바람소리, 슬픈초승달의 표사 ― 辛夕汀論", 「詩文學」 97호, 1987.7.
金埈五, "現代詩의 自然考", 「한국문학논총」 제4집, 한국문학회, 1981.
감태준, "이용악시연구", 한양대 대학원, 1989.
盧在燦, "辛夕汀과 自然", 「부산사대논문집」, 1979.
류중하, "김현승과 신석정의 後期詩 比較 研究", 홍익어문 3집, 1984.
류태수, "辛夕汀에 있어서 田園의 意味", 「한국현대시사연구」, 일지사, 1978.
文斗根, "辛夕汀詩에 나타난 自然의 意味", 건국대 대학원, 1981.
閔丙起, "辛夕汀의 詩史的 意味", 「국어국문학」 95호, 1986.5.
朴斗鎭, "夕汀의 詩", 「現代文學」 157호, 1968.1.
박철희, "現代詩와 西歐的 思想", 「한국현대시사연구」, 1980.

손미영, "신석정 시연구", 碩士學位論文, 誠信女子大學校 大學院, 1988.
송미화, "신석정 연구",「우석어문」, 1집. 1983.
宋河璇, "夕汀詩의 參與論에 대한 再考",「우석여대논문집」 2집, 1980.
신동욱, "故鄕에 관한 詩人意識 詩考",「어문논집」, 제19,20합본, 고대 국어국문학 연구회, 1977.
신동욱, "韓國敍情詩에 있어서 現實의 理解",「民族文化硏究」 10호, 1976.
辛夕汀, "韓國의 現代詩",「自由文學」, 1960.5.
辛夕汀, "시정신과 참여의 방향",「문학사상」 창간호, 1972.10.
───, "상처입은 작은 역정의 回顧",「문학사상」 5호, 1973.2.
───, "정지용론",「풍림」제5호, 1937. 4.
신석정·박목월,「심상」제2권 5호, 1974. 5월호.
신용협, "민중문학 수립의 모색기",「한국현대문학사」,「현대문학」, 1989.
申熙千, "석정시집 ≪촛불≫의 정신분석학적 고찰",「국민대 북악논총」 1집, 1983.
愼鏞協, "韓國詩에 있어서 平和志向的 傾向",「심상」, 1981.6.
───, "辛夕汀 詩硏究",「충남대 인문과학연구소 논문집」 제21집, 1982.12.
───, "民族文學 樹立의 摸索期",「현대문학」 408호, 1988.12.
吳澤根, "辛夕汀의 전반기 作品에서 밤의 意味",「시문학」 116~117 호, 1981.3~4.
───, "辛夕汀詩硏究", 한양대 대학원, 1989.
오하근, "植民地의 꿈과 그 형상화",「신석정대표시평설」, 석정문학회, 1986.
柳泰洙, "辛夕汀에 있어서 田園의 意味",「한국현대시사연구」, 일지사, 1983.

尹敬洙, "辛夕汀의 田園生活",「月刊文學」, 1978.1
이기반, "辛夕汀의 제재",「한국언어문학」, 제17,18집, 1979.
李基班, "辛夕汀의 自然詩에 나타난 서정성",「일산 김준영 선생 회갑 기념논총」, 1980.4.
―――, "신석정시의제재 — 후기시에서 본 산과 식물과 기타",「한국언어문학」17,18 , 1979.12.
이병훈, "태산목의 꿈",「辛夕汀代表詩評說」, 유림사, 1986.
이승원, "韓國近代詩의 自然表象 研究", 서울대 대학원, 1986.
李政和, "夕汀의 初期詩에 나타난 自然觀 考察",「경기어문학」, 1980.
이재철, "辛夕汀論",「韓國現代詩作品論」, 문장사, 1981.
이한용, "辛夕汀 研究",「韓國言語文學」 제31집, 한국언어문학회, 1993.
張萬溁, "夕汀의 詩",「詩文學」, 제2호, 1950. 6.
정래동, "辛夕汀詩集 ≪촛불≫ 讀後感", 동아일보, 1940. 3. 7.
鄭泰榕, "辛夕汀論",「現代文學」147호, 1967. 3.
鄭漢模, "辛夕汀 <그 먼 나라를 알으십니까>",「심상」, 1974.4.
―――, "韓國現代詩 研究의 反省", 現代詩, 1984 여름호,「文學世界史」, 1984.5.
趙鏽蘭, "辛夕汀 研究",「동악어문」, 제11집, 1978.3.
趙芝薰, "山의 序曲".
―――, "1950년대의 시적 흐름과 정신사적 意義 ",「現代文學」 409호, 1989.1.
趙燦日, "신석정의 자연시 연구",「한국외국어 대학교 교육대학원 석사학위 논문」, 1984. 7.
최동호, "서정시의 시적형상에 관한 의식비평적 이해",「어문논집」, 고려대학교 국어국문학연구회,1979.9.
최승범, "牧歌的 世界와 母性愛의 회기",「韓國代表詩評說」, 문학세계사, 1983.

──, "辛夕汀의 人間과 文學", 「문학정신」 제2권 10호, 1987. 7.
──, "석정시인의 성품과 사상", 전북대학신문, 1973.
허소라, "辛夕汀論", 「韓國言語文學」 제14집, 한국언어문학회, 1976
──, "辛夕汀論의 方向", 「辛夕汀代表詩評說」, 석정문학회, 1986.
──, "신석정연구", 「한국언어문학」 제14집, 1976.
허형석, "辛夕汀 硏究", 경희대 대학원, 1988.
──, "신석정 시에 나타난 산의 연구", 「群山水專硏究報」 第12輯, 1978.
황송문, "辛夕汀詩硏究", 홍익대 교육대학원, 1987.
황순구, "신석정 시한문 해설", 「한국문학」, 1983.1월호

4. 外國論著

남만성역, 「老子道德經」, 을유문화사, 1970.
우현민역주, 「莊子」, 박영사, 1985.
이원섭역, 「唐詩」, 현암사, 1985.
G. Bachelard, 「물과 꿈」, 이가림 역, 문예출판사, 1980.
──────, 「夢想의 詩學」, 김 현 역, 홍성사, 1978.
Grisebach, Maren, 「文學硏究의 方法論」, 장영태 역, 홍성사, 1982.
N. Frye, 「批評의 解剖」, 임철규 역, 한길사, 1982.
R. Tagore, ≪당신께 바치는 노래≫, 김병익 역, 민음사, 1974.
Collingwood, R.G 「The Idea of Nature」, Oxford at the clarendon Press, 1945.
Frye, Northrop, Anatomy of Criticism, New Jersey, Princeton Univ. Press, 1963.
Hauser, A, 「The social History of Art」, Routledge & Kegan Paul, 1973.
Heidegger, M. 「Poety, Language, Thought」, Trans, by A. Hofastader,

Harper & Row, N.Y. 1971.

Jose Ortega Y. Gasset, 「The Dehumanization of Art」 (Princeton Univ. Press, 1968.)

Langer, S. 「Feeling & Form」, Routledge & Kegan Paul, 1967.

Richards, I. A. 「Philosophy of Rhetoric」, Oxford Univ. Press, 1963.

Steiger, E. 「Grundbegriffe der Poetik」, zurich:Atlantis verlag, 1946.

Wellek, R & Warren, A. 「Theory of Literature」, Penguin Books, 1966.

신석정 연구

인쇄일 초판 1쇄 2003년 11월 07일
        2쇄 2015년 03월 20일
발행일 초판 1쇄 2003년 11월 21일
        2쇄 2015년 03월 25일

지은이 국 효 문
발행인 정 찬 용
발행처 **국학자료원**
등록일 1987.12.21, 제17-270호

서울시 강동구 성내동 447-11 현영빌딩 2층
Tel : 442-4623~4 Fax : 6499-3082
www.kookhak.co.kr
E-mail : kookhak2001@hanmail.net
ISBN 978-89-8206-189-9 *03810
가 격 13,000원

*저자와의 협의 하에 인지는 생략합니다.